Stephan Richter
Schauspieltraining

Stephan Richter

SCHAUSPIELTRAINING

Ein Handbuch für die Aus- und Weiterbildung

Über 130 Gruppen-, Einzel- und Partnerübungen
Mit den wichtigsten Arbeitsbegriffen und Regeln

Aktualisierte und erweiterte Ausgabe

HENSCHEL

www.henschel-verlag.de

Bibliografische Information der Deutschen Nationalbibliothek:

Die Deutsche Nationalbibliothek verzeichnet diese Publikation in der Deutschen Nationalbibliografie; detaillierte bibliografische Daten sind im Internet über http://dnb.dnb.de abrufbar.

ISBN: 978-3-89487-850-4

Erweiterte Ausgabe von „Schauspieltraining", erschienen 2012 im Henschel Verlag unter der ISBN 978-3-89487-723-1.

In Teilen des Buches wird zur besseren Lesbarkeit das generische Maskulinum verwendet. Dieses bezieht sich – sofern nicht anders kenntlich gemacht – auf alle Geschlechter.

Lektorat: Anja Herrling, Thekla Noschka
Umschlaggestaltung: Felix Seyfert
Titelgrafik und sämtliche Abbildungen im Innenteil: Felix Seyfert
Autorenfoto: © Stephan Richter
Satz und Gestaltung: Felix Seyfert, [] ABOUT:BLANK
Druck und Bindung: MultiPrint Ltd.

Printed in Europe

Inhalt

Vorwort

Die hier vorliegende erweiterte Ausgabe des Buches „Schaupieltraining" richtet sich an all diejenigen, die auf Bühnen oder vor Kameras über das Leben erzählen, und versteht sich als Nachschlagewerk von Übungen, Arbeitsbegriffen, Regeln, Gesetzmäßigkeiten und Beispielen.

Es geht mir um Klarheit und Struktur, was für mich gleichbedeutend mit gutem Handwerk ist, als Fundament für all die Herausforderungen und Wirren, die die künstlerische Arbeit mit sich bringt.

Alles, was in diesem Buch zusammengetragen und neu hinzugekommen ist, hat sich praktisch bewährt und als tauglich erwiesen. Es stammt aus unterschiedlichen Quellen und Methoden, verfolgt jedoch den einen Zweck, das natürliche und logische Handeln auf einer Bühne und vor einer Kamera zu erlernen und zu trainieren.

Das Spektrum reicht vom einfachen Grundlagentraining in der Gruppe bis hin zu anspruchsvollen und komplexen Übungen, bei denen bereits Gelerntes verknüpft und angewendet wird. Gleichzeitig wird die Fähigkeit des Wiederholens geübt, die in der alltäglichen Theater- und Filmpraxis eine wesentliche Rolle spielt.

Dinge, die der Zeit nicht standgehalten haben, wurden entfernt und durch Neues ersetzt. Einige der Formulierungen aus der 2012 erschienenen ersten Auflage stammen sprachlich aus einer etwas anderen Zeit. Da es sich hier um eine Erweiterung handelt, finden sie sich in unveränderter Form auch in dieser Ausgabe wieder, sofern ihr didaktischer oder methodischer Inhalt nach wie vor seine Gültigkeit behalten hat.

In allen Ergänzungen habe ich mich dazu entschieden, die Worte Schauspieler und Schauspielerin durch die Formulierung „Handelnde Person" zu ersetzen, da „Handeln" umfassender beschreibt, was diese Personen tun: Sie nehmen es buchstäblich in die Hand, „Spielen" ist nur ein Teil davon.

Ich freue mich, wenn diese Sammlung zu mehr Klarheit beiträgt und das künstlerische Arbeiten ergänzt und befördert, ob auf oder vor einer Bühne, vor oder hinter der Kamera, ob beim Schreiben, Selbststudium oder in der Ausbildung.

Allen, die dieses Handbuch für ihre Arbeit nutzen, wünsche ich viel Freude damit.

Stephan Richter
Berlin, im August 2024

Zur Handhabung

Auch in dieser überarbeiteten und erweiterten Ausgabe geht es mir vor allem um die praktische Anwendbarkeit. Deshalb habe ich innerhalb der Übungen auf längere theoretische Abhandlungen verzichtet. Die Übungen gliedern sich in vier Bereiche:

Gruppenübungen, bei denen mehr als zwei Personen auf der Bühne agieren.

Einzelübungen, bei denen sich eine Person auf der Bühne befindet. Die Gruppe hat hier eher eine beobachtende und beschreibende Funktion.

Partnerübungen, bei denen die Arbeit mit einem Partner oder einer Partnerin im Vordergrund steht.

Entspannungs- und Lockerungsübungen, die der Vor- und Nachbereitung von Proben und Auftritten sowie der Auflockerung, der Entspannung und dem Zu-sich-kommen dienen.

Jeder Übung ist eine Auflistung der Bereiche vorangestellt, die mit ihr trainiert werden können. Am Ende des Buches (Anhang VII.7) sind in umgekehrter Weise für alle zu trainierenden Bereiche die dazu passenden Übungen aufgelistet.

Der zweite, theoretisch-praktische Teil beginnt mit Kapitel V, einem alphabetisch sortierten Katalog mit den Definitionen der wichtigsten schauspielmethodischen Arbeitsbegriffe und Regeln, die in der Praxis und auch in den vorliegenden Übungen immer wieder auftauchen. Alle definierten Arbeitsbegriffe sind im laufenden Text als Hinweis auf den Katalog und damit als Anregung zum Nachschlagen jeweils mit einem Stern* versehen.

Daran anschließend folgt ein Kapitel zur Schauspielführung, das sich an die Regie richtet sowie an all diejenigen, die mit dem Führen von Handelnden Personen* im Theater- oder Filmsetting beschäftigt sind.

Der Anhang enthält Listen mit Beispielen und Formulierungshilfen für Handlungsziele*, Aktionsverben* / Strategien*, Needs*, Public Personas* und Tragic Flaws* sowie eine Beispielszene mit einer möglichen Anwendung. Die Bedeutung dieser Arbeitsbegriffe kann im Katalog nachgeschlagen werden. Die Beispiellisten sind zum Nachschlagen und als Inspiration für die Arbeit an Figuren*, Szenen*, Stücken und Drehbüchern gedacht. In den Übungen, mit denen diese Arbeitsbegriffe trainiert werden können, wird auf die jeweilige Beispielliste im Anhang verwiesen.

I Gruppenübungen

Gruppenübungen dienen vor allem dem Training Szenischer Aufmerksamkeit*, von Schnelligkeit und dem Bewältigen von Aufgaben* in Gruppensituationen. Sie legen den Grundstein für szenisches* Arbeiten im Ensemble. Aufmerksam* ausgeführt, dienen viele von ihnen dazu, in kurzer Zeit Wahrnehmung, Wachheit und Sensibilität zu erhöhen.

1 Ich, Du, Ja, Nein

Aktives Zuhören
Aktion – Reaktion
Aufwärmung
Partnersensibilität
Reaktionstraining
Sprechrichtung, Sprechentfernung
Zuhören, Reagieren

Die Gruppe steht im Kreis. Verwendet werden nur die Worte: Ich, Du, Ja oder Nein. Wer dran ist, entscheidet sich für eins der vier Worte und spricht das rechts oder links stehende Gruppenmitglied damit an. Wer angesprochen wird, antwortet entweder oder wendet sich an das nächste Gruppenmitglied und behält damit die Richtung bei. So geht das Ganze im Kreis herum oder wechselt, je nach dem, die Richtung.

Stufe 2: Der Kreis darf auch gekreuzt werden.

Stufe 3: Die Gruppe bewegt sich während der Übung durch den Raum.

2 Ein Platz bleibt frei

Aktion – Reaktion
Schnelle körperliche Aktion
Schnelles Kombinieren, Umschalten, Reagieren
Spannung - Entspannung
Szenische Aufmerksamkeit*

Die Gruppe sitzt auf Stühlen und bildet einen Kreis. A steht in der Mitte. Alle Blicke sind auf A gerichtet. Die Anzahl der Stühle entspricht der Anzahl der Gruppenmitglieder. Da A in der Mitte steht, bleibt im Kreis ein Stuhl frei. A versucht nun, sich zu setzen. Die Gruppe verhindert das, indem der jeweils freie Stuhl besetzt wird. Wer nicht verhindern kann, dass A sich setzt, wechselt in die Mitte.

Variante „Ameisenkönigin": Die Grundübung ist die gleiche, nur dass die Gruppe jetzt auf Stühlen sitzt, die gleichmäßig im Raum verteilt stehen. Ein Stuhl ist frei. A versucht sich zu setzen, darf sich dabei aber nur in kleinen, schnellen Trippelschritten bewegen. Die Gruppe verhindert dies, indem sie selbst den freien Stuhl zu besetzen versucht. Wer einmal von seinem Stuhl aufgestanden ist, darf sich nicht wieder auf den gleichen Stuhl setzen, bevor nicht jemand anderes darauf gesessen hat. Auch in dieser

Variante ist die gesamte Gruppe gefordert, zusammenzuarbeiten.

Lautlos Springen 3

Körperbeherrschung
Spannung – Entspannung

Die gesamte Gruppe bewegt sich in Sprüngen durch den Raum. Aufgabe* ist es, die Bewegungen so weich auszuführen, dass diese nicht zu hören sind.

Variante „Hindernis": Es werden Hindernisse wie z. B. Stühle, Tische usw. im Raum aufgestellt. Es soll nun lautlos über bzw. auf die Hindernisse und wieder von ihnen herunter gesprungen werden.

Variante „Übungsverbindung": Diese Übung ist gut mit anderen Übungen kombinierbar (z. B. I.27. „Mörder" oder I.8. „Raum ausfüllen").

Lautlos Fangen 4

Körperbeherrschung
Partnersensibilität
Texttraining

Die Gruppe steht und bildet einen Kreis. Ein Gruppenmitglied stellt einen Schuh zur Verfügung. Der Schuh wird sich gegenseitig zugeworfen. Werfen und Fangen sollen lautlos geschehen. Diese Übung eignet sich auch, um parallel zur Bewegung Dialoge zu trainieren bzw. aufzufrischen.

Variante „Übungsverbindung": Kombination mit I.3. „Lautlos springen" oder I.8. „Raum ausfüllen".

Sortieren 5

Aufwärmung
Gemeinsames Bewältigen einer Aufgabe*
Kennenlernen
Körperkontakt
Partnersensibilität
Schnelle körperliche Aktion
Szenische Aufmerksamkeit*

Die Gruppe bildet unter verschiedenen Gesichtspunkten eine Reihe, ohne dabei zu sprechen. Möglich sind zum Beispiel Sortierungen nach dem Alter, dem Anfangsbuchstaben des Vornamens in alphabetischer Reihenfolge, der Länge der Beine, der Körpergröße, der Länge des rechten Daumens, der Schulterbreite, der Anzahl der Tattoos, der Schuhgröße oder der Augenfarbe (von hell zu dunkel).

Variante „Stühle sortieren": Jedes Gruppenmitglied nimmt einen Stuhl in die Hand. Auf ein Zeichen hin sollen die Stühle möglichst schnell – je nach Größe der Gruppe innerhalb von 5 bis 30 Sekunden – zu einem gleichseitigen Dreieck, Rechteck, Trapez, Drachenviereck usw. zusammengestellt werden. Die Verständigung läuft hierbei ausschließlich über Blicke.

6 Weitergeben

Reaktionstraining
Rhythmusempfinden
Szenische Aufmerksamkeit*

Die Gruppe steht und bildet einen Kreis. Ein Klatschen wird im Kreis herumgegeben. Nachdem ein gemeinsames Tempo gefunden ist, werden Rhythmus und Tempo variiert, ohne sich vorher oder während des Klatschens abzusprechen.

Variante „Kreuzen": Das Klatschen wandert nicht nur im Kreis herum, sondern kreuzt ihn auch. Dafür muss es genau adressiert und gezielt eingesetzt werden, sodass das gewählte Gegenüber weiß, dass es gemeint ist.

Variante „Ton": Ein Ton bzw. Sound wird im Kreis herumgegeben. Der Ton wird von der nebenstehenden Person in einem fließenden Übergang übernommen, verändert und dann weitergegeben.

Variante „Grimasse": Eine Grimasse wird herumgegeben. Auch sie wird von der nebenstehenden Person übernommen, verändert und dann weitergegeben.

7 Mr. Boom / Namen fangen

Aktives Zuhören
Aktion – Reaktion
Aufwärmung
Konzentration
Reaktionstraining
Schnelle, körperliche Aktion
Schnelles Kombinieren, Umschalten, Reagieren
Spannung – Entspannung
Tempo
Zuhören, Reagieren

Die Gruppe bewegt sich durch den Raum. A ist Mr. Boom. Mr. Boom tippt jemandem, B, auf die Schulter. Mr. Boom darf dabei nicht sprechen, sonst scheidet er aus. B nennt nun den Namen von einem Mitglied der Gruppe. Es darf nicht der eigene und nicht der von Mr. Boom sein. Wer seinen Namen hört, ist neuer Mr. Boom usw. Wer einen falschen Namen nennt, ist raus. Ist jemand ausgeschieden, darf dessen Name auch nicht mehr genannt werden.

Es geht bei dieser Übung um ständige Bewegung und eine möglichst hohe Geschwindigkeit. Im besten Fall gibt es einen gemeinsamen Rhythmus; Pausen sollen nach Möglichkeit vermieden werden.

8 Raum ausfüllen / Bewegen im Raum in 27 Varianten

Aktives Zuhören
Aktion – Reaktion
Arbeitsbereitschaft herstellen

Die Gruppe geht im Raum umher. Grundaufgabe ist es, den Raum gleichmäßig so mit Personen auszufüllen, dass keine größeren Lücken entstehen. Wichtig ist, dass dabei alle ständig in Bewegung bleiben.

(1) Variante „Temporhythmus*": Ein Temporhythmuswechsel* wird von außen vorgegeben, indem der Gruppe Zahlen auf einer gedachten Geschwindigkeitsskala von 1 bis 10 zugerufen werden. 1 bedeutet fast Stillstand und 10 bedeutet maximale Geschwindigkeit.

(2) Variante „Eigener Temporhythmus*": Die Gruppe ändert ohne Absprache aus sich heraus den Temporhythmus*. Grundlage hierfür ist, wie in der vorherigen Variante, wieder die Geschwindigkeitsskala von 1 bis 10. Die Gruppe kann z. B. ihre Bewegungen gemeinsam von 1 bis 10 steigern und anschließend wieder bis auf 0 herunterfahren, sodass die letzte Bewegung vor dem Stillstand gemeinsam stattfindet.

(3) Variante „Bewegungsformen": Akustischen Zeichen werden unterschiedliche Bewegungsformen zugeordnet, z. B.: zweimaliges Klatschen = Gehen auf allen Vieren usw. Zusätzlich wird ein Zeichen für „neutrales Gehen" vereinbart.

(4) Variante „Bewegungsformen aus der Gruppe": Verschiedene Bewegungsformen sollen aus der Gruppe heraus entwickelt werden. Dazu werden keine Vorgaben gemacht. Das heißt, nach einem akustischen Zeichen von außen einigt sich die Gruppe, ohne sich dabei abzusprechen, auf eine Bewegungsform und alle Gruppenmitglieder führen diese dann möglichst gleichzeitig aus. Das nächste akustische Zeichen bedeutet wieder „neutrales Gehen".

(5) Variante „Opfer": Jeder sucht sich während der Übung ein „Opfer" und versucht dieses dann möglichst unauffällig zu verfolgen. Beim Verfolgen sollte man versuchen, so nah wie möglich an seinem „Opfer" zu bleiben, ohne von diesem entlarvt zu werden. Bei einem akustischen Zeichen, z. B. einem Klatschen, bleibt die Gruppe stehen und jeder zeigt auf denjenigen, von dem er glaubt, verfolgt worden zu sein. Beim nächsten Klatschen wird weitergegangen und alle suchen sich ein neues „Opfer".

(6) Variante „Abstand": Der Abstand zwischen den Mitgliedern der Gruppe darf je nach Größe des Raumes und der Gruppe nie weniger als 1,5 bis 2 m betragen.

(7) Variante „Ziel*": Es werden verschiedene Ziele* im Raum fixiert und diese dann möglichst auf direktem Weg angesteuert. Der Raum kann dabei auch stufenweise verkleinert werden, indem an die Eckpunkte Stühle o. ä. gestellt werden.

Arbeit mit dem „Als ob ...*" bzw. „Magischen Wenn*"
Assoziation
Aufgabe* als Arbeitsbegriff
Aufwärmung
Beobachtung
Bewusstmachen schauspielerischer Prozesse
Gemeinsames Bewältigen einer Aufgabe*
Geteilte Aufmerksamkeit*
Haltung*, innere u. äußere
Inneres Zurücktreten*
Kameraarbeit
Kennenlernen (Variante 14)
Konzentration
Koordination
Körperbewusstsein
Körperliches Umsetzen
Mut (Variante 17)
Partnersensibilität
Raumgefühl
Reaktionstraining
Rhythmusempfinden
Schnelle, körperliche Aktion
Schnelles Kombinieren, Umschalten, Reagieren
Sensorisches Gedächtnis (Sense Memory*)
Strategie* entwickeln (Aktionsverben*)
Szenische Aufmerksamkeit*
Tempo
Temporhythmus*
Umstände* schaffen
Wahrnehmung
Zuhören, Reagieren

(8) Variante „Blind mit offenen Augen", Sensorisches Gedächtnis (Sense Memory)*: Die Augen sind geschlossen. Auf Zuruf werden sie geöffnet. Es soll sich trotzdem so bewegt werden, als wären die Augen noch geschlossen. Arbeit mit dem „Als ob...*" bzw. „Magischen Wenn*": „Wenn ich die Augen geschlossen hätte, wie würde ich mich durch den Raum bewegen?"

(9) Variante „Führer": Vom Leiter der Gruppe werden die Namen verschiedener Gruppenmitglieder gerufen. Wer seinen Namen hört, führt die Gruppe, indem er spontan eine bestimmte Bewegungsform erfindet, die alle anderen übernehmen müssen. Wird der nächste Name gerufen, wechselt die Führung. Anschließend kann in Abwesenheit eines Gruppenmitgliedes A ein Führer festgelegt werden. A wird nun wieder hereingebeten und muss durch Beobachten der Gruppe feststellen, wer führt.

(10) Variante „Schlüsselbund": Alle bis auf A haben die Augen geschlossen. A hat ein Schlüsselbund in der Hand. Alle 5 bis 10 Sekunden schüttelt A das Schlüsselbund und macht somit ein klar vernehmbares Geräusch. Die Gruppe versucht, A „blind" zu erwischen. Wer das als erstes schafft, bekommt das Schlüsselbund.

(11) Variante „Partner finden 1": Nach einem „Stopp" von außen bleiben alle stehen. Jedes Gruppenmitglied bildet mit der am nächsten stehenden Person ein Paar und beide summen einen Ton, an dem sie sich später wiedererkennen sollen. Anschließend bewegt sich die Gruppe mit geschlossenen Augen und summend wieder durch den Raum. Die Paare sollen sich nun anhand des Tons wiederfinden.

(12) Variante „Partner finden 2": Wie die vorherige Variante, nur dass die Paare sich durch Ertasten der Gesichter oder Hände zunächst „bekannt machen" und dann wiederfinden. Möglich wäre bei dieser Variante die Verbindung mit Übung III.8. „Hände / Augen".

(13) Variante „Assoziation": Es werden Worte in den Raum gegeben. Alle tun das, was ihnen spontan zu dem jeweiligen Wort einfällt. Es geht hier nicht darum, etwas „darzustellen", sondern darum, möglichst ohne nachzudenken der ersten spontanen Eingebung zu folgen.

(14) Variante „Kennenlernen": Ein Ball oder ein anderer Gegenstand wird sich gegenseitig zugeworfen. Gleichzeitig spricht die werfende Person den Namen des Empfängers laut aus. Wichtig hierbei ist die Verbindung von Werfen und Sprechen. Das Sprechen ist so zu adressieren, dass es zusammen mit dem Ball den Empfänger erreicht; Ball und Sprechen müssen also dieselbe Distanz überbrücken. Es können, je nach Größe der Gruppe, auch mehrere Bälle in Umlauf gebracht werden.

(15) Variante „Eigene Umstände*": Diese Variante empfiehlt sich besonders, wenn die Übung schon wiederholt durchgeführt wurde und erste Ermüdungserscheinungen zu beobachten sind. Es gibt zunächst keine Vorgaben außer der Grundaufgabe, den Raum gleichmäßig auszufüllen. Nach einiger Zeit wird die Aufgabe* gestellt, einen Weg zu suchen, diese Übung für sich selbst wieder interessant zu gestalten, z. B. durch die Arbeit mit dem „Als ob...*" bzw. „Magischen Wenn*": Wenn heute mein erster Tag in der Gruppe wäre, wie würde ich dann diese Übung ausführen? Oder: „Wenn durch das Entstehen von freien Stellen im Raum drei Atomreaktoren außer Kontrolle gerieten, wie würde ich dann diese Übung ausführen?" Die Motivation wird in dieser Variante, wie auch in vielen späteren Arbeiten, nicht von außen vorgegeben, sondern entsteht aus der übenden Person selbst (siehe z. B. die Übungen II.27. „Einzeletüde" oder III.44. „Partneretüde").

> **Reflektion im Anschluss:** Ist es möglich, oft wiederholte Dinge auf eine neue Weise zu tun? Welche Umstände* muss ich erschaffen, um mich selbst wieder für die Arbeit an dieser Übung zu interessieren? Welche unterschiedlichen Versuche und Erfahrungen sind bei dieser Variante gemacht worden?

(16) Variante „Wo steht Eugen?": Auf ein Zeichen bleiben alle stehen und schließen die Augen. Jetzt wird von außen die Frage nach einem Gruppenmitglied gestellt, z. B.: „Wo steht Eugen?" Alle versuchen sich zu erinnern und zeigen mit geschlossenen Augen auf die gesuchte Person. Es können auch Gruppenmitglieder direkt mit Fragen angesprochen werden. Beispielfrage: „Katharina, welche Farbe hat Eugens T-Shirt?" Jeder kann dabei überprüfen, wie hoch der Grad seiner Aufmerksamkeit* ist.

(17) Variante „Umfallen": In dieser Variante besteht die Aufgabe* darin, in Ohnmacht zu fallen. Wer umfällt, berührt vorher mit seinem Handrücken die Stirn und seufzt für alle deutlich hörbar. Die Gruppe hat die Aufgabe*, die umfallende Person aufzufangen. Es darf immer nur einer zur selben Zeit fallen. Sobald man also einen Seufzer hört, heißt es: helfen statt selbst fallen. Der bespielte Raum sollte so groß sein, dass es der Gruppe möglich ist, sich gegenseitig aufzufangen, ohne dass Unfälle entstehen.

(18) Variante „Vermeintlicher Bekannter": Die Aufgabe* besteht darin, sich einer vermeintlich bekannten Person gegenüber mit einem „Hallo!" verbal bemerkbar zu machen. Anschließend stellt man jedoch fest, dass man sich geirrt hat und entschuldigt sich bei der betreffenden Person. Wichtig hierbei ist es, aufmerksam* miteinander umzugehen, um beispielsweise herauszufinden, ob sich die gemeinte Person überhaupt angesprochen fühlt bzw. um zu sehen, wie sie reagiert usw.

(19) Variante „Status*": Die Gruppe wird in zwei Hälften geteilt. Die eine Hälfte bekommt die Aufgabe*, jedem begegnenden Blick so lange wie möglich standzuhalten. Die andere Hälfte soll jedem begegnenden Blick ausweichen und sich anschließend durch einen sehr kurzen Kontrollblick vergewissern, ob der- oder diejenige noch guckt. Anschließend werden die Gruppenhälften gewechselt.

> **Reflektion im Anschluss:** Beeinflusst diese äußere Aufgabe* das Innenleben? Wenn ja, wie? Und lässt sich das beschreiben? Hier kann der Begriff Status* eingeführt werden.

(20) Variante „Übungsverbindung": Kombination mit Übung I.27. „Mörder / Vampir".

(21) Variante „Gleichzeitig ohne Absprache": Ohne Absprachen zu treffen, finden sich aus der Bewegung heraus zwei Partner, gehen aufeinander zu, springen gemeinsam in die Höhe und klatschen dabei in die Hände. Danach gehen beide weiter und halten nach dem nächsten Partner Ausschau. Im zweiten Teil der Variante sinken beide nach dem gleichen Prinzip zu Boden. Am Schluss ist beides erlaubt. Ohne sich dabei abzusprechen, sollen beide sich so aufeinander einstellen, dass sie zur selben Zeit das Gleiche tun.

(22) Variante „Einer steht, einer liegt, einer kniet ...": Während alle die Grundaufgabe ausführen, kommt von außen folgende Ansage:

- Zwei stehen.
- Vier stehen.
- Drei stehen, einer liegt.
- Zwei knien, zwei liegen, zwei stehen usw.

Es müssen nicht immer die gleichen Gruppenmitglieder stehen, liegen oder knien. Sie können oder sollen sich gegenseitig ablösen. Nur muss die Anzahl immer zu der vorgegebenen Ansage passen.

(23) Variante „Gegenstände, Zahlen": Den Zahlen 1 bis 6 werden auf folgende Weise Gegenstände zugeordnet: Alle gehen im Raum umher. Der Gruppenleiter sagt „Stopp" und nennt eine Zahl und einen Gegenstand: „1 Lampe". Nun bleiben alle stehen, zeigen auf die Lampe und merken sich die Eins dazu. Nach einem „Weiter" bewegen sich alle wieder durch den Raum bis zum nächsten „Stopp" und dem zweiten Gegenstand (z. B. „2 Fenster"). So werden insgesamt sechs Gegenstände den Zahlen zugeordnet. Anschließend nennt der Gruppenleiter nur noch die Zahlen. Die Gruppe muss sich an den entsprechenden Gegenstand erinnern und auf ihn zeigen. Zur Erhöhung des Schwierigkeitsgrades können die Zahlen daraufhin durcheinander genannt werden.

(24) Variante „Orts-Assoziationen": Von außen werden verschiedene Orte hereingegeben, z. B. Tanzsaal, Kegelbahn, Wüste, Tropfsteinhöhle usw. Alle tun, was ihnen zu diesem Ort gerade einfällt. Nach einem „Stopp" wird wieder zur Grundübung übergegangen.

(25) Variante „Lieblingssong hören, Sense Memory*": Alle sollen ihre Bewegungen von einem Lieblingssong inspirieren lassen, den sie innerlich hören. Es darf auch leise mitgesummt werden.

(26) Variante „Kamera": Jedes Gruppenmitglied soll für sich, ohne es den anderen mitzuteilen, ein anderes Gruppenmitglied auswählen und diesem die Funktion der Kamera zuweisen. Im Verlauf der Übung wird nun mit geteilter Aufmerksamkeit* gearbeitet. Es soll zu jedem Zeitpunkt ein Bewusstsein darüber bestehen, wo sich die Kamera befindet und ob und wie man von ihr eingefangen wird.

(27) Variante „Innerer Beobachter / innere Beobachterin": Während der Bewegung und Orientierung im Raum wird ein Teil der Aufmerksamkeit* bewusst im Inneren des Körpers gehalten. Von dort sollen alle Bewegungen gesteuert und entschieden werden, wohin sich der Körper als nächstes bewegt. Die Aufgabe* ist, sich von allen äußeren Eindrücken zu lösen und die Verbindung zu sich selbst aufrechtzuerhalten, um so das Bewusstsein für den inneren Beobachter / die innere Beobachterin zu schulen. Diese Variante eignet sich auch gut im Anschluss an die Übung IV.1. „Reise durch den Körper" und in Verbindung mit Übung I.34. „Zählen bis 21".

9 „Als ob ...*"

Aktives Zuhören
Aktion – Reaktion
Arbeit mit dem „Als ob ...*" bzw. „Magischen Wenn*"
Assoziation
Aufgabe* als Arbeitsbegriff
Beobachtung
Bewusstmachen schauspielerischer Prozesse
Erinnerung
Sensorisches Gedächtnis (Sense Memory)*
Fantasie
Figurenfindung
Glaubwürdigkeit
Haltung*, innere u. äußere
Improvisation*
Partnersensibilität
Raumgefühl
Rhythmusempfinden
Schnelles Kombinieren, Umschalten, Reagieren
Szenische Aufmerksamkeit*
Senden einer Botschaft*
Status*

Die Gruppe steht oder sitzt im Raum. Auf ein Zeichen begeben sich alle mit einer spezifischen Aufgabe* in Form eines „Als ob ...*" zu einem anderen Ort im Raum:

Beispiele:

- Bewegt euch zum Scheinwerfer, als ob ihr betrunken wärt, aber nicht wollt, dass es jemand merkt.
- Bewegt euch zur Tür, als ob jemand geklopft hätte, den ihr seit Langem sehnlich erwartet.
- Bewegt euch zum Fenster, als ob jemand im Raum schläft, den ihr nicht aufwecken wollt.
- Bewegt euch zur anderen Ecke des Raumes, als ob dort jemand steht, der euch gerade „Arschloch" genannt hat.
- Bewegt euch zum Stuhl, als ob ihr wisst, dass ihr unwiderstehlich seid.
- Bewegt euch zum Tisch, als ob ihr noch nie zuvor einen Tisch gesehen habt.

Variante „Partner / Partnerin": Alle Gruppenmitglieder werden aufgefordert, sich unauffällig für einen Partner bzw. eine Partnerin (A) zu entscheiden*.Die Entscheidung* wird niemandem mitgeteilt. Nun sollen sich alle in Bezug zu dieser Person mit einem „Als ob ...*" durch den Raum bewegen.

Vorstellungskraft
Wahrnehmung
Zuhören, Reagieren
Körperliches Umsetzen

Beispiele:

Bewege dich so, als ob du ...

- dir sicher bist, dass A total auf dich steht.
- weißt, dass A dich total ablehnt.
- gerne von A beachtet werden möchtest.
- dir relativ sicher bist, dass A dich bestohlen hat.
- den Geruch von A nicht aushältst.
- den Eindruck hast, dass A ständig versucht, in deiner Nähe zu sein (dich verfolgt).
- den Eindruck hast, dass A versucht, dir auszuweichen.

Variante „Unterhalten, als ob ...*": Aus einer bestimmten Anzahl verdeckt liegender Zettel, auf denen jeweils ein „Als ob ...*"-Satz steht, wählt jedes Gruppenmitglied einen Zettel aus. Die Zahl der Zettel, sollte die der Gruppenmitglieder nicht unterschreiten. Die Gruppenmitglieder bekommen jetzt die Aufgabe*, durch den Raum zu spazieren, sich mit einem anderem Gruppenmitglied zu treffen und sich, unter Verwendung ihres „Als ob ...*"-Satzes, über ein von außen vorgegebenes Thema zu unterhalten. Themen für die Unterhaltungen können zum Beispiel das vergangene Wochenende, Urlaubspläne für den kommenden Sommer, ideale Beziehungen, kulinarische Vorlieben, Filme, Serien, Tagespolitik, Hobbys oder Eltern und Familie sein. Nach einer Weile wird das Gegenüber verabschiedet und Ausschau nach einem neuen gehalten. Nach zwei bis drei kurzen Unterhaltungen können alle einen neuen Zettel und damit einen anderen „Als ob ...*"-Satz für sich auswählen. Die „Als ob ...*"-Sätze können natürlich auch zugeteilt oder aus einer Liste ausgewählt werden.

Beispiele für „Als ob ...*"-Sätze:

Unterhalte dich so, als ob ...

- du dir ziemlich sicher bist, von deinem Gegenüber bestohlen worden zu sein.
- du dringend auf die Toilette musst, dir es aber nicht anmerken lassen willst.
- du dir wünschst, dass dein Gegenüber dich sympathisch findet.

- dein Gegenüber sehr starken Mundgeruch hat, allerdings nicht bemerken soll, dass es dir auffällt.
- du weißt, dass dein Gegenüber total auf dich steht.
- du möchtest, dass dein Gegenüber deine Ansichten teilt.
- du alles, was dein Gegenüber sagt, lustig findest.
- dir nicht einfällt, woher du dein Gegenüber kennst, du aber nicht möchtest, dass es bemerkt wird.

> **Reflektion im Anschluss:**

> Wie haben die „Als ob ...*"-Sätze die Gespräche beeinflusst?
> Welche Sätze waren einfach umzusetzen?
> Haben sich einige „Als ob ...*"-Sätze gegenseitig ausgeschlossen oder beflügelt?
> In welchem Status* hat man sich in Bezug auf sein Gegenüber befunden?

10 Sa-Mu-Rai

Aktion – Reaktion
Arbeitsbereitschaft herstellen
Aufwärmung
Konzentration
Koordination
Körperbeherrschung
Körperliches Umsetzen
Reaktionstraining
Rhythmusempfinden
Schnelle, körperliche Aktion
Schnelles Kombinieren, Umschalten, Reagieren
Spannung – Entspannung
Sprechrichtung, Sprechentfernung
Tempo
Zuhören, Reagieren

Die Gruppe steht im Kreis. Die Abstände zwischen den einzelnen Personen werden so gewählt, dass große Bewegungen möglich sind. Alle stellen sich vor, ein Schwert in den Händen zu halten. Dafür werden beide Arme gestreckt, die Handflächen berühren sich. A beginnt mit einem großen Schlag von oben nach unten, in Verbindung mit der Silbe „Sa-". Der Schlag richtet sich gegen ein beliebiges anderes Gruppenmitglied B aus dem Kreis. B reißt nun beide Arme gekreuzt über den Kopf, in Verbindung mit der Silbe „Mu-" und wehrt somit den Schlag ab. Die beiden rechts und links von B stehenden Gruppenmitglieder schlagen zur gleichen Zeit mit ihren Schwertern und der Silbe „Rai" von der Seite in Richtung B. Jetzt beginnt B mit einem neuen Schlag: Zusammen mit der Silbe „Sa-" schlägt B mit seinem imaginierten Schwert in die Richtung eines anderen Gruppenmitgliedes im Kreis. Dieses wehrt den Schlag wiederum ab usw.

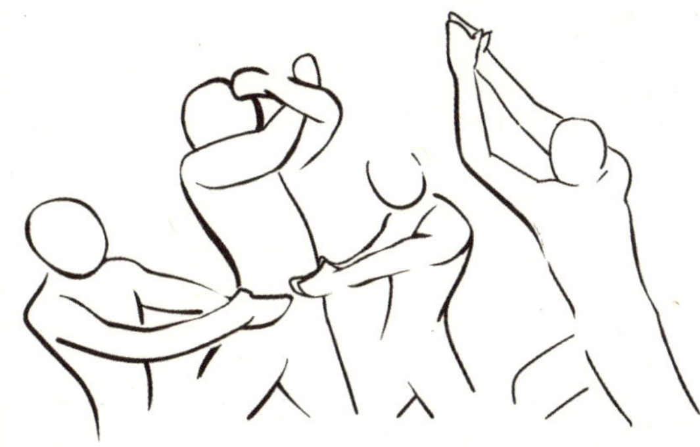

Zwischen den Aktionen dürfen keine Pausen entstehen. Die gesamte Übung findet mit großem Körper- und Stimmeinsatz statt. Die Geschwindigkeit soll dabei kontinuierlich gesteigert werden.

Variante „Klein, fein, schnell": Dies ist eine reduzierte Variante mit wenig Körper- und Stimmeinsatz, dafür mit höherer Geschwindigkeit.

Variante „Still": Die Gruppe beginnt mit lauten Ausrufen der Silben „Sa-Mu-Rai". Im Verlauf der Übung werden diese immer leiser ausgesprochen, bis die Schwerthiebe und das Abwehren am Ende tonlos stattfinden.

Variante „Ausscheiden": Wer den Rhythmus unterbricht bzw. falsch oder gar nicht agiert, scheidet aus. Am Ende bleiben nur noch zwei Gruppenmitglieder übrig, die sich gegenüberstehen. Die Aktionen bleiben bestehen, nur gehen sie jetzt zwischen beiden hin und her. Die Bewegungen für die Silben „Sa" und „Mu" bleiben gleich. Da „Rai" nun von jeweils einer der beiden Personen ausgeführt werden muss, ist es ein Schlag mit beiden Armen, in Form eines V von oben nach unten.

11 Ninja Ex

Aktion – Reaktion
Aufwärmung
Geteilte Aufmerksamkeit*
Konzentration
Koordination
Körperbeherrschung
Körperbewusstsein
Körperkontakt
Partnersensibilität
Reaktionstraining
Schnelle, körperliche Aktion
Schnelles Kombinieren, Umschalten, Reagieren
Spannung – Entspannung
Tempo
Zuhören, Reagieren

Die Gruppe steht zu Beginn in einem Kreis sehr eng beieinander. Mit einem gemeinsamen „Oooohaa" und einem damit verbundenen Sprung nach hinten springen alle in ihre Ninja-Ausgangsposition, in der sie dann verharren. Nun versuchen die einzelnen Gruppenmitglieder nacheinander, mit dem eigenen Unterarm (Schwert) und einer klaren körperlichen Bewegung den Unterarm eines anderen Gruppenmitgliedes „abzuschlagen", d. h. zu treffen. Zu jedem Schlag gehört ein „Ha" oder „He" und eine klare körperliche Aktion. Danach wird in dieser Position verharrt, es sei denn, man muss ausweichen oder man ist wieder mit einem Schlag an der Reihe. Geschlagen wird reihum im Kreis. Weil der Kreis am Ende eventuell nicht mehr erkennbar ist, müssen sich die Gruppenmitglieder ihre Reihenfolge merken. Es dürfen im Verlauf der Übung also auch Leute angegriffen werden, die zu Beginn nicht unmittelbar neben einem standen.

Wird man angegriffen, darf nur mit einer klaren Bewegung ausgewichen werden. Wird ein Unterarm getroffen, kommt dieser Arm auf den Rücken und kann zum Abschlagen nicht mehr verwendet werden. Wer zwei Mal getroffen wurde, hat keinen Arm mehr und verlässt das Spiel.

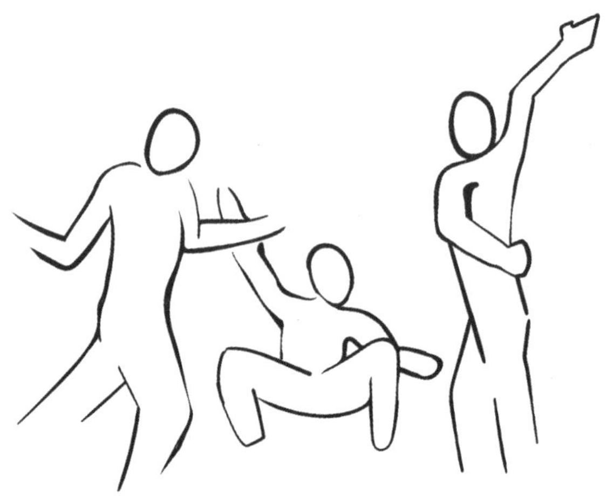

Schwertkampf 12

Die Gruppe steht verteilt im Raum. Die Arme sind Schwerter und bleiben während der gesamten Übung gestreckt. Alle versuchen nun, ein anderes Gruppenmitglied am Oberkörper zu treffen oder einen Schlag mit ihrem Schwert abzuwehren. Bewegt wird sich nur in Zeitlupe. Es gilt das Prinzip: „Jede(r) gegen Jede(n)". Berühren sich zwei Schwerter, machen beide Gruppenmitglieder ein Geräusch bei der Berührung, z. B. „Klingggg", „Zangggg" oder „Bongggg". Wer getroffen wird, sinkt sterbend zu Boden und verlässt das Feld. Raus ist auch, wer sich schneller als in Zeitlupe bewegt. Die Bewegungen sollen in dieser Übung nicht starr, sondern fließend sein, sodass das Ganze eher einem Tanz als einem Kampf ähnelt.

Aktion – Reaktion
Arbeitsbereitschaft herstellen
Aufwärmung
Körperbeherrschung
Körperbewusstsein
Körperkontakt
Körperliches Umsetzen
Partnersensibilität
Rhythmusempfinden

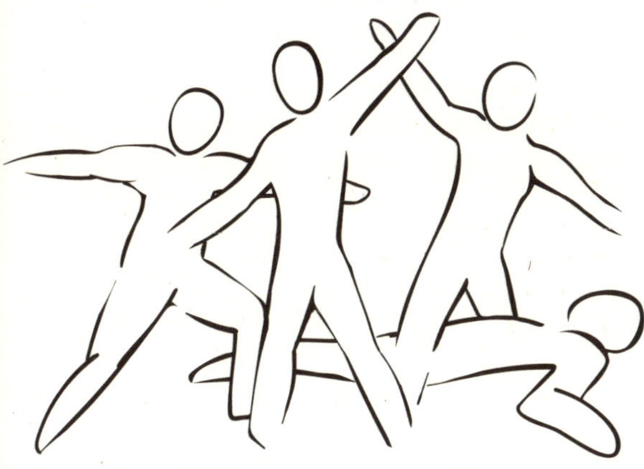

Bewegungskanon 13

Die Gruppe stellt sich in einer Reihe hintereinander auf. A steht am Anfang der Reihe. Bei einem akustischen Signal von außen, z. B. einem Klatschen, nimmt A eine möglichst klare Körperhaltung ein. Nächstes Klatschen: B übernimmt die Haltung* von A und A nimmt eine neue Haltung* ein. Nächstes Klatschen: C übernimmt die Haltung* von B, B die von A und A wählt eine neue. So werden alle Körperhaltungen von vorn nach hinten durch die Reihe gegeben. Nach einer bestimmten Zeit wechselt A von der ersten Position an das Ende der Reihe. Die Übung endet, wenn alle einmal an erster Position waren.

Beobachtung
Haltung, äußere*
Koordination
Körperbeherrschung
Körperliches Umsetzen
Rhythmusempfinden
Schnelles Kombinieren, Umschalten, Reagieren
Szenische Aufmerksamkeit*

14 Satzbau

Aktives Zuhören
Fantasie
Geteilte Aufmerksamkeit*
Konzentration
Koordination
Reaktionstraining
Rhythmusempfinden
Schnelles Kombinieren, Umschalten, Reagieren
Sprechrichtung, Sprechentfernung
Szenische Aufmerksamkeit*
Zuhören, Reagieren

Die Gruppe steht und bildet einen Kreis. Ein Ball oder ein ähnlicher Gegenstand wird sich in einem möglichst gleichmäßigen Rhythmus gegenseitig zugeworfen. Wer wirft, sagt dazu ein Wort und gibt dieses mit dem Ball weiter. Das Wort soll, wie auch der Ball, seinen Empfänger erreichen. Die Aufgabe* besteht darin, ganze Sätze entstehen zu lassen und dabei den Rhythmus beizubehalten. Wer einen Satz beendet, wiederholt diesen einmal im Ganzen. Später kann die Geschwindigkeit erhöht werden.

Variante „Geschichte": Es soll jetzt nicht nur ein Satz entstehen, sondern eine Geschichte. Bei wem ein Satz endet, der sagt „Punkt" und beginnt mit einem Wort den nächsten Satz. Der Ball wechselt mit dem ersten Wort des neuen Satzes, zum nächsten Mitspieler.

Variante „Zwei Kreise": Das Wort wird in Verbindung mit einem Ausfallschritt und einem Fingerschnipsen zum jeweiligen Adressaten geschickt. Wer nicht schnell genug ist und den Rhythmus unterbricht, scheidet aus und gründet außerhalb einen neuen Kreis, in dem parallel zum ersten das Gleiche stattfindet. Wer aus dem neuen Kreis ausscheidet, geht zurück in den alten usw. Somit bleiben alle Mitspieler ständig gefordert.

Variante „Talkshow": A moderiert eine Talkshow. B, C und D sind zusammen eine Person. Entweder ein Wissenschaftler oder eine Wissenschaftlerin, der oder die gerade einen Nobelpreis für eine bahnbrechende Erfindung erhalten hat, oder ein Orakel, das nach Lebensthemen befragt wird. A stellt Fragen. B, C und D (es können auch mehrere Personen sein) antworten. Die Antwortsätze werden gebildet, indem hintereinander jeder immer nur ein Wort sagt. Zwischen den Wörtern sollen keine Denkpausen entstehen.

15 Geschichte in fünf Sätzen

Aktives Zuhören
Fantasie
Gedankliche Arbeit
Konzentration
Szenische Aufmerksamkeit*
Vorstellungskraft
Zuhören, Reagieren

Die Gruppe bildet stehend oder sitzend einen Kreis. A sagt einen Satz. Der Reihe nach wird von jedem Gruppenmitglied ein Satz hinzugefügt. Nach fünf Sätzen ist eine kurze Geschichte abgeschlossen und es beginnt eine neue, die wieder aus fünf Sätzen besteht. Die Reihenfolge kann auch aus der Gruppe entstehen; das heißt, wem ein Satz einfällt, der sagt ihn, wenn nicht jemand anderes schneller ist. Die

Geschichte soll nach folgendem Prinzip entstehen:

Der 1. Satz beschreibt eine Situation, z. B.: „Eine Frau sitzt vor einem Kamin." Der 2. Satz beschreibt eine Beziehung zwischen Person und Situation, z. B.: „Da ihr schnell kalt ist, rückt sie nah an das Feuer." Der 3. Satz etabliert ein Problem oder einen Konflikt*, z. B.: „Plötzlich erfasst das Feuer ihre Kleidung." Der 4. Satz beinhaltet die Lösung, z. B.: „Sie verbrennt und übrig bleibt nur ein Häuflein Asche." Der 5. Satz ist die Lehre, die aus der Geschichte gezogen wird, z. B.: „Zieh dich warm an, selbst wenn du am offenen Feuer sitzt." Es soll hier vor allem nach möglichst einfachen und klaren Geschichten mit logischen Abfolgen gesucht werden und nicht vorrangig nach besonders lustigen oder originellen.

Assoziationskette 16

Die Gruppe steht und bildet einen Kreis. A sagt ein Substantiv, B wiederholt es und fügt ein weiteres hinzu, welches assoziativ zum ersten passt, z. B. Auto – Straße. C wiederholt beide und fügt ein drittes hinzu usw. Wer die Kette nicht in der richtigen Reihenfolge wiederholen kann, muss ausscheiden. Die Übung ist beendet, wenn nur noch eine Person übrig ist.

Variante „Geschichte": Alle Substantive sollen sich anhand einer Geschichte gemerkt werden, die mithilfe der gehörten Wörter erfunden wird. Am Ende werden sich die Geschichten gegenseitig erzählt.

Aktives Zuhören
Assoziations-, Erinnerungs-, Gedächtnis- und Fantasietraining
Gedankliche Arbeit
Konzentration
Wiederholbarkeit

Schreibmaschine 17

Die Gruppe sitzt und bildet einen Kreis. Der Reihe nach wird das Alphabet durchgegangen. Je nach Größe der Gruppe bekommt jeder zwei oder drei oder sogar vier Buchstaben. Danach wird ein Satz vorgegeben, in dem eine möglichst große Anzahl von Buchstaben enthalten ist, z. B.: „Zwölf süße Boxkämpfer jagten Eva quer durch Sylt." Der Satz wird nun folgendermaßen gebildet: Wer mit seinem Buchstaben an der Reihe ist, nennt diesen und klatscht dabei einmal in die Hände. Zwischen den Wörtern klatscht die gesamte Gruppe zweimal. Es soll dabei ein gleichmäßiger Rhythmus entstehen. Im Verlauf der Übung kann das Tempo erhöht werden. Am Ende des Satzes steht die gesamte Gruppe auf, setzt sich wieder und beginnt von Neuem.

Aktives Zuhören
Gemeinsames Bewältigen einer Aufgabe*
Konzentration
Koordination
Reaktionstraining
Rhythmusempfinden
Schnelles Kombinieren, Umschalten, Reagieren
Szenische Aufmerksamkeit*
Tempo

18 Eins-Eins, Zwei-Zwei, Drei-Drei

Aktion – Reaktion
Aktives Zuhören
Arbeitsbereitschaft herstellen
Aufwärmung
Konzentration
Koordination
Reaktionstraining
Rhythmusempfinden
Schnelles Kombinieren, Umschalten, Reagieren
Sprechrichtung, Sprechentfernung
Tempo
Zuhören, Reagieren

Die Gruppe steht im Kreis. Es wird einmal im Kreis herum gezählt, sodass jedes Gruppenmitglied eine Zahl erhält. Nun beginnt die Gruppe, gemeinsam einen Rhythmus zu klatschen. Der Rhythmus besteht aus gleichmäßigen Viertelnoten. Auf zwei Klatscher folgen dabei immer zwei Leerschläge mit geschlossenen Fäusten in Richtung Boden. Wenn der Rhythmus gleichmäßig läuft, nennt ein Gruppenmitglied, A, auf jedes Klatschen seine vorher zugeteilte Zahl, z. B. die Zahl Fünf, die zwei Leerschläge im Anschluss sind stumm. Beim nächsten Mal nennt A nur noch beim ersten Klatschen die eigene Zahl und beim zweiten Klatschen eine beliebige andere Zahl aus dem Kreis, die Person B zugeordnet ist. Nun nennt B seine Zahl zweimal und gibt in der nächsten Runde an ein anderes Gruppenmitglied ab.

Beispiel:

5 – 5 – leer – leer – 5 – 7, leer – leer–

jetzt übernimmt B mit der Zahl 7:

7 – 7 – leer – leer – 7 – 2 – leer – leer –

nun ist C mit der Zahl 2 an der Reihe:

2 – 2 – leer – leer – 2 – 8 usw.

Es kann nun zunehmend das Tempo erhöht werden, sodass aus den geklatschten Vierteln auch Achtel oder sogar Sechzehntel werden.

Variante „Ausscheiden": Wer einen Fehler macht oder den Rhythmus durcheinanderbringt, scheidet aus. In diesem Fall wird die fehlende Zahl nicht ersetzt, sondern darf nun im weiteren Verlauf der Übung nicht mehr genannt werden. Am Ende bleibt ein Gruppenmitglied übrig.

Sheriff 19

Aktion – Reaktion
Koordination
Reaktionstraining
Schnelle körperliche Aktion
Schnelles Kombinieren, Umschalten, Reagieren
Szenische Aufmerksamkeit*

In der Mitte steht ein „Sheriff" A. In der Hand hält A eine imaginäre Waffe. A ist zugleich Spielleiter und Schiedsrichter. Die Gruppe steht im Kreis um A. A schießt nun unvermittelt auf beispielsweise B. In diesem Fall geht B so schnell wie möglich in die Hocke. Die beiden rechts und links von B stehenden C und D müssen sich duellieren und aufeinander schießen. Wer langsamer ist, also das Duell verliert, verlässt den Kreis. Schafft B es allerdings nicht rechtzeitig, nach unten auszuweichen, muss B den Kreis verlassen. Die Entscheidung*, wer der Schnellere war, trifft ausschließlich der Sheriff. Wer mit dem Sheriff diskutiert, verlässt ebenfalls den Kreis. Die Übung endet dann, wenn bis auf den Sheriff nur noch zwei Personen übrig sind. An dieser Stelle folgt das finale Duell. Die beiden Übriggebliebenen stellen sich dafür Rücken an Rücken in die Mitte des Raumes. Vom Sheriff wird ein Wort festgelegt, z. B. „Sonne". Wenn das Wort „Sonne" fällt, sollen sich beide umdrehen und aufeinander schießen. Der Sheriff A beginnt jetzt damit, einzelne – in unserem Beispielfall mit „Sonne" zusammengesetzte – Worte zu sagen, z. B.: Sonnenmilch, Sonnendeck, Sonnengruß, Sonnenschirm usw. Bei jedem Wort gehen die beiden einen weiteren Schritt auseinander bis schlussendlich das Wort „Sonne" fällt und sie sich ein Duell liefern. Der laut Urteil des Sheriffs A Schnellere wird neuer Sheriff.

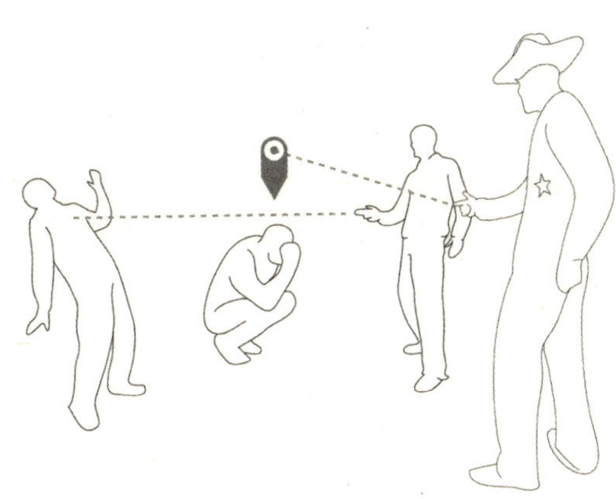

Variante „Setzen": Der Kreis wird von den Ausgeschiedenen nicht verlassen. Wer ausscheidet, bleibt im Kreis und setzt sich lediglich auf den Boden. Diese Variante ist die schwierigere, weil der Kreis unübersichtlich wird.

Variante „Stehenbleiben": Wer ausgeschieden ist, bleibt im Kreis stehen, reagiert aber auf nichts mehr. Diese Variante erfordert von allen Beteiligten eine hohe Aufmerksamkeit*. Jeder muss sich merken, wer noch im Spiel ist und wer nicht.

Variante „Geschichte": Der Ablauf bleibt gleich, nur dass der Sheriff am Schluss statt einzelner Worte ganze Sätze bildet. Diese Sätze sollen eine Geschichte ergeben, also nicht wahllos aneinandergereiht sein. Fällt das vorher festgelegte Wort, drehen C und D sich um und schießen aufeinander.

20 Denkmal (ähnlich I.21. „Unmögliche Maschine")

Beobachtung
Fantasie
Gemeinsames Bewältigen einer Aufgabe*
Physische Handlung*
Schnelle körperliche Aktion

A geht auf die Bühne und führt eine einfache Handlung* aus (z. B.: Schwenken der Hand über dem Kopf, um jemand Entferntes zu begrüßen). Ist die Handlung* klar, wird sie zu einem Standbild eingefroren. B geht dazu und wählt eine Handlung*, die zu der von A in Bezug steht. Ist die Handlung* gefunden, wird sie ebenfalls eingefroren. Sind auf diese Weise alle der Reihe nach auf der Bühne angekommen, überprüft jeder seine Position und prägt sich diese ein. Das so entstandene „Denkmal" sollte ein Zentrum bzw. wie ein Foto einen Fokus haben. Auf ein Zeichen von außen wird das Denkmal aufgelöst, um hinterher in möglichst kurzer Zeit an einer anderen Stelle im Raum genauso wieder aufgebaut zu werden. Es wird dabei nicht gesprochen.

21 Unmögliche Maschine (ähnlich I.20. „Denkmal")

Beobachtung
Fantasie
Gemeinsames Bewältigen einer Aufgabe*
Rhythmusempfinden
Schnelle körperliche Aktion
Temporhythmus*
Wiederholbarkeit

A geht auf die Bühne und erfindet eine monotone Bewegung in Verbindung mit einem Laut oder Geräusch. Diese Bewegung soll in einem bestimmten Rhythmus ständig wiederholt werden. Nacheinander begeben sich die übrigen Gruppenmitglieder dazu, jeder mit einer eigenen Bewegung und einem dazugehörigen Geräusch. Jedes neue „Teil" soll zu dem bereits Stattfindenden in Beziehung stehen, sodass am Ende eine „Maschine" entsteht, bei der alle beweglichen Teile ineinander greifen und in einem von A vorgegebenen Rhythmus zusammen funktionieren. Ist die so zusammengesetzte Maschine vollständig, prägt sich jeder seine Position genau ein. Auf ein Zeichen von außen wird die Maschine in möglichst kurzer Zeit, und ohne sich dabei verbal zu verständigen, abgebaut und an anderer Stelle genauso wieder aufgebaut.

Variante „Temporhythmus*": Ein Temporhythmuswechsel* wird von außen vorgegeben, indem der Gruppe Zahlen einer gedachten Geschwindigkeitsskala von 1 bis 10 zugerufen werden. 1 bedeutet fast Stillstand und 10 bedeutet maximale Geschwindigkeit. Die gesamte Maschine muss darauf reagieren.

Variante „Thematische Maschine": In dieser Variante wird der Maschine vor Beginn der Übung ein Name gegeben, beispielsweise „Musikbox", „Kriegsmaschine", „Sexmaschine" usw. Die Übung findet somit unter einem bestimmten Thema statt.

Gemeinsamer Ton 22

Aktives Zuhören
Artikulation
Gemeinsames Bewältigen einer Aufgabe*
Inneres Zurücktreten*
Partnersensibilität
Szenische Aufmerksamkeit*
Wahrnehmung

Die Gruppe steht und bildet einen Kreis. Die Rücken zeigen in Richtung Kreismitte. Die Schultern der nebeneinander stehenden Gruppenmitglieder berühren sich. Jemand fängt an, einen Ton zu summen, die anderen steigen nacheinander mit ein. Ziel* ist es, einen konstanten Ton entstehen zu lassen, dessen Lautstärke an- und wieder abschwillt, der aber nie abreißen darf. Steigt jemand aus, um Luft zu holen, müssen die anderen diese Lücke überbrücken.

Variante „Gleiche Lautstärke": Der gemeinsame Ton hat über die Zeit der Übung eine konstante Lautstärke. Es werden nacheinander die Vokale A, E, I, O, U, Ä, Ö, Ü gebildet. Der Wechsel auf den jeweils nächsten Vokal entsteht ohne Absprache aus der Gruppe heraus.

Variante „Vokale – im Körper": Wie in der vorherigen Variante werden die Vokale A, E, I, O, U, Ä, Ö, Ü nacheinander gebildet. Die Aufmerksamkeit* wird jetzt in den Körper gelenkt und zwar genau an die Stelle, an welcher der jeweilige Vokal beheimatet ist, das heißt dorthin, wo seine Schwingung am intensivsten wahrgenommen werden kann.

> **Reflektion im Anschluss:** Es kann sich darüber ausgetauscht werden, wo die einzelnen Vokale im Körper angesiedelt sind, um so die Aufmerksamkeit* und das Bewusstsein für den eigenen Körper zu schulen.

23 Eisscholle

Aktion – Reaktion
Beobachtung
Gemeinsames Bewältigen einer Aufgabe*
Handlungsziel* als Arbeitsbegriff
Partnersensibilität
Szenische Aufmerksamkeit*

Die Gruppe steht dicht gedrängt in der Mitte des Raumes. Die Aufgabe* lautet: Alle befinden sich auf einer Eisscholle und haben das Ziel*, an verschiedenen Stellen am Rand der Scholle im Meer nach Fischen Ausschau zu halten bzw. von dort wieder zurück zur Mitte zu kehren. Während der Übung bleiben alle in ständiger Bewegung. Das Gewicht muss dabei immer wieder neu verteilt werden, sodass die Eisscholle nicht kippen kann. Beim Wechsel zu einer anderen Stelle muss immer über die Mitte gegangen werden.

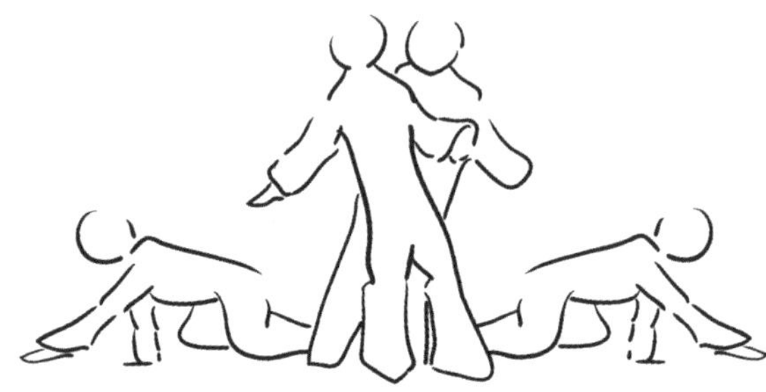

24 Anschleichen

Beobachtung
Körperbeherrschung
Körperbewusstsein
Reaktionstraining
Strategie* entwickeln
Szenische Aufmerksamkeit*

A steht auf einer Seite des Raumes, die Gruppe auf der anderen. A steht mit dem Rücken zur Gruppe. Die Gruppe bewegt sich auf A zu. A dreht sich in zeitlichen Abständen um, dann muss die Gruppe „einfrieren". Wer von A noch in der Bewegung ertappt wird, muss zur Ausgangsposition zurück. Wer A zuerst erreicht, übernimmt die Position von A. Die Übung beginnt von Neuem.

> **Reflektion im Anschluss / Beobachtungen:**

> Spannungslinien im Körper beobachten, z. B.: Wie habe ich im Moment der größten Spannung dagestanden?
> Sich Widersprüche bewusst machen, z. B.: Ich will so schnell wie möglich nach vorne, darf mich aber nicht erwischen lassen.
> Was bedeutet die Aufgabe* für die Art und Weise, in der ich mich bewege?
> Ist es möglich, verschiedene Strategien* des Sich-Annäherns zu entwickeln?

Ansprechen 25

Die Gruppe verteilt sich gleichmäßig im Raum und jeder bleibt auf der einmal gefundenen Position stehen. Alle bis auf A schließen die Augen. A spricht jemanden an und verwendet dafür eine beliebige Zahl. Wer sich angesprochen fühlt, wiederholt die Zahl und öffnet die Augen. War diese Person gemeint, wird das von A bestätigt. A schließt die Augen und die angesprochene Person spricht nun jemanden mit einer Zahl an. Wer die Augen öffnet und nicht gemeint war, schließt sie wieder und verhält sich weiterhin ruhig. A wiederholt das Ansprechen, bis die gemeinte Person reagiert.

Variante „Kreis": Die Gruppe steht und bildet einen Kreis. Die Rücken sind zur Mitte gerichtet. A steht in der Mitte des Kreises. Wer sich von A angesprochen glaubt, dreht sich und sagt: „Danke, habe verstanden". Stimmt das, nickt A mit dem Kopf und die angesprochene Person wechselt in die Kreismitte. Stimmt das nicht, schüttelt A den Kopf.

Aktives Zuhören
Artikulation
Partnersensibilität
Senden einer Botschaft*
Sprechrichtung, Sprechentfernung
Szenische Aufmerksamkeit*
Wahrnehmung

Verfolger erschießen 26

Die Gruppe läuft im Kreis. Auf ein Zeichen von außen, z. B. ein Klatschen, drehen sich alle um und erschießen einen imaginären Verfolger hinter sich mit dem ausgestreckten Zeigefinger und einem dazugehörigen Geräusch. Danach drehen sich alle entspannt zurück und laufen weiter. Auf ein anderes Zeichen hin, wechselt die Laufrichtung.

Variante „Temporhythmus*": Durch einen von außen vorgegebenen Temporhythmuswechsel auf einer gedachten Geschwindigkeitsskala von 1 bis 10 wird die Geschwindigkeit des Laufens variiert. 1 bedeutet fast Stillstand und 10 bedeutet maximale Geschwindigkeit.

Variante „Richtungswechsel aus der Gruppe": Es gibt nur ein Zeichen von außen. Auf das Zeichen hin dreht man sich um und erschießt den Verfolger mit dem ausgestreckten Zeigefinger. Der nun folgende gemeinsame Wechsel der Laufrichtung entsteht aus der Gruppe heraus, ohne akustisches Zeichen von außen oder vorherige Absprachen.

Beobachtung
Koordination
Partnersensibilität
Reaktionstraining
Schnelle körperliche Aktion
Spannung – Entspannung
Szenische Aufmerksamkeit*
Temporhythmus*

27 Mörder / Vampir

Beobachtung
Partnersensibilität
Raumgefühl
Strategie* entwickeln
Szenische Aufmerksamkeit*
Wahrnehmung

Die Gruppe steht mit geschlossenen Augen im Raum verteilt. Durch eine kurze Berührung des Übungsleiters wird ein „Mörder" festgelegt. Anschließend öffnen alle die Augen und die Gruppe geht im Raum umher. Der Mörder hat die Aufgabe*, seine Opfer zur Strecke zu bringen, indem er ihnen im Vorbeigehen zuzwinkert. Zehn Sekunden nach dem Zuzwinkern stirbt das „Opfer" einen möglichst spektakulären Tod. Dieser Tod sollte einer konkret vorgestellten Ursache entstammen (z. B. Ersticken, Ziegelstein auf den Kopf usw.). Ziel* des Mörders ist es, bis zum Ende unerkannt zu bleiben. Ziel* der Gruppe ist es, den Mörder zu entlarven. Das heißt, hat jemand einen Verdacht, wer der Mörder sein könnte, wird dieser Verdacht dem Übungsleiter ins Ohr geflüstert. Ist der Verdacht falsch, muss die Person, die ihn geäußert hat, selbst sterben. Die Übung endet, wenn der Mörder entlarvt ist oder wenn neben dem Mörder nur noch eine letzte Person am Leben ist. Danach wird ein neuer Mörder festgelegt.

Variante „Übungsverbindung": Kombination mit I.3 „Lautlos springen" oder I.8. „Raum ausfüllen".

Variante „Entengang": Um die körperliche Anstrengung zu erhöhen, findet die Übung im gehockten „Entengang" statt.

Variante „Vampir": In diesem Fall verläuft die Übung mit geschlossenen Augen. Der „Vampir" bringt seine Opfer durch Berühren und einen vorher festgelegten Laut zur Strecke. Für die Auflösung gibt es zwei Möglichkeiten. Die kürzere besteht darin, dass die Opfer nach ihrem Tod die Augen öffnen und das Spielfeld verlassen. In der zweiten und längeren Variante können die Opfer von den noch Lebenden durch Berühren und einem damit verbundenen, vorher festgelegten Laut wieder zum Leben erweckt werden. Die Augen bleiben in diesem Fall geschlossen. Die Übung endet, wenn niemand mehr am Leben ist oder nach einer festgesetzten Zeit.

Graf Dracula 28

Die Gruppe steht im Kreis. A, als Graf Dracula, steht in der Mitte. Sobald A die Augen schließt, bewegt sich der Kreis in Uhrzeigerrichtung. Nach einer Weile ruft A: „Stopp!" Der Kreis bleibt stehen. Alle Blicke sind auf A gerichtet. A öffnet die Augen und begegnet in dem Moment einem der Blicke aus dem Kreis. A bewegt sich nun langsam und mit waagerecht in die Höhe gehobenen Armen auf dieses Gruppenmitglied, B, zu. Dabei soll B von A in Angst und Schrecken versetzt werden. B sucht nun den Blickkontakt zu jemand anderem aus der Gruppe, C. Wenn C glaubt, von B gemeint zu sein, ruft C laut: „B., du bist erlöst". Hat Graf Dracula B in diesem Moment noch nicht erreicht, ist B erlöst und Graf Dracula (A) kehrt in die Mitte zurück. Ansonsten geht B in die Mitte und ist jetzt Graf Dracula. Das Spiel beginnt von Neuem.

Aktion – Reaktion
Aufwärmung
Groteske
Kennenlernen
Partnersensibilität
Reaktionstraining
Schnelles Kombinieren, Umschalten, Reagieren
Senden einer Botschaft*
Zuhören, Reagieren

Panzer 29

Die gesamte Gruppe liegt in einer Reihe nebeneinander auf dem Boden. Die Blicke sind zur Decke gerichtet. Auf ein Zeichen beginnt sich der „Panzer" in eine vorher festgelegte Richtung zu bewegen, das heißt A liegt am Anfang der Kette und rollt über alle anderen bis zum Ende. Sobald A sich in Bewegung gesetzt hat, folgt B, dann C usw. Ruft der Übungsleiter „Angriff!", ändert sich die „Fahrtrichtung" und alles rollt in die andere Richtung.

Gemeinsames Bewältigen einer Aufgabe*
Körperbeherrschung
Körperkontakt
Partnersensibilität
Vertrauen

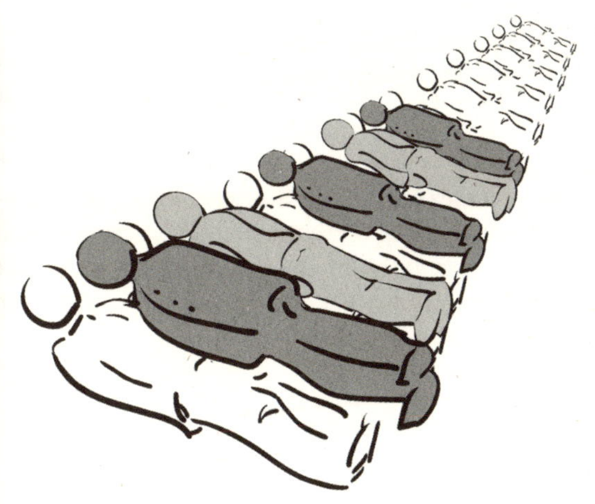

Variante „Zwei Panzer": Es gibt zwei Panzer, die von derselben Position starten und das gleiche Ziel* haben. Hierzu wird die Gruppe in zwei Hälften bzw. Reihen geteilt. Welcher der beiden Panzer zu erst ankommt, gewinnt. Oberste Priorität: Sensibel miteinander umgehen, damit niemand verletzt wird!

Variante „Geschlossene Augen": Die gesamte Übung, angefangen beim Hinlegen, findet mit geschlossenen Augen statt. Es gibt in dieser Variante nur einen Panzer und dieser sollte sich auch nicht zu schnell bewegen. Oberste Priorität: Sensibel miteinander umgehen, damit niemand zu Schaden kommt!

30 Club (nach Emma Falck)

Aktives Zuhören
Aktion – Reaktion
Charakterarbeit*
Entscheidungen* treffen
Fantasie
Figurenfindung
Glaubwürdigkeit
Handlungsziel* als Arbeitsbegriff
Haltung*, innere u. äußere
Improvisation*
Innerer Monolog, handlungsbegleitende Rede*
Konzentration
Koordination
Körperbeherrschung
Körperbewusstsein
Körperliches Umsetzen
Natürlich-logisches Handeln*
Partnersensibilität
Raumgefühl
Reaktionstraining
Rhythmusempfinden
Strategie* entwickeln (Aktionsverben*)
Zuhören, Reagieren

Auf der Tanzfläche läuft laute, tanzbare Musik. Ein Gruppenmitglied A ist Einlass und später DJ. A, als Einlass, lässt die anderen nacheinander in den Club. Alle haben sich vorher eine Public Persona* sowie ein Handlungsziel* überlegt und kommunizieren auf dieser Basis beim Tanzen miteinander (siehe Beispiele im Anhang VII.1. und VII.4.). In Abständen stoppt A, jetzt als DJ, die Musik. Wer sich bewegt, ist raus.

> **Reflektion im Anschluss:**

> Um welche Public Persona* bzw. welches Handlungsziel* könnte es sich bei den einzelnen Gruppenmitgliedern gehandelt* haben?
> Konnte mit dem Handlungsziel* gut gearbeitet werden?
> War die gewählte Public Persona* hilfreich oder hinderlich?

Variante „Zweites Leben": Scheidet jemand aus, kann die Person von der Gruppe im Spiel gehalten werden, indem sie die Public Persona* oder das Handlungsziel* errät. Die Person hat in diesem Fall ein zweites Leben im Club.

Stehen auf der Bühne / Stehen mit Aufgabe* 31

Beobachtung
Bewusstmachen schauspielerischer Prozesse
Einführen des Arbeitsbegriffes: Aufgabe*
Handlungsziel* als Arbeitsbegriff
Szenische Aufmerksamkeit*

Drei Gruppenmitglieder stellen sich in einer Linie so nebeneinander auf die Bühne, dass sie sich mit ausgestreckten Armen nicht berühren. Sie sollen erst einmal nichts weiter tun, als zu stehen, den Blick in Richtung Zuschauer gerichtet. Die übrige Gruppe soll die drei möglichst genau beobachten. Die drei auf der Bühne wissen nicht, was die Gruppe beobachten soll und die Gruppe weiß nicht, was die drei auf der Bühne tun sollen. Nachdem eine Weile vergangen ist, bekommen die drei auf der Bühne jeweils eine neue Aufgabe* zugeteilt, die sie im Stehen bewältigen können, z. B.:

- Zählen der Scheinwerfer an der Decke o. ä.
- Wenn einer der Zuschauer sich am Kopf kratzt, sollen alle drei um die Wette zur nächst gelegenen Tür rennen. Ziel* ist es, Erster zu sein.
- Ohne dass sie dieses voneinander wissen, bekommen alle drei die gleiche Aufgabe*: „Finde unauffällig heraus, welche körperliche Bewegung die beiden anderen regelmäßig wiederholen sollen." Sie müssen dabei nicht in einer Linie stehen.

Wieder sollte die Gruppe nicht wissen, worum es sich bei den Aufgaben* handelt.

> **Reflektion im Anschluss:** Hinterher wird das Gesehene und Erlebte sowohl aus der Position der Zuschauer als auch aus der Position der drei Akteure beschrieben:

> Ist es etwas anderes, ob man auf der Bühne lediglich steht oder ob man aktiv mit einer Aufgabe* beschäftigt ist? Worin besteht der Unterschied?
> Welche Gedanken gehen einem in beiden Fällen durch den Kopf?
> Ist es so, dass die Zuschauer in den Hintergrund treten, wenn man mit einer Aufgabe* beschäftigt ist?
> Hat sich jemand unbewusst selbst eine andere Aufgabe* gesucht?
> Was passiert mit dem Körper, wenn man aktiv mit einer Aufgabe* beschäftigt ist?

> Hat man Zeit, sich damit zu beschäftigen, was andere über einen denken, wenn man aktiv an einer Aufgabe* arbeitet?

32 Knoten

Gemeinsames Bewältigen einer Aufgabe*
Körperkontakt
Partnersensibilität
Schnelle körperliche Aktion

Die Gruppe steht in einem Kreis und fasst sich an den Händen. Die Blicke sind in Richtung Kreismitte gerichtet. Ohne sich loszulassen, wird der Kreis möglichst kompliziert verknotet. Gibt es für niemanden mehr Bewegungsfreiheit, entknotet sich der Kreis wieder, ohne dass einer den anderen dabei loslässt.

Variante „Zeitlimit": Beim Entknoten wird ein Zeitlimit gesetzt.

Variante „Blind greifen": Ausgangssituation*: Die Gruppe steht in einem Pulk eng beieinander, wobei die Rücken der Mitte zugewandt sind. Die Arme werden nach oben ausgestreckt und jeder greift sich zwei Hände. Der so entstandene Knoten wird jetzt, ohne sich dabei loszulassen, entknotet.

33 Figuren* erschaffen

Aktives Zuhören
Arbeit mit dem „Als ob...*" bzw. „Magischen Wenn*"
Assoziation
Figurenfindung
Fantasie
Gedankliche Arbeit
Gemeinsames Bewältigen einer Aufgabe*
Glaubwürdigkeit
Szenische Aufmerksamkeit*
Zuhören, Reagieren

Die Gruppe steht oder sitzt im Kreis. In die Mitte des Kreises wird ein Gegenstand gelegt. Nacheinander sagt jeder einen Satz über die fiktive Person, der dieser Gegenstand gehört. Dabei wird versucht, ein möglichst genaues Bild der Person entstehen zu lassen. Alter, Geschlecht, Vorlieben, Abneigungen usw. Aus den Umständen* der Person entsteht so eine plastische, mehrdimensionale Figur*.

Variante „Interview": Ein Gruppenmitglied setzt sich in der Rolle* der vorher entstandenen Figur* vor die Gruppe auf einen Stuhl. Die Gruppe begibt sich in die Rolle* von Pressevertretern, die diese Person interviewen. Arbeit mit dem „Als ob...*" bzw. „Magischen Wenn*": „Wenn ich mich unter den vorher beschriebenen Umständen* in einer Pressekonferenz befände, wie würde ich auf die mir gestellten Fragen antworten?" Diese Variante ist immer dann hilfreich, wenn bereits Figuren* entwickelt wurden und es darum geht, diese zu erweitern und ihre Mehrschichtigkeit zu überprüfen.

> **Reflektion im Anschluss:**

> Welche Fragen sind interessant und warum?
> Wie persönlich* oder vielleicht auch provokant müssen Fragen dafür sein?
> Wie glaubwürdig oder unglaubwürdig waren die Antworten? Woran hat das gelegen?
> Hat es das jeweilige Gruppenmitglied geschafft, die Umstände* der gemeinsam erschaffenen Figur* als die eigenen anzunehmen?

Zählen bis 21 34

Aktives Zuhören
Gemeinsames Bewältigen einer Aufgabe*
Inneres Zurücktreten*
Partnersensibilität
Szenische Aufmerksamkeit*
Zuhören, Reagieren

Die Gruppe steht und bildet einen Kreis. Die Rücken zeigen zur Kreismitte, die Schultern berühren sich. Es soll bis 21 gezählt werden. Es darf immer nur einer zurzeit sprechen und niemand darf zwei Zahlen hintereinander nennen. Wird dieselbe Zahl von mehreren Personen gleichzeitig genannt, beginnt die Übung von vorn.

Variante „Inneres Zurücktreten*": Aufgabe* ist es, während der Übung innerlich zurückzutreten*, um damit die Aufmerksamkeit* und das Zuhören zu erhöhen.

Variante „Liegen": Alle liegen verteilt im Raum, den Blick zur Decke gerichtet.

Variante „Übungsverbindung": Kombination mit I.8. „Raum ausfüllen".

Who killed King John (Schuld und Versagen) 35

Aktion – Reaktion
Artikulation
Aufwärmung
Groteske
Haltung*, innere u. äußere
Konzentration
Reaktionstraining
Rhythmusempfinden
Senden einer Botschaft*
Tempo
Zuhören, Reagieren

Die Gruppe steht im Kreis. A ist King John. Von King John ausgehend wird im Uhrzeigersinn einmal durchgezählt, sodass alle, außer King John, eine Nummer haben. King John beginnt und spricht jemanden im Kreis an:

KJ sagt zu Nr. 3: „You killed King John!"

Nr. 3 antwortet: „Not I!"

KJ fragt Nr. 3: „Then Who killed King John?"

Nr. 3: „Number 6 killed King John."

Nr. 6: „Not I!"

Nr. 3 fragt Nr. 6: „Then Who killed King John?"

Nr. 6: „Number 8 killed King John!"

Nr. 8: „Not I!"

Nr. 6 fragt Nr. 8: „Then Who killed King John?"

Nr. 8: „Number 2 killed King John!"

usw.

King John kann auch des Selbstmordes bezichtigt werden, indem jemand sagt: „King John killed King John". Darauf antwortet King John: „Not I!" usw. Wer den Rhythmus unterbricht, sich verspricht oder bei der falschen Nummer antwortet, scheidet aus. In diesem Fall sagen alle gemeinsam: „Ohohhh ... You failed." Die Nummern der Personen, die ausgeschieden sind, dürfen nicht mehr genannt werden. Die Übung funktioniert dann am besten, wenn groß und theatralisch agiert und die Schuld zu bzw. von sich gewiesen wird. Zudem kann die Geschwindigkeit ständig erhöht werden.

Variante „Ohne Ausscheiden": Wer einen Fehler gemacht hat, geht auf Position eins, links neben King John. Damit rücken alle bis zu dem Platz, den die Person gerade verlassen hat, eine Position weiter. Beispiel: Macht die 5 einen Fehler, geht sie auf Position 1. Die Personen mit den Nummern 1 bis 4 rücken jetzt eine Position weiter und haben eine neue Zahl.

36 Hase und Jäger

Aktion – Reaktion
Geteilte Aufmerksamkeit*
Koordination
Reaktionstraining
Schnelles Kombinieren, Umschalten, Reagieren
Szenische Aufmerksamkeit*
Tempo

Die Gruppe steht in einem Kreis. Es werden drei Bälle bzw. Gegenstände benötigt, die sich leicht werfen und fangen lassen. Zwei Bälle sind die „Jäger". Sie dürfen nur an nebenstehende Personen weitergereicht werden. Allerdings dürfen sie die Richtung ändern. Ein Ball ist der „Hase". Er darf sowohl weitergereicht als auch geworfen werden und kann den Kreis dabei kreuzen. Ziel* ist es einerseits, dass ein Jäger den Hasen berührt, d. h. dass ein Jäger-Ball mit dem Hasen-Ball in direkten Kontakt kommt, andererseits darf sich der Hase wiederum nicht fangen lassen.

Variante „Kreis verlassen": Bei wem sich der Hase erwischen lässt oder wer den Hasen direkt auf einen Jäger wirft, verlässt den Kreis. Ist die Anzahl der Spieler sehr klein geworden, kann ein Jäger aus dem Spiel genommen werden.

„Ich bin ein … und gehe." 37

Die Gruppe steht im Kreis. Die Blicke sind in Richtung Kreismitte gerichtet. A geht in die Mitte des Kreises, behauptet etwas oder jemand zu sein und stellt dieses dann körperlich dar. Die Behauptung beginnt immer mit „Ich bin ein ..." bzw. „Ich bin eine ...", z. B.: „Ich bin ein Auto." Dabei versucht A, mit dem Körper ein Auto darzustellen, und friert diese Darstellung zu einem Standbild ein. Wer den nächsten Einfall hat, geht dazu, äußert seine Behauptung und setzt sich körperlich zu A in Beziehung, z. B. sagt B: „Ich bin eine Stoßstange." Anschließend geht C dazu, stellt ebenfalls eine Behauptung auf und setzt sich körperlich zu den beiden in Beziehung, z. B.: „Ich bin ein Fahrer." Nun ist A wieder an der Reihe. A muss sich nun für B oder C entscheiden und dann den Kreis mit der betreffenden Person verlassen. A sagt dabei: „Ich nehme die Stoßstange und gehe", oder: „Ich nehme den Fahrer und gehe." C oder B bleibt in der eingenommenen körperlichen Position allein im Kreis zurück. Die Behauptung, die zu dieser Körperlichkeit geführt hat, wird jetzt von B bzw. C noch einmal wiederholt und eröffnet somit eine neue Runde, z. B.: „Ich bin eine Stoßstange", oder: „Ich bin ein Fahrer". Es geht jetzt eine neue Person aus dem Kreis mit einer neuen Behauptung dazu, und die Übung beginnt von vorn.

Assoziation
Fantasie
Körperliches Umsetzen

Improkreis 38

Die Gruppe wird in zwei Hälften geteilt, diese bilden zwei Kreise, einen Innen- und einen Außenkreis. Jede Person im Außenkreis hat ein Gegenüber im Innenkreis. Die Gesichter sind einander zugewandt. Von außen werden jetzt jeweils zwei Rollen* vorgegeben. Nach einem „Und ... bitte!" soll zwischen den Personen, die sich gegenüberstehen, ein kurzes improvisiertes* Spiel entstehen. Ohne nachzudenken, wird dabei spontan und möglichst körperlich gehandelt*. Es soll auch nicht abgesprochen werden, wer welche Rolle* übernimmt, sondern alles aus dem gemeinsamen Spiel heraus entstehen. Nach einem „Stopp!" von außen, dreht sich der Innenkreis eine Person weiter, sodass alle ein neues Gegenüber haben.

Beispiele für Rollen* können sein: Prinzessin und Hexe, Nudel und Gabel, Fischer und Fisch, Fisch und Angel, Braten und Soße, Romeo und Julia, Bügeleisen und Kleid.

Aktives Zuhören
Aktion – Reaktion
Assoziation
Aufwärmung
Fantasie
Groteske
Haltung*, innere u. äußere
Improvisation*
Kennenlernen
Körperliches Umsetzen
Mut
Partnersensibilität
Schnelles Kombinieren, Umschalten, Reagieren
Spannung – Entspannung
Vorstellungskraft
Zuhören, Reagieren

39 Rhythmuskreis

Gemeinsames Bewältigen einer Aufgabe*
Koordination
Reaktionstraining
Rhythmusempfinden
Schnelles Kombinieren, Umschalten, Reagieren
Szenische Aufmerksamkeit*
Tempo

Die Gruppe kniet auf dem Boden im Kreis. Die Blicke sind in Richtung Kreismitte gerichtet. Die Hände liegen vor dem Körper auf dem Boden. Dabei kreuzen sich jeweils die Arme der nebeneinander Sitzenden, sodass die Hände in folgender Reihenfolge nebeneinander liegen: linke Hand von B, rechte Hand von A, linke Hand von C, rechte Hand von B, linke Hand von D, rechte Hand von C, linke Hand von E, rechte Hand von D, usw. Jetzt schlagen alle Hände in der Reihenfolge, in der sie nebeneinander liegen, auf den Boden. Schlägt jemand zweimal, ändert sich die Richtung. Funktioniert die Übung, kann das Tempo erhöht werden.

Variante „Füße": Es werden statt der Hände die Füße verwendet. Die Gruppe kann dabei auf Stühlen oder auf dem Boden sitzen.

Variante „Walzer": Ein Rhythmus wird vorgegeben, z. B. $3/4$-Takt (Walzer).

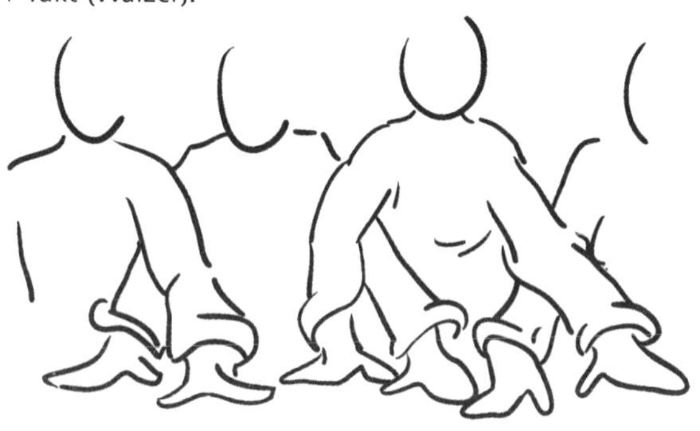

40 Tanzkreis

Aktives Zuhören
Arbeitsbereitschaft herstellen
Aufwärmung
Beobachtung
Empathie
Fantasie
Geteilte Aufmerksamkeit*
Improvisation*
Kameraarbeit
Kennenlernen
Konzentration

Die Gruppe bildet einen Kreis, A steht in der Mitte. Von außen wird tanzbare Musik eingespielt. A bewegt sich zur Musik, wobei sich der Kreis auch auflösen kann. Die Aufgabe* der Gruppe besteht darin, A zu imitieren. Hierbei geht es weniger um die Details der Bewegungen, als um die Art und Weise des Sich-Bewegens. Wo haben die Bewegungen von A ihren Ursprung? Wie ist die Körperspannung von A? Welche spezifischen Bewegungen gehören zum Tanzstil von A? usw. Sobald der Song vorbei ist, wird gewechselt, sodass jedes Gruppenmitglied sich einen Musiktitel lang in der Mitte befindet. Begonnen wird wieder im Kreis.

Variante „Lieblingstitel": Alle wählen vorher einen Lieblingstitel aus. Die Titel werden nach dem Zufallsprinzip hintereinander abgespielt. Wer seinen Titel hört, geht in die Mitte.

Variante „Kamera": A, in der Mitte des Kreises, wählt ein Gruppenmitglied B aus, behält diese Auswahl aber für sich. B hat im Verlauf der Übung nun für A die Funktion der Kamera. Mit geteilter Aufmerksamkeit* soll A im Verlauf der Übung jederzeit das Bewusstsein darüber haben, wo und in welcher Entfernung sich die Kamera befindet, und darauf achten, von ihr gesehen zu werden, ohne dabei den Blick direkt in die Kamera zu richten. Gleichzeitig kann A darauf vertrauen, dass die Kamera (B) folgt und A immer findet. Die Aufgabe* der Gruppe ist nach wie vor, A zu spiegeln. Außerdem soll jedes Gruppenmitglied für sich herausfinden, ob ihm die Funktion der Kamera zugewiesen wurde. Wer sich sicher ist, nicht die Kamera zu sein, verlässt die Bühne, setzt sich an die Seite und sieht zu.

> **Reflektion im Anschluss:**

- Wer hat wann und wodurch erkannt, nicht die Kamera zu sein?
- Wann wurde B klar, die Funktion der Kamera auszuüben? Was hat das an der Zusammenarbeit mit A geändert?
- Wie gelang es A, mithilfe der geteilten Aufmerksamkeit* eine Balance zwischen Bewegen und Bewusstsein für die Kamera zu finden?
- Wie lässt sich das Zusammenspiel von A und B von außen beschreiben?

Koordination
Körperbeherrschung
Körperbewusstsein
Körperkontakt
Körperliches Umsetzen
Mut
Partnersensibilität
Raumgefühl
Rhythmusempfinden
Spannung – Entspannung
Wahrnehmung
Zuhören, Reagieren
Tempo

Platzwechsel als Gruppenübung 41

Die Gruppe steht im Kreis. Jeweils zwei Gruppenmitglieder finden, ohne zu sprechen, einen gemeinsamen Impuls und tauschen synchron ihre Plätze. Anschließend wird nach jemand anderem Ausschau gehalten und das Gleiche findet erneut statt. Es sind auch Platzwechsel verschiedener Paare zur selben Zeit möglich.

Variante „Unauffällig": Die Übung bleibt gleich, nur dass A in der Mitte steht und versucht, einen der freiwerdenden Plätze zu besetzen. Alle anderen müssen bei ihrem Platzwechsel so schnell und unauffällig wie möglich sein, um das zu verhindern. Wer keinen Platz im Kreis erwischt, geht in die Mitte.

Beobachtung
Partnersensibilität
Reaktionstraining
Rhythmusempfinden
Schnelle körperliche Aktion
Senden einer Botschaft*
Szenische Aufmerksamkeit*
Tempo

42 Gegenstand weitergeben

Arbeit mit dem „Als ob...*"
bzw. „Magischen Wenn*"
Beobachtung
Fantasie
Körperliches Umsetzen
Szenische Aufmerksamkeit*
Vorstellungskraft

Die Gruppe steht im Kreis. A nennt einen Gegenstand. Aufgabe* mit dem „Magischen Wenn*": „Wenn ich diesen Gegenstand in der Hand hätte, was könnte ich damit tun?" A tut etwas mit diesem vorgestellten Gegenstand und gibt ihn dann an B weiter. B übernimmt den Gegenstand, tut etwas damit, verwandelt ihn in einen anderen, tut etwas mit diesem und gibt ihn weiter an C. So wandert der sich fortwährend verändernde Gegenstand im Kreis. Es geht darum, sich möglichst genau an den jeweiligen Gegenstand und seine Handhabung zu erinnern und so konkret mit dem jeweiligen Gegenstand umzugehen, als wäre er real vorhanden.

Variante „Körper / Mimik": Es werden Körperhaltungen oder Mimiken herumgegeben. Sie sollten möglichst nicht nur äußerlich hergestellt sein, sondern einer konkreten inneren Haltung* entstammen, z. B.: „Ich habe in eine Zitrone gebissen." B übernimmt diese Mimik möglichst präzise, dreht sich mit dem Gesicht zur Kreismitte, löst die Mimik auf, findet eine neue und gibt diese an C weiter. C übernimmt usw.

43 Dieb und Polizei

Aktion – Reaktion
Koordination
Schnelle körperliche Aktion
Schnelles Kombinieren,
Umschalten, Reagieren
Szenische Aufmerksamkeit*

Es werden ein „Dieb" und ein „Polizist" festgelegt. Der Rest der Gruppe steht in Zweiergruppen verteilt im Raum. Die Arme sind wie bei Spaziergängern eingehängt. Der Dieb flüchtet nun zwischen den Zweiergruppen hindurch vor dem Polizisten. Das Ziel* der Übung besteht darin, dass der „Polizist" den „Dieb" fängt. Hat er ihn, wechseln blitzschnell die Rollen*. Der „Dieb" wird zum „Polizist" und umgekehrt. Für den „Dieb" besteht auch die Möglichkeit, sich bei den im Raum stehenden Zweiergruppen einzuhängen. Auch in diesem Fall wechseln die Rollen*. Der „Polizist" wird zum „Dieb" und aus der Zweiergruppe, zu der sich der „Dieb" geflüchtet hat, löst sich von der anderen Seite ein „Polizist" heraus. Dieser „Polizist" jagt nun wieder den neuen „Dieb".

Variante „Spazieren": Während der Übung spazieren die Zweiergruppen durch den Raum.

Variante „Arm hoch": Diese Variante dient vor allem

dazu, die Übung zu beenden. Wer sich als Dieb einhängt, hebt den Arm zum Zeichen dafür, dass hier das Einhängen nicht mehr möglich ist. Somit werden die Fluchtmöglichkeiten für die übrigen Diebe immer weniger.

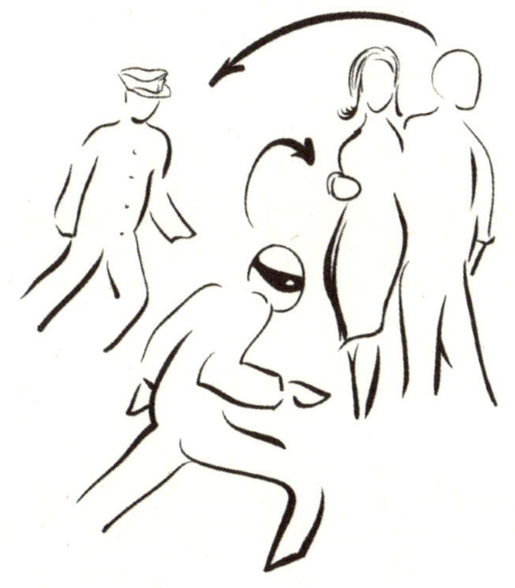

Szenenwechsel 44

A betritt die Bühne und etabliert dort eine Situation. Sobald jemand aus der Gruppe dazu eine Idee hat, sagt die betreffende Person B „Stopp" und geht dazu. Anschließend folgt von außen die Anweisung „Bitte!" und es entwickelt sich eine Improvisation* zu zweit (siehe auch Arbeitsbegriff: Improvisation*). Wenn der Eindruck entsteht, dass die Improvisation* an einem Punkt angekommen ist, an dem ein neuer Impuls (ein neues Ereignis*) nötig wäre, ruft jemand anderes aus der Gruppe „Stopp". Die Szene* auf der Bühne friert nun ein und A oder B wird jetzt von C abgelöst. C tippt A oder B auf die Schulter und geht körperlich in die gleiche Position. Nach einem „Bitte!" von außen beginnt C aus dieser körperlichen Position heraus, die Szene* entweder mit einem neuen Impuls zu beleben oder eine vollkommen andere Situation zu spielen. Die auf der Bühne verbliebene Person A oder B muss sich sofort auf die Situation einstellen und diese mitspielen, bis aus der Gruppe ein neues „Stopp" kommt. So entsteht ein ständiger Wechsel von Personen und Situationen und ein Gespür dafür, wann eine Szene* einen neuen Impuls benötigt.

Aktion – Reaktion
Bewusstmachen schauspielerischer Prozesse
Entscheidungen* treffen
Ereignis*
Fantasie
Glaubwürdigkeit
Haltung*, innere u. äußere
Improvisation*
Inneres Zurücktreten*
Konzentration
Körperbeherrschung
Körperbewusstsein
Körperkontakt
Körperliches Umsetzen
Mut
Natürlich-logisches Handeln*
Partnersensibilität
Physische Handlung*
Strategien* entwickeln (Aktionsverben*)
Sprechrichtung, Sprechentfernung
Status*
Temporhythmus*
Umgang mit Requisiten*
Vertrauen
Vorstellungskraft
Wahrnehmung
Zuhören, Reagieren

45 Fliegen

Empathie
Körperkontakt
Mut
Partnersensibilität
Szenische Aufmerksamkeit*
Vertrauen

A steht und hat die Augen während der gesamten Übung geschlossen. Die Gruppe steht dicht um A herum. Nun beginnt A, sich in Zeitlupentempo zu bewegen. Die Gruppe nimmt jede Bewegung von A auf und unterstützt diese. Das heißt, wenn A beginnt ein Bein zu heben, greifen diejenigen, die an dieser Stelle stehen, sofort unter das Bein und unterstützen diese Bewegung. Ziel* ist es, dass A wie schwerelos im Raum schwebt. Je nach persönlichem* Mut und Vertrauen ist es möglich, verschiedenste Bewegungen – bis hin zu Überschlägen auszuprobieren. Während der gesamten Übung wird nicht gesprochen.

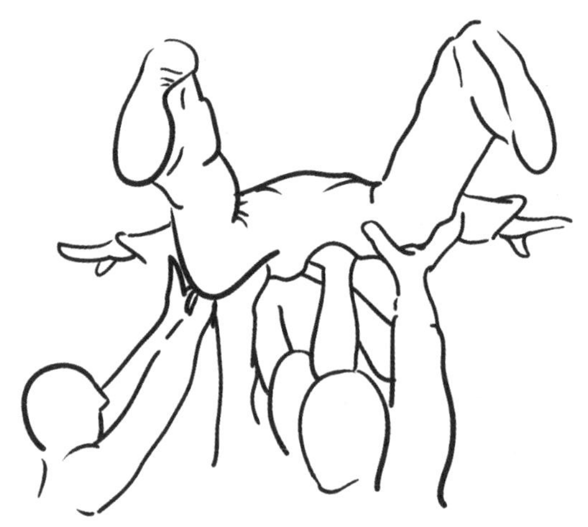

46 Fallen lassen

Empathie
Inneres Zurücktreten*
Körperbeherrschung
Körperkontakt
Loslassen
Mut
Partnersensibilität
Szenische Aufmerksamkeit*
Vertrauen

A steht mit geschlossenen Augen in der Mitte. Die Gruppe steht im Kreis um A herum, ca. 1,5 m von A entfernt. A spannt den Körper an und lässt sich in verschiedene Richtungen fallen. Die Gruppe sorgt dafür, dass A nicht umfallen kann, sondern aufgefangen und immer wieder zurück in die Ausgangsposition gebracht wird. Die Übung endet, nachdem alle einmal die mittlere Position eingenommen haben.

Waldspaziergang / Wahrnehmungstraining 47

Für diese Übung eignet sich ein Spaziergang im Wald oder in einem Park. Es werden zwei oder drei Bäume ausgewählt. Die Gruppe bekommt die Aufgabe*, das Wesen jedes einzelnen Baumes zu beschreiben und die Bäume in ihren Unterschiedlichkeiten miteinander zu vergleichen. Jedes Gruppenmitglied soll innerlich zurücktreten*, die Bäume auf sich wirken lassen und die Wahrnehmungen still für sich beschreiben. Im Anschluss teilen alle mit, was sie wahrgenommen haben. Es gibt nichts Falsches oder Richtiges. So kann ein Baum zum Beispiel besonders elegant oder dominanter als die anderen sein, seinen Platz noch nicht gefunden haben oder wirr in verschiedene Richtungen wachsen. Wichtig hierbei ist, sich nichts auszudenken, um es dann dem Baum überzustülpen, sondern nur das Wesen des Baumes zu erfassen und dieses zu beschreiben. Die Übung kann auch auf andere Pflanzen oder Gegenstände wie z. B. eine Straßenlaterne übertragen werden. Erlaubt ist, was inspiriert.

Variante „Figuren*": Nachdem in der Gruppe gearbeitet wurde, soll sich jetzt jedes Gruppenmitglied zwei möglichst unterschiedliche Bäume / Pflanzen suchen und sich Zeit nehmen, ihr Wesen zu erfassen. Anschließend versuchen alle, dieses Wesen in den eigenen Körper zu übertragen. Hilfe dabei kann das Magische Wenn* sein: „Wenn dieser Baum ein Mensch wäre, wie würde er sich bewegen, gehen, stehen, laufen? Wie wäre seine Körperhaltung, sein Denken? Würde er Geräusche machen?" Im Anschluss können sich einzelne Gruppenmitglieder zu zweit zusammenfinden, gemeinsam durch den Wald spazieren und sich in diesen entwickelten Figuren* über bestimmte Themen unterhalten (z. B. den Bezug zur Natur, Lieblingsfilme, Urlaubspläne, Partnerwünsche usw.).

Variante „Aufgaben*": Alle suchen sich aus der Beispielliste Aktionsverben* / Strategien* (Anhang VII.2.), zwei Aktionsverben* heraus. Immer zwei Gruppenmitglieder begegnen sich nun und versuchen, die Aufgabe*, die das Aktionsverb* beinhaltet, umzusetzen. Basis ist die vorher erarbeitete Figuren*-Grundlage des Baumes / der Pflanze.

Variante „Übungsverbindung": Die Figuren*-Grundlage kann auch für die Übungen III.44. „Partneretüde", II.27. „Einzeletüde", III.40. „Szenische Übung" oder II.19 „Auftritt" genutzt und weiterentwickelt werden.

Aktives Zuhören
Arbeit mit dem „Als ob ...*" bzw. „Magischen Wenn*"
Assoziation
Beobachtung
Empathie
Erinnerung
Fantasie
Figurenfindung
Glaubwürdigkeit
Groteske
Haltung*, innere u. äußere
Improvisation*
Inneres Zurücktreten*
Körperbewusstsein
Körperliches Umsetzen
Natürlich-logisches Handeln*
Partnersensibilität
Physische Handlung*
Strategie* entwickeln (Aktionsverben*)
Umstände* schaffen
Vorstellungskraft
Wahrnehmung
Wiederholbarkeit
Zuhören, Reagieren

48 Fänger im Chaos

Aktion - Reaktion
Aktives Zuhören
Aufwärmung
Beobachtung
Gemeinsames Bewältigen einer Aufgabe*
Partnersensibilität
Schnelles Kombinieren, Umschalten, Reagieren
Sprechrichtung, Sprechentfernung
Szenische Aufmerksamkeit*
Zuhören, Reagieren

Die Gruppe wird in Paare aufgeteilt, von denen jeweils die einen Partner gemeinsam einen möglichst großen Kreis bilden und die anderen, ohne eine bestimmte Ordnung im Kreis stehen. Alle im äußeren Kreis haben somit einen Partner im Kreis stehen. Eines der Paare wird als „Fängerpaar" festgelegt. Die im Kreis befindlichen Mitspieler haben die Augen geschlossen. Für diejenigen, die den äußeren Kreis bilden, besteht die Aufgabe* darin, den jeweiligen Partner im Kreis verbal zu dirigieren. Alles an Worten ist erlaubt. Ziel* ist es, dem Fängerpaar zu entrinnen. Die Fänger haben das Ziel*, die anderen zu fangen. Die Mitspieler im Kreis dürfen nur auf das reagieren, was ihnen von ihrem Partner verbal vorgegeben wird. Wer gefangen wird, öffnet die Augen und stellt sich mit in den äußeren Kreis. Das letzte Paar ist das neue Fängerpaar. In der nächsten Runde werden die Rollen* getauscht. Wer innen war, ist nun außen. Für weitere Runden können neue Paare gebildet werden.

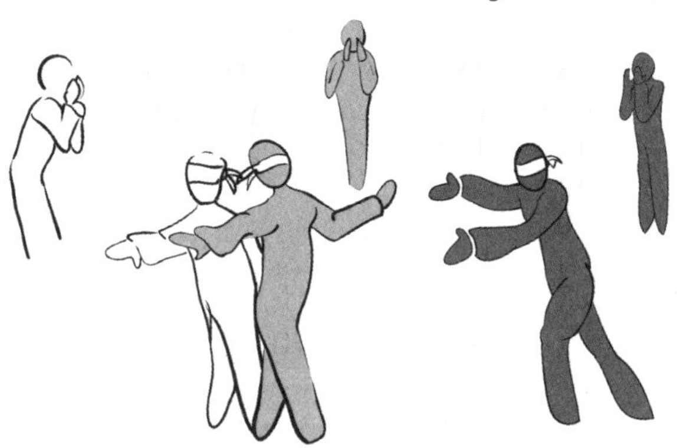

49 Länder und Biersorten

Aktion – Reaktion
Aufwärmung
Gedächtnistraining
Reaktionstraining
Sprechrichtung, Sprechentfernung
Szenische Aufmerksamkeit*
Tempo

Die Gruppe steht im Kreis. Ein Ball oder ein ähnlicher Gegenstand wird von einem zum anderen geworfen. Wer wirft, ordnet dem Empfänger mit seinem Wurf ein Land zu. Wichtig hierbei: Die Stimme soll zusammen mit dem Ball den Empfänger erreichen. Jeder wird einmal angespielt und erhält somit ein Land zugewiesen. Hat jeder ein Land erhalten, wird die Übung in derselben Reihenfolge (d. h., jeder muss sich am Anfang merken, wem er den Ball zugeworfen hat) so oft wiederholt, bis alle sich die Länder mit den dazugehörigen Personen eingeprägt haben. Anschließend kommt ein zweiter Ball oder Gegenstand ins

Spiel und das Gleiche wie vorher findet mit Biersorten anstelle der Länder statt. Es können selbstverständlich auch andere Dinge, wie z. B. Pflanzen, Automarken, Tiere oder Sportarten verwendet werden. Sind auch diese zusammen mit den dazugehörigen Personen verinnerlicht, läuft beides mit zwei Bällen parallel, Länder und Biersorten. Es sollten während der Übung keine Pausen entstehen und die Geschwindigkeit kann Stück für Stück erhöht werden. Am Ende wird der Kreis aufgelöst und die Gruppe bewegt sich während der Übung durch den Raum.

Variante „Durcheinander": Sind alle mit der Übung vertraut, kann die ursprüngliche Reihenfolge verlassen werden. Es geht jetzt darum, beliebige Partner anzuspielen und dabei jeden mit Land oder Biersorte zu kennen und anzusprechen. Der Rhythmus darf auch hierbei nicht unterbrochen werden.

Aktives Warten 50

Diese Übung war anfänglich als Überbrückungsmaßnahme/-handhabe gedacht. Wie sich im Laufe der Zeit herausstellte, ist sie jedoch viel mehr als nur das. Die Übung findet immer dann statt, wenn ein Gruppenmitglied außerhalb der regulären Pausenzeiten die Toilette aufsuchen muss oder andere dringende Dinge zu erledigen hat, die nichts mit der gemeinsamen Arbeitssituation zu tun haben. In diesem Fall wartet die Gruppe und versucht dabei folgende Regeln einzuhalten: Es wird kein Wort gesprochen und innerlich zurückgetreten*. Ein Teil der Aufmerksamkeit* gilt dem Beobachten des inneren Körpers, der andere Teil nimmt wahr, was sich im Außen befindet. Wach im Raum anwesend sein, nichts benennen, nur beobachten, ohne sich in Gedanken und Inneren Monologen* zu verlieren. Es herrscht Stille und Präsenz, ohne dass etwas Nennenswertes geschieht. Besonders an den Augen der Teilnehmenden kann man gut sehen, ob sie präsent und anwesend sind.

Arbeitsbereitschaft herstellen
Beobachtung
Empathie
Entspannung
Inneres Zurücktreten*
Kennenlernen
Körperbewusstsein
Szenische Aufmerksamkeit*
Wahrnehmung

> **Reflektion im Anschluss:**

> Ist es möglich den inneren Körper sowie den Raum und alles, was sich in ihm befindet, wahrzunehmen, ohne dabei zu denken?
> Was passiert, wenn das gelingt?
> Ist man sich seiner Gedanken überhaupt bewusst?
> Was bedeutet es, aufmerksam* und präsent zu sein?

51 Armer Drache

Aktion – Reaktion
Aufwärmung
Gemeinsames Bewältigen einer Aufgabe*
Körperkontakt
Partnersensibilität
Reaktionstraining
Schnelle körperliche Aktion
Schnelles Kombinieren, Umschalten, Reagieren
Szenische Aufmerksamkeit*
Tempo

A ist ein Drache und liegt, vom täglichen Drachenleben äußerst geschwächt, regungslos am Boden. Die Gruppe hat die Aufgabe*, den Drachen wieder aufzubauen. Das kann sowohl körperlich als auch verbal geschehen: „Armer Drache". Durch die Fürsorge der gesamten Gruppe kehrt allmählich wieder Leben in den Drachen. Ist der Drache ausreichend bei Kräften, greift er sich ein Mitglied der Gruppe und richtet es übel zu. Jeder der Gruppe versucht natürlich, dem zu entgehen. Das so zugerichtete Gruppenmitglied muss nun wieder von der Gruppe als ein neuer Drache aufgebaut werden. Das Spiel beginnt von Neuem.

52 Lauf, lauf, lauf, hüpf, hüpf, hüpf

Arbeitsbereitschaft herstellen
Szenische Aufmerksamkeit*
Aufwärmung
Gemeinsames Bewältigen einer Aufgabe*
Koordination
Partnersensibilität
Rhythmusempfinden

Die Gruppe bewegt sich durch den Raum, wobei immer abwechselnd auf drei Schritte drei Sprünge folgen. Das Ganze geschieht in einem gemeinsamen Rhythmus. Zusätzlich wird das, was getan wird, laut benannt, das heißt zu jedem Schritt gehört das Wort „lauf" und zu jedem Sprung das Wort „hüpf". Jetzt kommt die Aufgabe* hinzu die drei Schritte dafür zu nutzen, einen Partner zu finden, diesen bei den Händen zu fassen, um dann mit ihm gemeinsam dreimal auf der Stelle zu springen, bei den nächsten Schritten einen neuen Partner zu finden usw. Anschließend sollen Dreiergruppen gebildet werden, dann Vierer-, Fünfer- und Sechsergruppen. Nach oben gibt es hier keine Begrenzung. Am Ende kann sich die ganze Gruppe in einem Kreis zusammenfinden.

53 Hören, fühlen, riechen, sehen

Aktives Zuhören
Beobachtung
Empathie
Erinnerung
Inneres Zurücktreten*
Konzentration
Sensorisches Gedächtnis (Sense Memory)*
Vorstellungskraft
Wahrnehmung

Die Gruppe bewegt sich bei dieser Übung durch den Raum

1. Teil – hören: Die Gruppe bekommt die Aufgabe*, innerlich zurückzutreten* und zu hören. Erst sind die Augen dabei geöffnet, anschließend können sie auch geschlossen werden. Folgende Fragen stellt der Leiter der Gruppe von außen: Was ist außer Geräuschen noch zu hören? Kann man in einen Partner hineinhören? Kann man hören, wie der andere als Mensch ist?

2. Teil – fühlen: Es wird die Aufgabe* gestellt, Dinge die spontan ins Auge fallen, anzusteuern und sich davo zu stellen. Ohne nachzudenken, soll der Intuition gefolgt werden. Beim Stehen vor dem ausgewählten Ding wird nun versucht, sich vorzustellen und sich zu erinnern, wie dieses Ding sich anfühlt, wenn man es anfasst (siehe auch Arbeitsbegriff: Sensorisches Gedächtnis (Sense Memory)*). Hat man eine Vorstellung davon, wie der Gegenstand sich anfühlt, vergleicht man sie mit der Realität, indem man den betreffenden Gegenstand anfasst.

3. Teil – riechen: Es steht die Aufgabe* an, Gerüchen nachzugehen. Was rieche ich? Wie riechen Menschen im Vorbeigehen. Was löst das in mir aus?

4. Teil – sehen: Was lösen Dinge oder Personen in mir aus, die mir spontan ins Auge springen? Das Gefühl, das ausgelöst worden ist, soll als Geräusch oder auch körperlich durch eine Geste geäußert werden. Anschließend wird diese Äußerung um 30 Prozent vergrößert oder verstärkt.

> **Reflektion im Anschluss:** Welche Erfahrungen wurden beim Arbeiten mit den einzelnen Sinnen gemacht? Was wurde an Gefühlen durch die Wahrnehmungen ausgelöst? Hören führt zu erhöhter Wahrnehmung und holt ins Jetzt. Wie sehr weicht meine Vorstellung von der Realität ab? War es möglich, eine plastische Vorstellung in sich wachzurufen?

Whiskymixer 54

Die Gruppe steht im Kreis. Die Abstände zwischen den einzelnen Personen werden so gewählt, dass große Bewegungen möglich sind. Rechtsherum im Kreis wandert das Wort „Whiskymixer" von einem Gruppenmitglied zum nächsten, linksherum das Wort „Wachsmaske". Die Wörter werden in Verbindung mit einer möglichst großen körperlichen Geste weitergegeben. Wer an der Reihe ist und die Richtung wechseln möchte, reißt die Arme nach oben und ruft „Messwechsel". Die Worte werden so weitergegeben, dass zwischen ihnen keine Pausen entstehen. Wer lacht, muss eine Runde um den Kreis laufen und sich dann wieder ins Spiel einklinken. Auch wenn mehrere Personen laufen, geht das Spiel weiter.

Variante „Blaukraut": Rechtsherum wird nun das Wort „Blaukraut" gegeben, linksherum „Brautkleid". Bei einem Richtungswechsel wird „Bauplan bleibt!" gerufen.

Aktives Zuhören
Artikulation
Aufwärmung
Gemeinsames Bewältigen einer Aufgabe*
Groteske
Konzentration
Rhythmusempfinden
Schnelles Kombinieren, Umschalten, Reagieren
Spannung – Entspannung
Sprechrichtung, Sprechentfernung
Tempo
Zuhören, Reagieren

II Einzelübungen

Die Einzelübungen dienen einerseits dem Üben und Trainieren von Fertigkeiten und Fähigkeiten, die nötig sind, um zusammen mit einem oder mehreren Partnern szenisch* zu agieren. Andererseits bieten sie eine gute Plattform, um das Alleinsein auf der Bühne oder auch vor der Kamera zu üben. Mit ihnen lassen sich Monolog-Situationen trainieren sowie der direkte Kontakt mit dem Publikum. Die Einzelübungen bilden eine sehr gute Grundlage, um theoretische Aspekte wie Handlung*, Innerer Monolog*, Drehpunkt*, Ereignis*, Entscheidung*, Figurenlogik*, die Arbeit mit dem „Als ob…*" bzw. „Magischen Wenn*" u. a. in Einzelsituationen praktisch zu behandeln. Diese Aspekte können dann in komplexen Übungen wie der „Einzeletüde" (II.27.) miteinander verbunden werden.

1 Bild einprägen

Aufgabe* als Arbeitsbegriff
Beobachtung
Bewusstmachen schauspielerischer Prozesse
Erinnerung
Gedächtnistraining
Handlungsziel* als Arbeitsbegriff
Konzentration
Szenische Aufmerksamkeit*

Die gesamte Gruppe, außer A, geht auf die Bühne und baut ein Standbild (siehe auch Übung I.20. „Denkmal"). A ist Beobachter und hat die Aufgabe*, sich dieses Standbild einzuprägen und anschließend den Raum zu verlassen. Nun verändert die Gruppe drei Details, und A wird wieder hereingerufen. Die Aufgabe* für A besteht jetzt darin, die drei veränderten Details herauszufinden. Die Übung endet, wenn jeder einmal in der Position des Beobachters war.

Variante „Streichhölzer": Ein Tisch wird auf die Bühne gestellt. Auf ihm werden mit Streichhölzern o. ä. zwei identische Figuren aufgebaut. Eine davon wird zugedeckt. A betritt die Bühne und bekommt die Aufgabe*, sich die sichtbare Figur genau einzuprägen. Dafür wird ein Zeitlimit von 20 Sekunden gesetzt. Die Gruppe soll A in dieser Zeit genau beobachten. Nun wird die Figur zerstört und A muss sie wieder aufbauen. Anschließend wird mit dem verdeckten Original verglichen.

Variante „Drei Figuren": Wie die vorherige Variante, nur dass drei identische Figuren gelegt werden. Figur 3 bleibt als Original bis zum Schluss der Übung zugedeckt. A betritt die Bühne und bekommt 20 Sekunden, um sich Figur 1 genau einzuprägen. Anschließend wird Figur 1 zerstört und Figur 2 abgedeckt. A stellt nun Figur 1 wieder her und vergleicht diese dann mit Danach wird Figur 2 zerstört und A verlässt die Bühne. B betritt die Bühne und prägt sich Figur 1 20 Sekunden lang ein. Danach wird Figur 1 abgedeckt. B baut die Figur nach. Dann wird Figur 1 zerstört. B verlässt die Bühne, C betritt sie und muss sich die Figur einprägen, die B soeben gebaut hat. Es ergibt sich somit eine Kette, in der jeder die Figur des Vorgängers nachbaut. Am Ende wird mit dem Original verglichen.

> **Reflektion im Anschluss:** Die Gruppe wird gebeten, ihre Beobachtungen genau zu beschreiben: Wie natürlich und vielfältig in den Details ist die Ausdrucksweise auf der Bühne, wenn jemand intensiv mit einer zielgerichteten Aufgabe* beschäftigt ist, die ihn ins Handeln* bringt? Wie sehr war die übende Person mit ihrer Aufgabe* und deren Lösung beschäftigt, oder gab es Zeit, sich mit unwichtigen und für das Spiel hinderlichen Dingen zu beschäftigen, wie z. B.: „Was denken die anderen über mich?" oder: „Wie halte ich meine Hände gerade?" und dergleichen mehr?

Telefongespräch 2

A wählt eine vertraute Person aus dem eigenen Bekannten- oder Verwandtenkreis. Diese Person soll nun ein imaginäres Telefongespräch führen. A nimmt die Position der gewählten Person ein und telefoniert mit sich selbst. Arbeit mit dem „Als ob...*" bzw. „Magischen Wenn*": „Wenn ich diese Person wäre, wie würde ich dann mit mir selbst telefonieren?"

Aktion – Reaktion
Arbeit mit dem „Als ob...*" bzw. „Magischen Wenn*"
Empathie
Erinnerung
Fantasie
Figurenfindung
Glaubwürdigkeit
Haltung*, innere u. äußere
Improvisation*
Sensorisches Gedächtnis (Sense Memory)*
Vorstellungskraft

Haltung* übernehmen 3

Die Gruppe, bis auf A, verlässt den Raum. A bekommt die Aufgabe*, mithilfe einer inneren Haltung* ein Standbild zu erarbeiten. Zum Beispiel: A sieht in einiger Entfernung ein Kind hinter einem Ball auf die Straße rennen. Von der Seite nähert sich in hohem Tempo ein Auto. A reagiert und friert diese Reaktion zu einem Standbild ein. B wird hereinge-

Assoziation
Beobachtung
Bewusstmachen schauspielerischer Prozesse
Erinnerung
Gedächtnistraining

Haltung*, innere u. äußere
Konzentration
Körperbeherrschung
Körperbewusstsein
Körperliches Umsetzen
Szenische Aufmerksamkeit*
Vorstellungskraft

rufen. Ohne währenddessen zu reden, übernimmt B nach genauer Beobachtung das Standbild von A. Grundlage soll hierbei die vermutete innere Haltung* von A sein. C wird hereingerufen und tut das Gleiche wie vorher B. So übernehmen nacheinander alle Gruppenmitglieder die Haltungen* ihrer Vorgänger. Am Schluss nimmt A die Position vom Anfang ein. Beide Standbilder werden miteinander verglichen. Als Vergleichsmöglichkeit kann A in der Anfangsposition fotografiert werden. Oft ist es gerade bei extremeren Anfangspositionen der Fall, dass diese von Übernahme zu Übernahme immer bequemer und damit auch langweiliger werden. Die Extreme gehen verloren. Die Übung kann unter dem Aspekt wiederholt werden, den Extremen besondere Aufmerksamkeit* zu schenken.

> **Reflektion im Anschluss:** Was hat sich im Laufe der Übernahmen verändert und wie?

Variante „Zwei Personen": Die Übung bleibt die gleiche, nur dass das Standbild statt aus einer nun aus zwei Personen besteht. Beide sollten in diesem Fall miteinander in Beziehung stehen.

4 Gegenstand am Körper

Arbeit mit dem „Als ob…*" bzw. „Magischen Wenn*"
Empathie
Beobachtung
Erinnerung
Konzentration
Körperbewusstsein
Körperbeherrschung
Sensorisches Gedächtnis (Sense Memory)*
Szenische Aufmerksamkeit*
Vorstellungskraft
Wahrnehmung

Ein Gegenstand wird auf eine bestimmte Körperstelle gelegt. Es wird nun ausprobiert, was an Bewegungen möglich ist, ohne dass der Gegenstand herunterfällt. Danach wird die Übung mit dem Unterschied wiederholt, dass der Gegenstand sich nun nicht mehr real auf dem Körper befindet, sondern nur noch vorgestellt ist.

5 Vorgestellter Gegenstand

Arbeit mit dem „Als ob…*" bzw. „Magischen Wenn*"
Empathie
Beobachtung

Ziel* der Übung ist es, mit einem vorgestellten Gegenstand so umzugehen, als wäre dieser real vorhanden. Die Übung beginnt mit der Beobachtung des real vorhandenen Gegenstands. Später wird sich, ohne den Gegenstand, an das Beobachtete erinnert. Arbeit mit dem „Als ob...*" bzw. „Magischen Wenn*": „Wenn dieser Gegenstand real vorhanden wäre, wie würde ich damit umgehen?" Wichtig hierbei ist nicht das Demonstrieren* bzw. die Wirkung nach außen, sondern eine möglichst genaue Beobachtung des Körpers und das Herstellen des Beobachteten mithilfe der Erinnerung aller Sinne. Wie reagiert der Körper? Welche Muskeln sind notwendig, um bestimmte Bewegungen mit diesem Gegenstand auszuführen? Wie ist sein Gewicht und welche Gegenbewegungen im Körper löst er aus? Wie fühlt sich dieser Gegenstand an? Wie stark ist der Druck, den ich mit den Händen aufbauen muss, um den Gegenstand zu greifen und anzuheben?

Variante „Mehrere Gegenstände": Diese Übung kann auch mit mehreren Gegenständen und / oder einer Abfolge von Tätigkeiten durchgeführt werden. So kann am Ende eine Szene* mit vorgestellten Gegenständen entstehen.

Erinnerung
Konzentration
Körperbeherrschung
Körperbewusstsein
Körperliches Umsetzen
Sensorisches Gedächtnis (Sense Memory)*
Szenische Aufmerksamkeit*
Vorstellungskraft
Wahrnehmung

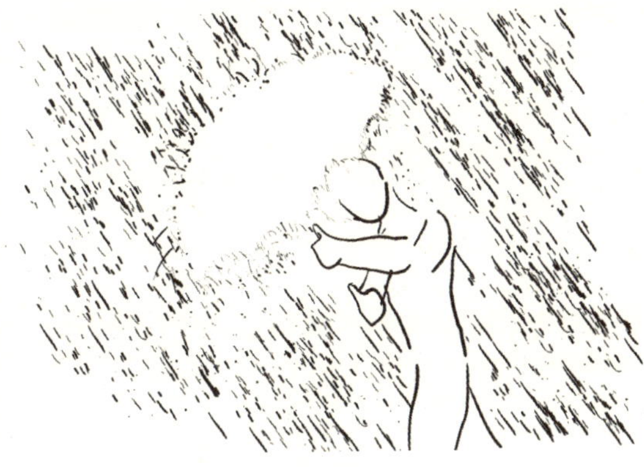

Reise / Innerer Monolog* / Sense Memory* / Prosatext 6

A sitzt auf einem Stuhl mit Blick zum Publikum. Die Aufgabe* besteht darin, sich mit möglichst hoher Genauigkeit an einen Weg zu erinnern, den A oft gegangen ist und der eine emotionale Bedeutung in As Leben hat oder hatte. Das kann ein Weg aus der Kindheit sein, wie z. B. der alte Schulweg oder auch der Weg von der ersten eigenen Wohnung zur S-Bahn. A beschreibt diesen Weg in der Ich-Form. Wichtig beim Erzählen und dem zeitgleichen inneren Gehen des Weges, sind die Erinnerungen an De-

Assoziation
Durchgehende, innere Handlung*
Empathie
Erinnerung
Fantasie
Figurenfindung
Gedächtnistraining
Gedankliche Arbeit

Glaubwürdigkeit
Haltung*, innere u. äußere
Wiederholbarkeit
Innerer Monolog*, handlungsbegleitende Rede*
Inneres Zurücktreten*
Konzentration
Sensorisches Gedächtnis (Sense Memory)*
Texttraining
Vorstellungskraft
Wahrnehmung

tails und was diese emotional ausgelöst haben oder immer noch auslösen. A soll sich die notwendige Zeit lassen, um sich möglichst präzise zu erinnern und nach den passenden Worten zu suchen.

Beispiel: Der Hausflur war dunkel und kühl und wenn die Sonne schien und ich von draußen die schwere Eichentür aufschob, die sich mit einem ... tiefen, dumpfen Schleifgeräusch öffnete, war es, als blickte ich in ein schwarzes Loch. Und wenn die Tür hinter mir zufiel, hallte es noch eine Weile im Flur nach. Dann war es still und dunkel, doch in der Dunkelheit lag eine Geborgenheit, es roch ... nach altem Haus und nach Zuhause. Nachdem sich meine Augen an die Dunkelheit gewöhnt hatten ...

Unwichtig sind in dieser Übung Konzepte und Erklärungen, z. B. warum die Tür schwer aufging oder wie sie sich hätte reparieren lassen. Im Zentrum steht stattdessen das emotionale Erinnern. Im Anschluss soll derselbe Weg noch einmal gegangen werden, allerdings ohne zu sprechen. Alles findet innerlich, aber mit der gleichen Sorgfalt und Genauigkeit statt.

> **Reflektion im Anschluss:**

> Wie ging es A und wie ging es der Gruppe beim Zuhören und Zusehen?
> Hat sich A berühren lassen und wenn ja, hat sich das übertragen?
> Wurde der Weg beim stillen Gehen von der Gruppe wiedererkannt?
> Wie genau war die innere Arbeit?
> Welche Details haben sich besonders eingeprägt und warum?

Variante „Arbeit mit Prosatext": Ein Prosatext, der in der Ich-Form geschrieben ist und in dem eine Figur* eine Situation beschreibt, soll gesucht sowie auswendig gelernt werden. Die Aufgabe* besteht nun darin, ihn mit persönlichen* Erinnerungen zu verlinken* und anzureichern, Bilder zu verwenden, die aus dem eigenen Erleben und Erinnerungsbereich stammen und ihn auf die gleiche Art und Weise wiederzugeben wie vorher den eigenen Text.

> Reflektion im Anschluss:

> War das Gehörte persönlich* und glaubwürdig?
> Wurde sich wirklich erinnert?
> Fand ein Suchen nach den richtigen Worten, um das Erlebte zu beschreiben, statt? (siehe auch Arbeitsbegriff: Sprech-Denk-Prozess*)

Dusch-Übung 7

A sitzt auf einem Stuhl. Von außen kommt die Vorgabe:

Sitze bequem auf dem Stuhl, lass die Arme hängen, die Beine stehen leicht geöffnet nebeneinander. Schließe die Augen. Mach drei bewusste Atemzüge. Beobachte, wie der Atem durch die Nase eintritt, durch die Luftröhre strömt, die Lungen füllt und danach den Körper wieder verlässt. Komm dabei ganz in deinem Körper an.

Jetzt stelle dir Folgendes vor: Dein Stuhl steht unter einer Dusche, aus der kein Wasser kommt. Der Raum um dich herum ist gekachelt, gelbe Kacheln, die nicht mehr ganz neu sind. Durch ein Fenster mit matten Scheiben fällt etwas Licht herein. Aus der Brause, die sich über dir befindet, fällt plötzlich ein einzelner Wassertropfen, direkt auf deinen Kopf: „Klack". Du spürst, dass das Wasser des Tropfens kalt ist. Jetzt passiert eine Weile nichts. Es kommt ein nächster Tropfen, „Klack", wieder Pause. Und noch einer: „Klack". Die Abstände zwischen den Tropfen scheinen sich zu verringern. „Klack"... „Klack" ... Nach einer Weile bildet sich auf deinem Kopf eine nasse Stelle.

Die Abstände der Tropfen sind nun sehr gering. Es hat sich ein kleines Rinnsal gebildet, das nach hinten in den Nacken läuft. Jetzt gibt es schon keine Pausen mehr zwischen den einzelnen Tropfen, sodass ein leichter Strahl Wasser aus der Dusche über dir auf deinen Kopf herabläuft. Der Strahl wird stärker und das Wasser hat mittlerweile eine angenehme Wärme. Deine Haare sind schon zur Hälfte nass und die Kleidung an deinem oberen Rücken tränkt sich mit Wasser.

Nun strömen mehrere Strahlen aus dem Duschkopf auf dich herunter. Das Wasser hat nach wie vor eine angenehme Wärme. Dein Kopf ist bereits komplett nass und das Wasser beginnt, deine gesamte obere Kleidung zu durch-

Arbeit mit dem „Als ob ...*"
bzw. „Magischen Wenn*"
Erinnerung
Fantasie
Figurenfindung
Gedankliche Arbeit
Glaubwürdigkeit
Haltung*, innere u. äußere
Körperbewusstsein
Körperliches Umsetzen
Raumgefühl
Sensorisches Gedächtnis
(Sense Memory)*
Vorstellungskraft
Wahrnehmung
Wiederholbarkeit

tränken. Es ist jetzt eine kräftige Dusche, die von oben auf dich herabregnet. Du kannst den Kopf in den Nacken legen und das warme Wasser über dein Gesicht laufen lassen. Das Wasser tropft von deinen Händen und du spürst die Nässe im unteren Körper. Deine Hose ist nass, Wasser läuft dir die Beine herunter. Bewege ruhig den Kopf und lass das warme Wasser in den Nacken, über Gesicht und Ohren fließen. Die Nässe ist auch an deinen Füßen angekommen. Von oben strömt das Wasser warm auf dich herab, deine Kleidung ist komplett durchnässt. Genieße das warme Wasser, das über deinen gesamten Körper fließt.

Plötzlich hält die Dusche an. Ein paar wenige Tropfen kommen noch von oben, dann ist Schluss. Du sitzt mit deiner nassen Kleidung auf dem Stuhl. Noch ist es angenehm warm. Stehe langsam auf. Wenn du stehst, öffne die Augen. Nimm mit deiner triefenden Kleidung den Stuhl und stell ihn zur Seite. Bewege dich mit der tropfenden Kleidung durch den Raum. Sieh auch die anderen, die sich möglicherweise im Raum bewegen. Sei dir des Beobachters / der Beobachterin in dir bewusst. Merke, wie die Wärme langsam aus deinen Sachen weicht. Du fängst langsam an zu frösteln und würdest die nasse Kleidung am liebsten loswerden. Bewege dich noch einen Moment durch den Raum. UND STOPP! Alles ist vorbei und wie vorher, du bist trocken. Schüttle einmal alles ab, es war nur eine Übung, ein Sense-Memory*-Training.

> **Reflektion im Anschluss:**

> Wie gut hat es geklappt, sich auf die Übung einzulassen?
> Wie war es, sich mit der Vorstellung zu bewegen, durchnässt zu sein?
> Wie schnell konntest du wieder aus der Übung aussteigen?

8 Persönliche* Inventur (nach Eric Morris)

Beobachtung
Bewusstmachen schauspielerischer Prozesse
Gedankliche Arbeit
Innerer Monolog, handlungsbegleitende Rede*

A stellt sich auf die Bühne in möglichst großer Entfernung zur Gruppe. Der Blick geht in Richtung Zuschauer. A beginnt damit, alle Gedanken, die im Kopf auftauchen, leise vor sich hinzusprechen. Dabei kann so leise gesprochen werden, dass die Gruppe nichts versteht. A befindet sich somit in einer öffentlichen und zugleich sehr intimen Situation. Die Gruppe beobachtet A. Es geht hier darum, sich den ständig ablaufenden Inneren Monolog* bewusst zu machen, um diesen später gezielt herstellen und mit ihm arbeiten zu können (siehe z. B. Übung II.27. „Einzeletüde").

Konzentration
Szenische Aufmerksamkeit*
Wahrnehmung

> **Reflektion im Anschluss:** Nachdem alle Mitglieder der Gruppe einmal auf der Bühne gewesen sind, können Beobachtungen und Erfahrungen mit dieser Situation ausgetauscht und besprochen werden.

Wortgeste 9

Jeder bekommt ein Wort (Aktionsverb*, siehe Arbeitsbegriff und Beispielliste im Anhang VII.2.) zugeteilt, ohne dass die anderen es hören. Es wird jetzt mit dem Körper an einer Geste gearbeitet, die diesem Wort entspricht bzw. in der sich dieses Wort ausdrückt. Es geht nicht darum, zu demonstrieren*, sondern nach einer persönlichen* Übersetzung dieses Worts zu suchen. Auch soll es eine einzige Geste sein und keine Bewegungsabfolge. Die Arbeit ist dann beendet, wenn der Schauspieler* der Ansicht ist, dass sich in der von ihm gefundenen Geste genau dieses Wort ausdrückt und sich diese Geste auf Kommando herstellen lässt. Jetzt zeigen alle ihre Gesten vor der Gruppe. Die Gruppe rät, welches Wort der jeweiligen Geste zugrunde liegt.

Assoziation
Erinnerung
Fantasie
Körperbeherrschung
Körperbewusstsein
Körperliches Umsetzen
Spannung – Entspannung
Vorstellungskraft
Wiederholbarkeit

Arbeit mit Atmosphären* (nach M. Tschechow) 10

Diese Übung dient dem Entwickeln von Figuren*. Sie ist dann zu empfehlen, wenn die Übenden bereits Erfahrungen mit dem Handeln* in einer Szene* gesammelt haben. Mithilfe einer Atmosphäre* (siehe Arbeitsbegriff) soll eine Handlung* auf eine bestimme Art und Weise ausgeführt werden. Die Aufmerksamkeit* wird dabei vom „Was" auf das „Wie" der Handlung* gelenkt.

A bekommt die Aufgabe*, eine wiederholbare, klare Handlung* mit einem bestimmten Zweck zu erfinden, bei der es mehrere Phasen gibt, z. B. das Aufräumen der Bühne:

1. Phase: A geht zu zwei Stühlen und nimmt diese in die Hand.

2. Phase: A trägt beide Stühle und stellt sie hinter einen Vorhang, der sich am Ende der Bühne befindet.

3. Phase: A schließt den Vorhang.

Aktion – Reaktion
Assoziation
Bewusstmachen schauspielerischer Prozesse
Figurenfindung
Glaubwürdigkeit
Haltung*, innere u. äußere
Improvisation*
Körperliches Umsetzen
Natürlich-logisches Handeln*
Physische Handlung*
Wahrnehmung
Wiederholbarkeit

4. Phase: A geht zurück zur Ausgangsposition.

Nachdem A diese Handlung* einmal durchgespielt hat, richtet A wieder alles auf Anfang ein. Nun bekommt A die Aufgabe*, die gleiche Handlung* in einer bestimmten Atmosphäre* zu wiederholen, z. B. „Nagende Sorge". Die Arbeit für A besteht nun darin, die Handlung* in dieser Atmosphäre* erneut auszuführen. Dabei ist es wichtig, dass sich A nichts vornimmt. Vielmehr soll sich A selbst überraschen lassen, was der eigene Körper an Details erfindet, wenn unter dieser Atmosphäre* gehandelt* wird. Anschließend kann die Handlung* in anderen Atmosphären* wiederholt werden, wie z. B. „helle Aufregung" oder „kalte Arroganz". Nicht jede Atmosphäre* ist gleichsam inspirierend, sodass hier Verschiedenes ausprobiert werden sollte (siehe auch Beispiele im Arbeitsbegriff: Atmosphäre*).

11 Körperliche Grimasse

Beobachtung
Bewusstmachen schauspielerischer Prozesse
Fantasie
Haltung*, innere u. äußere
Körperbeherrschung
Körperbewusstsein
Körperliches Umsetzen
Sensorisches Gedächtnis (Sense Memory)*
Spannung – Entspannung
Szenische Aufmerksamkeit*
Vorstellungskraft
Wahrnehmung

Am Beginn dieser Übung werden Körper und Gesicht gelockert. Anschließend wird das Gesicht zu einer Grimasse verzogen. Nacken sowie der übrige Körper bleiben dabei entspannt. Danach wird zu dieser Grimasse eine körperliche Entsprechung gesucht. Ist diese körperliche Geste, in der sich die Grimasse ausdrückt, gefunden, entspannt sich das Gesicht. Nachdem der Körper wieder gelockert worden ist, wird ausschließlich die körperliche Entsprechung hergestellt. Das Gesicht bleibt dabei entspannt. Die Übung kann auch umgekehrt stattfinden: Begonnen wird mit der körperlichen Geste und ihr folgt die Grimasse.

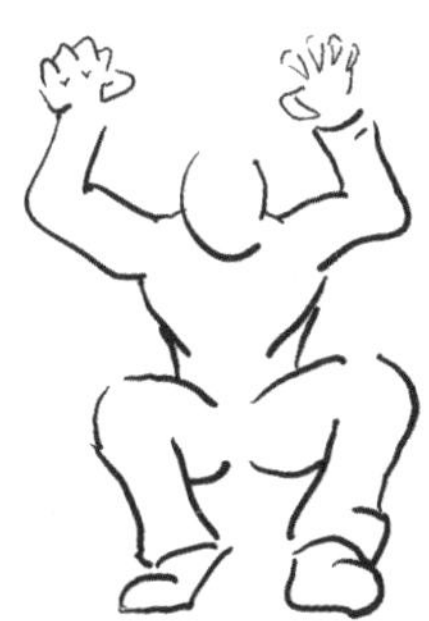

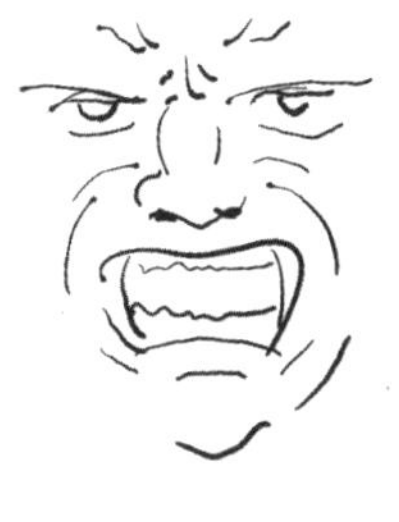

Variante „Erlebnis": Unter Beibehalten der Grimasse wird ein Alltagserlebnis erzählt.

Variante „Übungsverbindung": Kombination mit III.33. „Politik". Die Gespräche werden hierbei unter Beibehaltung der jeweiligen Grimassen geführt.

> **Reflektion im Anschluss:**

> Drückt sich die innere Haltung*, die der Grimasse zugrunde liegt, auch durch den Körper aus?
> Verändert sich das Denken durch Schneiden einer Grimasse und wenn ja, wie?
> Wie beeinflussen das Äußere und das Innere sich gegenseitig?

Magischer Stuhl / „Was wäre, wenn ..." 12

Arbeit mit dem „Als ob ...*" bzw. „Magischen Wenn*"
Sensorisches Gedächtnis (Sense Memory)*
Fantasie
Improvisation*
Körperliches Umsetzen
Umgang mit Requisiten*
Vorgestellter Gegenstand

Auf der Bühne steht ein Stuhl. Die Aufgabe* besteht darin, mit Hilfe des Magischen Wenn* die Funktion des Stuhls zu verwandeln. Ein Gruppenmitglied nach dem anderen geht auf die Bühne und spielt eine kurze Situation mit dem „Magischen Stuhl" in seiner neuen Funktion.

Beispiel:

Was wäre, wenn ...

- dieser Stuhl ein Rasenmäher wäre und ich damit einen Rasen mähen sollte. Wie würde ich handeln*?

- dieser Stuhl ein Einkaufswagen wäre und ich mich in einem Supermarkt befände. Wie würde ich handeln*?

- dieser Stuhl ein Kinderwagen wäre und ich damit ein Baby schieben würde? Wie würde ich handeln*?

Variante „Magischer Stock": Anstatt eines Stuhls liegt ein Stock bzw. Besenstiel auf der Bühne.

Persönliches* Requisit* 13

Arbeit mit dem „Als ob...*" bzw. „Magischen Wenn*"
Fantasie
Glaubwürdigkeit
Vorstellungskraft

Diese Übung ist geeignet, um zu einem fremden Raum eine persönliche* Beziehung zu schaffen: Jeder sucht sich ein Requisit* oder einen Ausstattungsgegenstand (ein Möbelstück o. ä.) und bekommt 15 Minuten Zeit, um zu diesem Gegenstand eine persönliche* Geschichte zu erfinden. Arbeit mit dem „Als ob...*" bzw. „Magischen Wenn*": Wenn mich mit diesem Gegenstand diese von mir erfundene, persönliche* Geschichte verbinden würde, welchen Einfluss hätte das auf meine Beziehung und somit auf mein

Umgehen mit diesem Gegenstand?" Anschließend gehen alle Gruppenmitglieder nacheinander mit ihrem Gegenstand auf die Bühne und jeder erzählt seine Geschichte. Während der Erzählung soll zu dem jeweiligen Gegenstand körperlicher Kontakt bestehen.

> **Reflektion im Anschluss:**

> Ist es gelungen zu einem fremden Gegenstand eine persönliche* Beziehung aufzubauen?
> Wäre es auf diese Weise möglich, ein fremdes Bühnen- oder Szenenbild in einen vertrauten Raum zu verwandeln?

14 Drei Gegenstände, drei Geschichten

Arbeit mit dem Publikum
Fantasie
Gedankliche Arbeit
Glaubwürdigkeit
Senden einer Botschaft*
Szenische Aufmerksamkeit*
Umstände* schaffen

Jedes Gruppenmitglied bekommt die Aufgabe*, drei Gegenstände mitzubringen. Zu jedem dieser Gegenstände soll vorher eine persönliche* Geschichte vorbereitet werden. Dabei darf nur eine der drei Geschichten wahr, die anderen beiden müssen frei erfunden sein. Die Gegenstände mit den dazugehörigen Geschichten werden nun präsentiert und die Gruppe versucht herauszufinden, welche der drei Geschichten wahr ist.

> **Reflektion im Anschluss:**

> Woran hat es gelegen, dass man herausfinden bzw. nicht herausfinden konnte, welche der Geschichten wahr ist?
> Wie spezifisch oder allgemein waren die in der Geschichte beschriebenen Umstände*, und hatte das einen Einfluss auf die Glaubwürdigkeit?
> In wieweit glaubte die erzählende Person selbst an die Geschichte?

15 Tätigkeit – Handlung*

Arbeit mit dem „Als ob...*"
bzw. „Magischen Wenn*"
Arbeit mit den W-Fragen*
Bewusstmachen schauspielerischer Prozesse
Fantasie

Jedes Gruppenmitglied wählt eine Tätigkeit, die den anderen vorgeführt wird, z. B. einen Schuh anziehen. Anschließend soll diese Tätigkeit in eine schauspielerische Handlung* verwandelt werden, das heißt, die Tätigkeit wird mit einem Sinn gefüllt. Hilfe dabei ist das „Als ob...*" bzw. „Magische Wenn*", z. B.: „Wenn der Schuh von innen kalt und nass wäre, ich ihn aber trotzdem anziehen muss, weil ich noch eine weite Strecke durch unwegsames Gelände zurückzulegen habe, wie würde ich dann handeln*?"

Glaubwürdigkeit
Natürlich-logisches Handeln*
Physische Handlung*
Rhythmusempfinden
Umstände* schaffen

Es kann auch eine partnerbezogene Handlung* gewählt werden, wie z. B: „Ich nutze das Anziehen der Schuhe, um mein Gegenüber abzuweisen." (siehe auch Beispielliste mit Aktionsverben* / Strategien* im Anhang VII.2.)

Anschließend soll diese Handlung* der Gruppe vorgeführt werden. Wichtig dabei: Nichts demonstrieren*, sondern nur unter den geschaffenen Umständen* natürlich und logisch handeln*.

Variante „Vorgegebene Reihe": Es wird eine Reihe von Tätigkeiten vorgegeben, z. B.: 1. zur Tür hereinkommen, 2. auf einen Stuhl setzen, 3. am Kopf kratzen, 4. zum Fenster gehen. Die Aufgabe* ist nun, diese Reihe von Tätigkeiten auszuführen, ohne darüber nachzudenken. Anschließend werden die gleichen Tätigkeiten wiederholt ausgeführt. Der Unterschied besteht darin, dass jetzt die Tätigkeiten in Handlungen* verwandelt werden sollen, die logisch miteinander zusammenhängen. Das heißt, sie werden mit einem Sinn bzw. einer Geschichte versehen, z. B.: 1. Ich komme in meine neue Wohnung, die ich selbst renovieren will. 2. Ich setze mich, um noch einmal über die Wandfarbe nachzudenken. 3. Ich überlege, wie viel Geld noch auf meinem Konto ist. 4. Plötzlich höre ich von draußen eine bekannte Stimme meinen Namen rufen.

Variante „W-Fragen*": Die Aufgabe* besteht darin, die vorher gefundene Ausgangssituation* mit Hilfe der W-Fragen* zu konkretisieren, ohne die Antworten vorher der Gruppe bekannt zu geben.

> **Reflektion im Anschluss:** Die Gruppe versucht die W-Fragen* aufgrund ihrer Beobachtungen zu beantworten. Anschließend wird beides miteinander verglichen (siehe Arbeitsbegriff: W-Fragen*).

Variante „Eigene Reihe": Jeder denkt sich selbst eine Reihe von Tätigkeiten aus und verwandelt diese in Handlungen*.

Variante „Vorgaben aus der Gruppe": Aus der Gruppe kommen einfache Regieanweisungen in Form von Tätigkeiten, die die betreffende Person auf der Bühne in Handlungen* verwandelt.

16 Voodoo-Zauber

Arbeit mit dem „Als ob…*“ bzw. „Magischen Wenn*“
Bewusstmachen schauspielerischer Prozesse
Fantasie
Glaubwürdigkeit
Haltung*, innere u. äußere
Handlungsziel* als Arbeitsbegriff
Körperliches Umsetzen
Partnersensibilität
Physische Handlung*
Senden einer Botschaft*
Szenische Aufmerksamkeit*
Umgang mit Requisiten*
Vorstellungskraft

Ziel* dieser Übung ist es, eine Tätigkeit mit einem Requisit* so in eine Handlung* zu verwandeln, dass über das Requisit* mit einer vorgestellten Person kommuniziert wird, z. B.: Das Zusammenlegen einer Decke wird benutzt, um sich an einer Person zu rächen, von der man glaubt, sie habe einem Schmerz zugefügt. Danach dient dieselbe Tätigkeit dazu, jemanden zu streicheln, den man sehr vermisst. Auch hier kann mithilfe des „Als ob…*“ bzw. „Magischen Wenn*“ gearbeitet werden: „Wenn diese Decke die Person wäre, die ich begehre, wie würde ich dann jetzt damit umgehen?“

Variante „Vorbereitetes Requisit*“: Dem Schauspieler* wird die Aufgabe* gegeben, sich über einen bestimmten Zeitraum (z. B. eine Woche) mit einem Requisit* zu beschäftigen, dessen Handhabung eine gewisse Vorkenntnis und Übung voraussetzt. Dieses soll anschließend so beherrscht werden, dass wie in der Grundübung darüber kommuniziert werden kann. Dieser Gegenstand kann eine Angel, ein Werkzeug o. ä. sein. Es soll dabei der Eindruck entstehen, der Schauspieler* sei Profi im Umgang mit diesem Requisit* und muss sich um dessen Beherrschung keine Gedanken machen, sondern kann es für das Erreichen seines Handlungsziels* verwenden. Jetzt kann wie in der Grundübung über dieses Requisit* mit einer vorgestellten Person kommuniziert werden. Die Requisiten* können während der Arbeit untereinander getauscht werden, um den Unterschied bei Nichtbeherrschung zu verdeutlichen.

17 Das Verlinken* mit dem eigenen Leben

Arbeit mit dem „Als ob …*“ bzw. „Magischen Wenn*“
Arbeitsbereitschaft herstellen
Erinnerung
Figurenfindung
Gedankliche Arbeit
Glaubwürdigkeit
Haltung*, innere u. äußere
Sensorisches Gedächtnis (Sense Memory)*

Diese Übung dient der Vorbereitung auf eine Figur*, die unter bestimmten Umständen* handelt*. Es geht um die emotionale Brücke zwischen der Welt der Figur* und dem eigenen Leben der Handelnden Person*. Das Empfinden aus dem eigenen Leben wird auf eine fiktive Situation bzw. eine Figur* aus dem Drehbuch oder Stück übertragen und mit dieser verlinkt. Die Übung eignet sich auch für das Spiel mit vorgestellten Partnern oder Partnerinnen. Die Handelnde Person* A sitzt entspannt auf einem Stuhl und atmet mehrmals bewusst ein und aus. A bekommt folgende Aufgabe*:

Denke an die Figur*, die du spielen willst. Beschreibe eine Situation aus dem Buch / Stück, in der deine Figur* mit

Vorstellungskraft
Wahrnehmung
Wiederholbarkeit

einem Partner oder einer Partnerin zu tun hat, zu der eine emotionale Verknüpfung hergestellt werden soll. Spüre dabei die Emotion, die in der Beziehung deiner Figur* zu diesem Partner bzw. dieser Partnerin eine Rolle spielt. Suche nun eine Person aus deinem Leben, die diesem Partner bzw. dieser Partnerin entsprechen könnte. Diese Person sollte spontan beim Gedanken an die Emotion auftauchen. Bleib bei dieser Person, selbst wenn im ersten Moment noch nicht ganz klar ist, warum. Beantworte nun folgende Fragen zu dieser Person aus deinem Leben:

- Was sind die spezifischsten körperlichen Merkmale? (z. B. Haare, Nase, Hände, Sommersprossen usw.)
- Was strahlt sie aus? (z. B. Wärme, Vertrautheit, Lebendigkeit, Kälte, Hass, Angst, Sorge, Ablehnung, Geborgenheit, erotische Anziehung usw.)
- Was ist die stärkste Eigenschaft dieser Person? (z. B. Großzügigkeit, Strenge, Unsicherheit, Überlegenheit usw.)
- Hat die Person etwas getan, das du nicht vergessen kannst?

Im Folgenden kannst du auch aufstehen und dir vorstellen, dass die Person vor dir steht und du zu ihr sprichst. Nimm vielleicht einen Gegenstand, z. B. einen Kleiderständer, und nutze das Magische Wenn*: „Wenn dieser Kleiderständer die betreffende Person wäre, wie würde ich mit ihr sprechen, sie berühren oder ihre Hand nehmen?" Nun beantworte im Stillen oder laut folgende Fragen:

- Was hättest du der Person gern gesagt bzw. was hättest du ihr gegenüber gern getan, was du aber nicht gesagt oder getan hast? (z. B. „Lass mich in Ruhe.", „Ich möchte mit dir leben.", „Komm bitte zurück.")
- Was möchtest du dieser Person sagen bzw. was wünscht du dir von ihr? (z. B. „Ich habe solche Angst.", „Ich verdiene Anerkennung.", „Ich würde so gerne in den Arm genommen werden.", „Ich bin treu.")

Durch das Beantworten dieser Fragen wird die Erinnerung an die damit verknüpfte Emotion wachgerufen. Jetzt kann diese Person aus dem Leben von A mit dem Partner oder der Partnerin im Stück oder Film verlinkt werden. Dafür wird nach einer Kleinigkeit gesucht, die beim Partner ode der Partnerin an die Person aus dem eigenen Leben erinnert. Das kann zum Beispiel eine sich wiederholende Gest sein, eine Haarsträhne oder ein Grübchen. Diese Kleinigkeit wird nun im Geist mit der gefundenen Person verlinkt sodass beide Personen miteinander verschmelzen. Ein andere Möglichkeit, um emotionale Bezüge zu Figuren* i einem Stück oder Drehbuch herzustellen und zu verankern kann eine Figuren-, Stück- oder Drehbuchaufstellung* sei (siehe Arbeitsbegriff).

18 Temporhythmus*

Bewusstmachen schauspielerischer Prozesse
Fantasie
Körperliches Umsetzen
Natürlich-logisches Handeln*
Physische Handlung*
Raumgefühl
Rhythmusempfinden
Schnelle körperliche Aktion
Temporhythmus

Grundlage dieser Übung ist eine vorgestellte Geschwindigkeitsskala von 1 bis 10 (Temporhythmus*). 1 bedeutet fas Stillstand und 10 bedeutet maximale Geschwindigkeit. E wird eine Abfolge von Tätigkeiten vorgegeben, z. B.:

1. zur Tür hereinkommen
2. zu einem Stuhl gehen
3. auf den Stuhl setzen
4. sich umdrehen
5. den Raum wieder verlassen

Diese Tätigkeiten werden jetzt, ohne darüber nachzudenken, nacheinander ausgeführt. Anschließend werden si mit einem Temporhythmus* versehen, z. B.:

1. in einer 1 zur Tür hereinkommen
2. in einer 8 zum Stuhl gehen
3. setzen in einer 2
4. umdrehen in einer 10
5. in einer 4 den Raum wieder verlassen

Auch jetzt werden die Tätigkeiten im vorgegebenen Temporhythmus* erst einmal, ohne nachzudenken, nacheinander ausgeführt. Anschließend wird die Aufgabe* gestellt sich hierzu eine Geschichte zu überlegen und somit di in dem vorgegebenem Temporhythmus* ausgeführte Tätigkeiten, in eine logische Abfolge von Handlungen* z verwandeln.

Variante „Sitzen": A sitzt mit einem inneren Temporhythmus* (1 bis 10) auf einem Stuhl. Die Gruppe rät, um welche Geschwindigkeit (1 bis 10) es sich handelt. In diesem Fall spielt sich zwar ein großer Teil des Temporhythmus* innen ab, wird aber trotzdem durch den Körper und durch das Verhalten von A nach außen hin sichtbar.

Auftritt 19

A bekommt die Aufgabe*, die Bühne von draußen kommend zu betreten. Danach soll A diesen Auftritt mit einer Schleppe* versehen. Das bedeutet, sich folgende Fragen zu beantworten: Wo komme ich her, was habe ich gerade erlebt und was „schleppe" ich demzufolge innerlich oder auch äußerlich mit mir? Was für Gedanken bzw. Bilder gehen während des Auftritts durch meinen Kopf (Innerer Monolog*)? Hier kann wieder das „Als ob...*" bzw. „Magische Wenn*" als Hilfe genutzt werden, zum Beispiel: „Wenn draußen Schneegestöber herrschen würde, wie würde ich dann jetzt den Raum betreten?"

> **Reflektion im Anschluss:**

- Wie bin ich mit der Vorbereitung* klar gekommen?
- War eine Schleppe* vorhanden?
- Wenn ja, hat mir diese Schleppe* geholfen, auf der Szene* aktiv zu werden und zu handeln*?
- Welche Gedanken hatte ich beim Hereinkommen?
- Wie habe ich mir den Raum organisiert, bevor ich ihn betrat?
- Gab es einen Inneren Monolog, eine handlungsbegleitende Rede*? Wenn ja, kann ich diesen jetzt wiederholen? (siehe auch Übungen mit Trainingsschwerpunkt: Innerer Monolog, handlungsbegleitende Rede*)

Der gleiche Auftritt kann mit den gewonnenen Erfahrungen beliebig oft wiederholt und verändert werden.

Arbeit mit dem „Als ob...*" bzw. „Magischen Wenn*"
Bewusstmachen schauspielerischer Prozesse
Drehpunkt*
Durchgehende innere Handlung*
Fantasie
Haltung*, innere u. äußere
Innerer Monolog, Handlungsbegleitende Rede*
Physische Handlung*
Raumgefühl
Schleppe*
Umstände* schaffen
Vorstellungskraft
Wahrnehmung
Wiederholbarkeit

Auf Marke gehen (Arbeit mit Kamera und Monitor)

Aktion – Reaktion
Arbeit mit dem „Als ob ...*"
bzw. „Magischen Wenn*
Bewusstmachen schauspielerischer Prozesse
Dramatischer Moment*
Durchgehende, innere Handlung*
Entscheidungen* treffen
Ereignis*
Geteilte Aufmerksamkeit*
Glaubwürdigkeit
Haltung*, innere u. äußere
Improvisation*
Innerer Monolog, handlungsbegleitende Rede*
Kameraarbeit
Koordination
Körperbeherrschung
Körperbewusstsein
Natürlich-logisches Handeln*
Physische Handlung*
Raumgefühl
Sprechrichtung, Sprechentfernung
Umstände* schaffen
Vorstellungskraft
Wiederholbarkeit

Diese Übung ist für die Arbeit mit Kamera und Monitor konzipiert. Etwas seitlich von der Raummitte wird eine Marke auf den Boden geklebt. Die Kamera ist so aufgebaut, dass sie den mittleren Raumteil aufnimmt und eine an der Marke stehende Person im Close-up zeigt. Die Person soll in einem leichten Bogen (Banane) bis zur Marke vorlaufen können.

A bereitet, basierend auf folgenden Stichpunkten, eine kleine Geschichte vor. Hilfe dabei können die W-Fragen* sein (siehe auch Arbeitsbegriff und Übung II.27. „Einzeletüde"):

- Der Ort der Handlung* ist ein Hafen.
- Ich komme um die Ecke gerannt.
- Ein Schiff hat gerade abgelegt.
- Ich entdecke auf dem Schiff eine Person. (siehe auch Übung II.17. „Das Verlinken* mit dem eigenen Leben")
- Ich versuche, ihr etwas mitzuteilen.
- Sie reagiert nicht.
- Was tue ich? (Hier soll ein Entscheidung* getroffen werden (siehe Arbeitsbegriff).

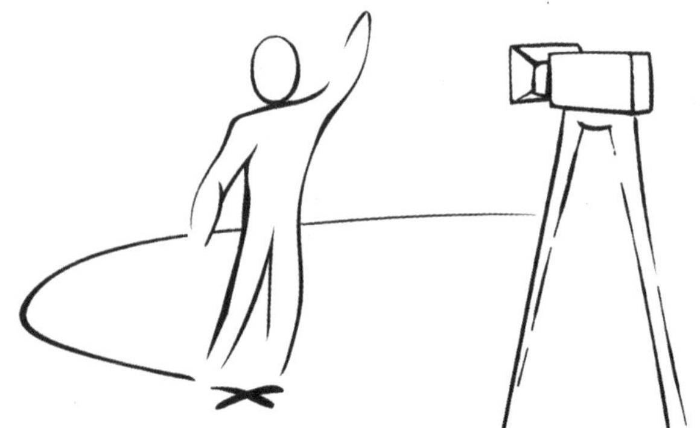

Nun spielt A die Geschichte: A läuft in einem leichten Bogen (Banane) bis zur Marke, kommt auf dieser Marke zum Stehen und verlässt nach dem Treffen einer Entscheidung* das Bild. Vor der Marke verläuft die gedachte Kaimauer des Hafenbeckens.

Nach Klärung der Positionen, jeweils einer Probe für die Kamera und einer für A, wird die Geschichte aufgenommen und im Anschluss gemeinsam angesehen und besprochen.

> **Reflektion im Anschluss:**

> War die Geschichte glaubhaft, also wurde trotz der technischen Vorgaben natürlich-logisch gehandelt*?
> Waren beim Treffen der Entscheidung* mehrere Optionen erkennbar?
> Wie ging es A mit der geteilten Aufmerksamkeit* zwischen technischer Umsetzung und dem Handeln* in der Geschichte?
> Blieb A im Rahmen des Bildes?
> Konnte ein direkter Blick in die Kamera vermieden werden?

Variation „Musik": Es kann mit unterschiedlicher Filmmusik gearbeitet werden, um zu sehen, wie diese das Handeln* beeinflusst.

Dargestellter Gegenstand 21

Die Übung „Dargestellter Gegenstand" ist, wie auch Übung II.22. „Tierarbeit" oder II.23. „Popstar", eine Beobachtungsübung und kann der Figurenfindung dienen. Dabei geht es nicht darum, selbst zum Objekt der Beobachtung zu werden, sondern um das Begreifen und Darstellen menschlicher Archetypen und Verhaltensweisen. Der Fantasie sind hierbei keine Grenzen gesetzt. Es wird ein Gegenstand aus dem persönlichen* Umfeld ausgewählt. Er sollte gewisse mechanische Eigenschaften haben, z. B. eine drehbare Schreibtischlampe. Zunächst werden Funktionsweise, Mechanik, Bewegungsmöglichkeiten und Bewegungszentren dieses Gegenstandes genau beobachtet und anschließend auf den eigenen Körper übertragen. Es kann dabei mit Kostüm oder Kostümteilen gearbeitet werden, wenn diese für die Darstellung hilfreich sind. Beobachtet man einen Gegenstand genau, kann man mit etwas Fantasie ein Gesicht bzw. eine Maske entdecken. Diese Maske wird mit dem eigenen Gesicht hergestellt. Dabei geht es vor allem um den Gesichtsausdruck und eine möglicherweise damit verbundene innere Haltung* zu den Dingen, von denen der Gegenstand umgeben ist. Anschließend folgt, wie auch bei Übung II.22. „Tierarbeit", der Schritt des „Personalisierens".

Arbeit mit dem „Als ob…*" bzw. „Magischen Wenn*"
Arbeit mit den W-Fragen*
Assoziation
Beobachtung
Bewusstmachen schauspielerischer Prozesse
Durchgehende innere Handlung*
Entscheidungen* treffen
Ereignis*
Fantasie
Figurenfindung
Glaubwürdigkeit
Groteske
Haltung*, innere u. äußere
Improvisation*
Innerer Monolog, handlungsbegleitende Rede*
Konzentration
Koordination

Körperbeherrschung
Körperbewusstsein
Körperliches Umsetzen
Natürlich-logisches Handeln*
Physische Handlung*
Umstände* schaffen
Vorstellungskraft
Wiederholbarkeit

Dabei können sich folgende Fragen gestellt werden:

- Wenn diese Schreibtischlampe eine Persönlichkeit hätte, was für eine wäre das?
- Was tut sie den Tag oder die Nacht über?
- Welches Verhältnis hat sie zu ihrem Besitzer?
- Wie steht sie zu dem, was an und auf dem Schreibtisch passiert, auf welchen sie leuchtet? Was geht in ihr vor, wenn sie angeschaltet wird?
- Was ist ihre Bestimmung?
- Hat sie ein Handlungsziel* und wie kann sie dieses aktiv verfolgen? (siehe Arbeitsbegriff Handlungsziel* sowie Listen mit Handlungszielen* und Strategien* / Aktionsverben* in Kapitel VII.2.)
- Was ist ihre Perspektive*?
- Was bedeutet es für sie, wenn der Strom in ihr fließt?
- Was geht in ihr vor, wenn ihre Glühbirne durchknallt und sie nicht mehr leuchten kann?
- Wenn diese Schreibtischlampe ein Mensch wäre, aus welchem sozialen Umfeld könnte er stammen und welchen Beruf hätte er möglicherweise?

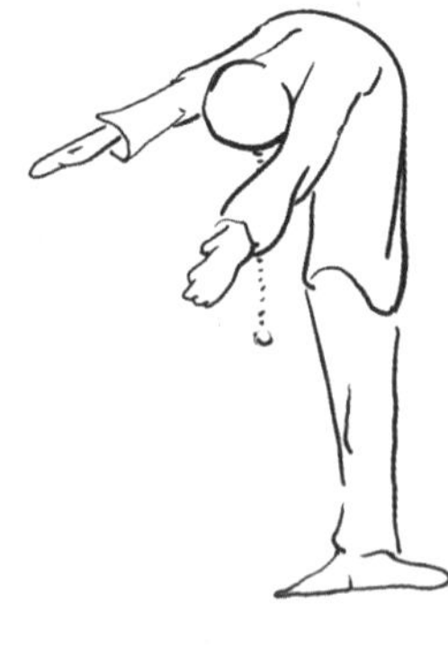

Es sind ähnliche Fragen, die sich der Schauspieler* bei der Erarbeitung einer Figur* beantworten muss. Die Figur* ist in diesem Fall ein Gegenstand. Hilfe kann hier die Beantwortung der W-Fragen* sein (siehe Arbeitsbegriff). Im Folgenden wird an der szenischen* Umsetzung gearbeitet. „Dargestellter Gegenstand" ist eine Übung, an der über einen längeren Zeitraum gearbeitet werden kann. So können Beschreibungen und Fragen überdacht, weiterhin genau beobachtet, trainiert und die entstehende Figur* selbstständig weiterentwickelt werden. Je genauer und alltäglicher die Umstände* dieses Gegenstandes sind, und je ernster die Sorgen, Nöte und Wünsche genommen werden, umso grotesker kann die dabei entstehende Szene* werden.

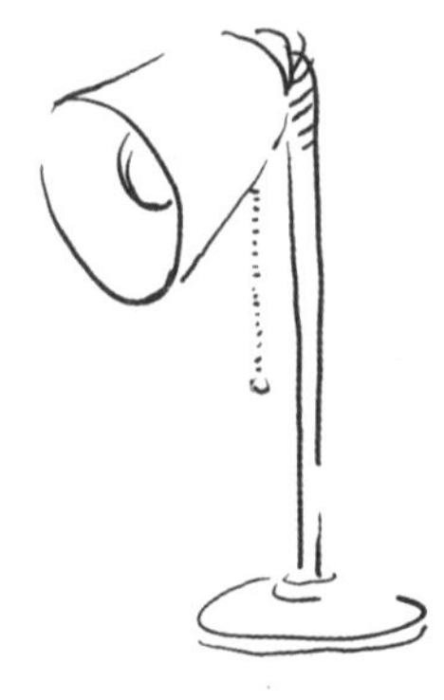

Variante „Übungsverbindung": Diese Übung kann weiterführend mit der Arbeit an Texten kombiniert werden, Anregung hierfür ist die Variante „Arbeit mit Prosatext" der Übung II.6. „Reise / Innerer Monolog* / Sense Memory*/ Prosatext".

Tierarbeit

22

„Tierarbeit“ ist, wie auch Übung II.21. „Dargestellter Gegenstand“ oder II.23. „Popstar“, eine Beobachtungsübung und dient der Figurenfindung*. Ein besonders gelungenes Beispiel für eine Verbindung von Tier und Figur* ist z. B. Dustin Hoffmans Arbeit an einem Hundewelpen für den Film „The Graduate“ (1967; dt. Titel: „Die Reifeprüfung“). Es geht bei der „Tierarbeit“ nicht darum, ein Tier zu werden, sondern um das Beobachten, Integrieren und Darstellen von Archetypen und Verhaltensweisen. Die Tierarbeit ist als Hilfe gedacht, um Körperlichkeiten und Verhaltensweisen von Figuren* zu erarbeiten. Der Fantasie sind hierbei keine Grenzen gesetzt.

Hat man sich für ein Tier entschieden, steht am Beginn der Arbeit das genaue Studium des Bewegungsrhythmus' sowie der Bewegungszentren: Wo holt das Tier die einzelnen Bewegungen her? Wo entstehen sie? In welchem Rhythmus bewegt es sich? Die Bewegungen werden zu Beginn in Zeitlupentempo mit dem eigenen Körper ausgeführt, um eine möglichst hohe Genauigkeit zu erreichen. Dabei können die Augen von Zeit zu Zeit geschlossen und somit die Genauigkeit der Erinnerung überprüft werden. Anfänglich spielt das Tier mit seinem Verhalten und seinen Eigenheiten noch keine Rolle. Wichtig ist, beobachtete Bewegungen in den eigenen Körper zu übersetzen und dabei auch die eigenen körperlichen Besonderheiten bzw. Grenzen wahrzunehmen. Einzelne Bewegungen, wie das Aufsetzen oder Abheben der Krallen oder Pfoten, werden in Zeitlupentempo getrennt voneinander trainiert. Hat man mit einzelnen Bewegungen eine gewisse Routine erreicht, können diese dann zusammengesetzt werden. Erst am Ende wird das Tempo erhöht.

Beobachtung der Bewegung: Gibt es verschiedene Rhythmen in einem Tier? Welche sind das? Stehen sie einander entgegen oder laufen sie zusammen? Wo liegt der körperliche Schwerpunkt des Tieres und wie hoch liegt dieser über der Erde im Vergleich zum Rest des Körpers? Wie hält das Tier die Balance? Die Beobachtungen werden wieder in den eigenen Körper übertragen. Der Bewegungsrhythmus kann mit Lauten unterstützt werden, z. B. ba-wab-ba-wab usw.

Arbeit mit dem „Als ob…*“ bzw. „Magischen Wenn*“
Assoziation
Beobachtung
Bewusstmachen schauspielerischer Prozesse
Erinnerung
Fantasie
Figurenfindung
Glaubwürdigkeit
Improvisation*
Innerer Monolog, handlungsbegleitende Rede*
Konzentration
Koordination
Körperbeherrschung
Körperbewusstsein
Körperliches Umsetzen
Raumgefühl
Rhythmusempfinden
Spannung – Entspannung
Tierarbeit
Vorstellungskraft
Wahrnehmung
Wiederholbarkeit

Beobachtung der Winkel im Körper des Tieres: Wie weit stehen die Füße voneinander entfernt? In welchem Winkel befinden sich Gliedmaßen, Hals, Kopf zur Wirbelsäule usw.? Beim Üben kann es hilfreich sein, den eigenen Inneren Monolog* laut auszusprechen, z. B.: Die Füße sollten noch etwas enger stehen ... die Wirbelsäule ist parallel zum Boden ... noch etwas tiefer zur Erde ... usw.

Im Anschluss folgt die Arbeit an der Maske des Tieres. Sie beginnt wieder mit genauer Beobachtung, in diesem Fall mit der Beobachtung des Gesichts: Wie ist die Stellung der Augen? Sind die Pupillen in Bewegung oder bleiben sie starr? Welche Partien des Gesichtes sind beweglich? Welchen Ausdruck hat das Gesicht? Das Beobachtete wird mit dem eigenen Gesicht umgesetzt.

Stimme und Laute: Welche Laute bildet das Tier und wo kommen diese her?

Es kann jetzt begonnen werden, das Tier in verschiedene Situationen zu bringen, z. B. die Ankunft aus freier Wildbahn in einem Gehege. Auch das Zusammenführen mehrerer Tiere ist möglich. Am Ende steht das Personifizieren bzw. Vermenschlichen, eine Arbeit mit dem „Als ob...*" bzw. „Magischen Wenn*": „Wenn dieses Tier ein Mensch wäre, wie würde dieser sich bewegen, handeln* und denken? Welchen Beruf könnte er haben? Aus welchem sozialen Umfeld könnte er stammen usw.? Inwieweit beeinflussen die Art und Weise sich zu bewegen bzw. die Maske des Tieres das eigene Denken und Handeln*?"

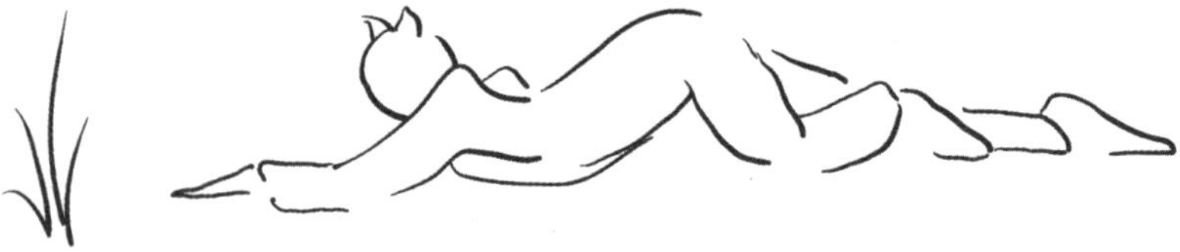

Erst in dieser Phase der Arbeit wird die Wirbelsäule aufgerichtet. Das Tier wird zum Menschen und läuft somit aufrecht, ohne die vorher gearbeiteten Eigenheiten des Tieres zu verlieren. Jetzt kann mithilfe der Etüdenarbeit (siehe Übung II.27. „Einzeletüde" oder III.44. „Partneretüde") weitergearbeitet werden. „Tierarbeit" ist eine Übung, an der über einen längeren Zeitraum gearbeitet werden kann. Die übende Person kann Rückmeldungen, die sie bekommt, überdenken, das Tier immer wieder neu beobachten, trainieren und selbstständig weiter an ihrer Darstellung arbeiten.

Variante „Übungsverbindung": Diese Übung kann weiterführend mit der Arbeit an Texten kombiniert werden, Anregung hierfür ist die Variante „Arbeit mit Prosatext" der Übung II.6. „Reise / Innerer Monolog* / Sense Memory* / Prosatext".

Popstar 23

Arbeit mit dem Publikum
Beobachtung
Bewusstmachen schauspielerischer Prozesse
Empathie
Figurenfindung
Glaubwürdigkeit
Groteske
Haltung*, innere und äußere
Koordination
Körperbeherrschung
Körperbewusstsein
Körperliches Umsetzen
Raumgefühl
Rhythmusempfinden
Senden einer Botschaft*
Umgang mit Requisiten*
Vorstellungskraft
Wiederholbarkeit

„Popstar" ist, wie auch II.21. „Dargestellter Gegenstand" oder II.22. „Tierarbeit", eine Beobachtungsübung und kann der Figurenfindung dienen. Dabei geht es um das Beobachten, Begreifen und Darstellen menschlicher Archetypen und Verhaltensweisen. Die Übung besteht darin, sich einen Pop- oder Rockstar zu suchen und anhand von genauer Beobachtung eines bestimmten Live-Auftritts Gesten, Bewegungen, Rhythmus, Gesang, Attitüden, Wiederholungen, kurz: alles das, was den ausgewählten Star bei diesem Auftritt ausmacht, mit den eigenen Mitteln* umzusetzen. Die Musik wird von einem Tonträger eingespielt. Die Übung beginnt mit genauer Beobachtung. Es empfiehlt sich, Schritt für Schritt vorzugehen und einzelne Beobachtungen getrennt voneinander zu trainieren, um sie später zusammenzufügen.

Aufgaben für die Beobachtung: Welches sind die Bewegungszentren? Wo entstehen Bewegungen? Welche Körperteile sind besonders betont und welche Botschaft* ergibt sich daraus in Richtung Publikum? Die Botschaft* ist immer etwas Archaisches, Einfaches, das von der Bühne nach unten gesendet wird und sich mit einem kurzen Satz ausdrücken lässt, z. B. „Ich will gestreichelt werden" oder „Verpisst euch!" usw. Ist die Botschaft* identisch mit dem Text, der gesungen wird oder existiert hier ein Widerspruch und somit ein Spannungsfeld (bei fremdsprachigen Texten, sollte eine gute Übersetzung zu Rate gezogen werden)? Wie ist die Interaktion mit dem Publikum? Ist der Auftritt spannend, wenn ja, worin besteht die Spannung (siehe auch II.19. „Auftritt")? Zwischen welchen Polen entsteht ein Spannungsfeld bzw. wo stecken Widersprüche? Mit welchen Klischees wird vielleicht gespielt?

Der nächste Schritt ist die Arbeit am Playbackgesang. Es empfiehlt sich, trotz Musikeinspielung mitzusingen, damit sich der Atem in natürlicher Weise auf die Bewegungen des Körpers auswirken kann. So ist z. B. das leichte Heben von Schultern und Brustkorb beim Einatmen, bevor der Gesang beginnt, authentisch und ganz natürlich. Wird nur der Mund bewegt, entsteht nicht der Eindruck von wirklichem Gesang, da bei diesem immer der gesamte Körper beteiligt ist. Die Qualität des Gesanges spielt in dieser Übung eine untergeordnete Rolle, da dieser, wenn gewünscht, bei der Aufführung durch die Lautstärke der eingespielten Musik übertönt werden kann.

Im weiteren Verlauf sollte mit Kostüm und Maske gearbeitet werden. Lange Haare fordern andere Bewegungen als kurze. Mit High Heels entstehen möglicherweise andere Gedanken als barfuß. Hier können einfache Mittel* oft große Hilfen sein.

Ist man dem Popstar und seinem Auftritt möglichst nahe gekommen, steht am Ende der Übung die Steigerung ins Groteske. Damit dieses funktioniert, ist eine genaue Vorarbeit Voraussetzung. Ansonsten landet man schnell in laienhaftem Gekasper und Ungefährem. Es können jetzt einzelne Gesten und Bewegungen übertrieben und somit ins Groteske gesteigert werden. Eine weitere Möglichkeit ist es, dem gearbeiteten Star während des Auftritts Probleme zu bereiten und mit diesen dann umzugehen, wie z. B. eine Hose, an der die Naht aufplatzt. Je genauer die Vorarbeit war, umso leichter fällt es an dieser Stelle, mit den Problemen umzugehen, ohne die gearbeitete Figur* dabei zu verlieren.

Diese Übung kann in Abständen immer wieder der Gruppe vorgeführt werden. Anhand von Beobachtungen und Beschreibungen aus der Gruppe wird dann weiter daran gearbeitet. Es sei noch einmal darauf hingewiesen, dass es nicht Sinn der Übung ist, sich in das Objekt der Beobachtung zu verwandeln. Vielmehr geht es darum, fremde Gesten, Bewegungen und Rhythmen in den eigenen Körper und das eigene Erleben zu übersetzen. Um nicht bei einer bloßen Kopie zu bleiben, soll nach genauer Vorarbeit durch die Steigerung ins Groteske am Ende die eigene künstlerische Sicht auf den Gegenstand der Beobachtung im Vordergrund stehen.

Variante „Übungsverbindung": Diese Übung kann weiterführend mit der Arbeit an Texten kombiniert werden, Anregung hierfür ist die Variante „Arbeit mit Prosatext" der Übung II.6. „Reise / Innerer Monolog* / Sense Memory* / Prosatext".

Typen-Beobachtung 24

Bei der Typen-Beobachtung geht es um das Beobachten, Integrieren sowie Darstellen menschlicher Rollen. Ähnlich den Übungen II.22. „Tierarbeit", II.21. „Dargestellter Gegenstand" und II.23 „Popstar" verlangt diese Übung Genauigkeit und Präzision. Sie dient der Entwicklung oder Bereicherung einer Figur*.

Es können Personen (Typen) aus den unterschiedlichsten Bereichen beobachtet werden: aus einem bestimmten Berufsumfeld, der Nachbarschaft, der eigenen Familie oder der Familie von Freunden und Freundinnen. Voraussetzung ist lediglich, dass die Person wiederholt beobachtet werden kann. Die Arbeit besteht dann darin, einzelne Bewegungen zu studieren und diese mit dem eigenen Körper auszuführen. Hilfreiche Fragen dabei sind: Wo befindet sich bei der Person das Zentrum, von dem ihre Bewegungen ausgehen? Wie werden die einzelnen Gliedmaßen genutzt? Wie werden die Füße aufgesetzt, wie die Hände gebraucht? Wie ist die Körperspannung, wie die gesamte Körperhaltung? Hilfreich ist auch, die Bewegungen im Zeitlupentempo auszuführen und das Tempo allmählich zu steigern. Einzelne Beobachtungen können dann später zusammengesetzt werden, um komplexere Vorgänge* auszudrücken, z. B. wie die Person isst, zuhört, sich bewegt, spricht, denkt usw.

Diese neue Figur* bzw. dieser Typ kann dann in eine Situation gebracht werden, in der Probleme gelöst und Entscheidungen* getroffen werden müssen (siehe auch die Übung II.27. „Einzeletüde" und III.44. „Partneretüde" und Arbeitsbegriff: W-Fragen*). Ist man gerade dabei, sich einer Figur* aus einem Stück oder Drehbuch zu nähern, kann die Beobachtung einer Person aus dem eigenen Umfeld bei der Annäherung helfen. Natürlich sollte man dabei jeder beobachteten Person mit Achtung begegnen (siehe dazu auch Arbeitsbegriff: Substitut (Das Verlinken)*).

Beobachtung
Empathie
Entscheidungen* treffen
Ereignis*
Erinnerung
Fantasie
Figurenfindung
Glaubwürdigkeit
Haltung*, innere u. äußere
Improvisation*
Innerer Monolog, handlungsbegleitende Rede*
Körperbewusstsein
Körperliches Umsetzen
Natürlich-logisches Handeln*
Physische Handlung*
Umstände* schaffen
Vorstellungskraft
Wiederholbarkeit

25 Zimmer ansehen

Arbeit mit dem „Als ob…*"
bzw. „Magischen Wenn*"
Aktion - Reaktion
Arbeit mit den W-Fragen*
Beobachtung
Bewusstmachen schauspielerischer Prozesse
Dramatischer Moment*
Drehpunkt*
Durchgehende innere Handlung*
Entscheidungen* treffen
Ereignis*
Fantasie
Haltung*, innere u. äußere
Handlungsziel* als Arbeitsbegriff
Improvisation*
Innerer Monolog, handlungsbegleitende Rede*
Inneres Zurücktreten*
Physische Handlung*
Natürlich-logisches Handeln*
Raumgefühl
Szenische Aufmerksamkeit*
Umgang mit Requisiten*
Umstände* schaffen
Vorstellungskraft
Wahrnehmung

Diese Übung ist eine Improvisationsübung* und basiert auf folgender Grundgeschichte: Du bist in einer dir fremden Stadt angekommen, um dort eine Ausbildung anzufangen. Beim Lesen der Wohnungsanzeigen bist du auf folgendes Inserat gestoßen: „Vermiete möbliertes Zimmer unterm Dach." Der Preis hat dir zugesagt und du hast dich auf den Weg gemacht. Die Vermieterin wohnt im Erdgeschoss desselben Hauses. Sie hat dir den Schlüssel in die Hand gedrückt und dir zu verstehen gegeben, dass du nach oben gehen kannst, um dir das Zimmer in Ruhe anzusehen. Die Gruppe richtet nun mit vorhandenen Ausstattungsgegenständen und Requisiten* ein Zimmer ein und erhält im Anschluss 10 Minuten, um sich zu dieser Geschichte eine Schleppe* zu erarbeiten (siehe auch II.19. „Auftritt") sowie die Geschichte mit einigen persönlichen* Umständen* anzureichern, z. B.: „Ich habe noch eine wichtige Verabredung und somit nur 5 Minuten Zeit, mir das Zimmer anzusehen" oder „Ich würde gerne meine eigenen Möbel mitbringen, reicht der Platz?" usw. Wichtig dabei ist, dass die geschaffenen Umstände* zum Handeln* und somit zum Aktivwerden anregen. Hilfreich bei der Vorbereitung der Ausgangssituation* kann die Beantwortung der W-Fragen* (siehe Arbeitsbegriff) sein. Am Ende soll die Entscheidung* stehen: „Nehme ich das Zimmer oder nicht?"

Ein Gruppenmitglied nach dem anderen geht jetzt unter den jeweils geschaffenen Umständen* auf die Bühne, sieht sich das Zimmer an und entscheidet*. Da Theaterstücke wie auch Filme im Idealfall Ratespiele* für den Zuschauer sind, soll die Entscheidung*, ob das Zimmer genommen wird, nicht demonstriert* werden. Wichtig ist nur, dass der Schauspieler* diese Entscheidung* für sich trifft. Der Zuschauer will selbst Vermutungen und Beobachtungen anstellen und zu einem eigenen Schluss kommen. Auch soll die Entscheidung* nicht schon vorher feststehen, sondern auf der Szene* getroffen werden, indem Eindrücke vor Ort gesammelt und Umstände* im Moment des Spiels gegeneinander abgewogen werden. Pate steht auch hier wieder das wirkliche Leben. Hilfe dabei kann wieder die Arbeit mit dem „Als ob…*" bzw. „Magischen Wenn*" sein: „Wenn ich unter den gegebenen Umständen* in dieser Situation wäre, wie würde ich dann jetzt handeln*?"

> **Reflektion im Anschluss:**

> Welche Beobachtungen können beschrieben werden?
> Welche Entscheidung*, glaubt man, wurde getroffen und welche Details führen einen zu dieser Vermutung?
> Ist die Entscheidung* dem Zuschauer demonstriert* worden oder wurden die Regeln des Ratespiels* eingehalten und der Zuschauer konnte selbst Indizien sammeln und zu einem eigenen Schluss kommen? Mit anderen Worten, war die Geschichte spannend oder nicht?
> War eine Schleppe* vorhanden?
> Hat ein Innerer Monolog, eine handlungsbegleitende Rede* stattgefunden?
> Gab es einen Dramatischen Moment*, d. h. stand die agierende Person eine Zeitlang zwischen zwei oder mehreren möglichen Entscheidungen* und an welchem Punkt wurde die Entscheidung* gefällt?
> Kann ein Drehpunkt* benannt werden, an dem die Geschichte eine andere Richtung einschlug, und welches Ereignis* leitete diesen ein?
> Gab es ein Handlungsziel*? Wenn ja, welches, und hat es dem Schauspieler* geholfen, auf der Szene* aktiv zu werden und ins Handeln* zu kommen? Wurde beispielsweise das Zimmer benötigt, wenn ja, wie dringend? Hatte der Schauspieler* möglicherweise eine Perspektive*? Wenn ja, hatte diese einen Einfluss auf das Handeln* und Entscheiden*?

Die Übung kann wiederholt werden, indem jedes Mal auf unterschiedliche Aspekte Wert gelegt wird. So kann sie z. B. mit dem Schwerpunkt Handlungsziel* durchgeführt werden. Aufgabe* dabei ist, ein so starkes Handlungsziel* zu wählen, dass es den Schauspieler* auf der Szene* aktiv werden lässt und zum Handeln* anregt. So könnte es beispielsweise ein Handlungsziel* sein, Mängel zu finden, die ein Herunterhandeln des Preises rechtfertigen. Es gilt dabei: Zu viel Theorie auf einmal kann den Schauspieler* überfordern und ihm die Lust am Spiel nehmen. Theoretische Aspekte können Stück für Stück ins Bewusstsein gebracht werden. Sie sollen Hilfen sein und das spontane intuitive Spiel fördern und nicht behindern.

Variante „Mit Partner": Die Übung ist auch als Partner- oder Gruppenübung möglich, indem nacheinander mehrere Interessenten eintreffen. In diesem Fall müssen Strategien* entwickelt werden, um das eigene Handlungsziel* zu erreichen. Umstände*, Handlungsziele* und Perspektiven* prallen aufeinander und verändern sich möglicherweise. Es entsteht ein Partnerspiel. So könnte es sein, dass jemand gar kein Zimmer sucht, sondern einen Partner fürs Leben und geht aus diesem Grund zu verschiedensten Wohnungsbesichtigungen. Jemand anderes braucht möglicherweise schon für diese Nacht dringend eine Bleibe. (Siehe auch Arbeitsbegriff Handlungsziel* sowie Beispiellisten für Handlungsziele* und Strategien* / Aktionsverben* im Anhang VII.1. und VII.2.)

26 Verloren und gefunden

Arbeit mit dem „Als ob ...*"
bzw. „Magischen Wenn*"
Aufgabe* als Arbeitsbegriff
Bewusstmachen schauspielerischer Prozesse
Charakterarbeit*
Dramatischer Moment*
Durchgehende, innere Handlung*
Entscheidungen* treffen
Ereignis*
Fantasie
Figurenfindung*
Gedankliche Arbeit
Glaubwürdigkeit
Haltung*, innere u. äußere
Improvisation*
Innerer Monolog, handlungsbegleitende Rede*
Konzentration
Natürlich-logisches Handeln*
Physische Handlung*
Raumgefühl
Spannung – Entspannung

Die Aufgabe* besteht darin, einen verlorenen Gegenstand zu suchen und ihn nach einer bestimmten Zeit wiederzufinden. Die Wichtigkeit des Gegenstandes sollte für die Handelnde Person* so groß sein, dass das Wiederfinden absolut notwendig ist.

Beispiele:

- Konzertkarten: Du hast einem potenziellen neuen Partner oder einer potenziellen neuen Partnerin zum Geburtstag einen Gutschein für ein Konzert seiner bzw. ihrer Lieblingsband geschenkt. Du willst losgehen, aber die Karten sind weg.
- Pass: Du startest zu einem Urlaub bzw. längeren Auslandsaufenthalt. Es ist Zeit, zum Flughafen aufzubrechen, aber dein Pass ist nicht auffindbar.

Der Raum wird der Situation entsprechend eingerichtet. Um das Finden des Gegenstandes notwendig zu machen, soll die Handelnde Person* dieses mit der Erfüllung eines Needs* bzw. des Needs* ihrer Figur* verbinden (siehe Arbeitsbegriff: Need* sowie Beispiele im Anhang VII.3.). Das Finden scheint das Need* zu erfüllen. Für einen kurzen Moment lang tritt Frieden ein. Es geht bei dieser Übung um das natürlich-logische Handeln* und in dem Zusammenhang um einen konkreten Inneren Monolog*.

Reflektion im Anschluss:

- War der Handelnden Person* der Gegenstand so wichtig, dass die Suche danach notwendig war? Wenn nicht, können evtl. noch Umstände* geändert oder hinzugefügt werden, die ein Handeln* notwendiger machen?
- Gab es Punkte, an denen ein Need* erkennbar war und welche waren das?
- Welche Ereignisse* traten während der Szene* ein und welche Entscheidungen* wurden daraufhin von der Handelnden Person* getroffen?

Umgang mit Requisiten*
Umstände* schaffen
Vorstellungskraft
Wiederholbarkeit

Einzeletüde 27

In der Etüde vereinen sich die meisten der bisherigen Übungen. Die Grundaufgabe lautet hier: „Kommen, um wieder zu gehen." Das heißt: „Betritt mit einer bestimmten Absicht einen Raum. Ein Ereignis* tritt ein. Triff eine Entscheidung* und gehe wieder." Nach diesem Grundmuster soll eine Geschichte vorbereitet und gespielt werden. Es geht einmal mehr um das selbstständige, natürliche und logische Handeln* auf der Bühne und vor der Kamera. Die Geschichte der Etüde sollte, besonders am Anfang, weitestgehend dem eigenen Erfahrungsbereich entstammen. Außerdem soll sie möglichst einfach und klar gehalten werden. Hilfe bei der Vorbereitung der Ausgangssituation* kann die Beantwortung der W-Fragen* sein (siehe Arbeitsbegriff). Für alles was auf der Bühne getan wird, gibt es eine grundlegende Frage: Wie würde ich unter den gegebenen Umständen* in dieser Situation handeln*? Im Laufe der Arbeit kann die Etüde komplexer werden, das heißt, mehrere Ereignisse* können eintreten und mehrere Entscheidungen* getroffen werden. Vor Beginn des Spiels wird die Bühne, der Raum bzw. das Set vorbereitet und je nachdem, wo die Etüde spielt, entsprechend eingerichtet (hilfreich dabei auch Übung II.13. „Persönliches* Requisit*"). Nach gespielter Etüde werden Einzelheiten hinterfragt und möglichst so konkretisiert, dass der Schauspieler* nicht mit Theorie überfrachtet wird, sondern diese ihm hilft, auf der Szene* aktiv zu werden und zu handeln*. Die gleiche Etüde kann unter verschiedenen Gesichtspunkten oft wiederholt werden.

Arbeit mit dem „Als ob…*" bzw. „Magischen Wenn*"
Arbeit mit den W-Fragen*
Artikulation
Aufgabe* als Arbeitsbegriff
Beobachtung
Bewusstmachen schauspielerischer Prozesse
Dramatischer Moment*
Drehpunkt*
Durchgehende innere Handlung*
Entscheidungen* treffen
Ereignis*
Fantasie
Gedankliche Arbeit
Geteilte Aufmerksamkeit*
Glaubwürdigkeit
Haltung*, innere u. äußere
Handlungsziel* als Arbeitsbegriff
Improvisation*
Innerer Monolog, handlungsbegleitende Rede*
Koordination
Körperbeherrschung
Körperbewusstsein
Körperliches Umsetzen

Physische Handlung*
Natürlich-logisches Handeln*
Raumgefühl
Rhythmusempfinden
Sensorisches Gedächtnis (Sense Memory)*
Schleppe*
Schnelles Kombinieren, Umschalten, Reagieren
Szenische Aufmerksamkeit*
Temporhythmus
Umgang mit Requisiten*
Umstände* schaffen
Vorstellungskraft
Wahrnehmung
Wiederholbarkeit

> Reflektion im Anschluss und mögliche Schwerpunkte:

> Welche Schleppe* wurde beim Auftritt mit in den Raum gebracht, d. h. woher kam die Handelnde Person* gerade? Was hat sie erlebt, bevor sie die Szene* betrat und hatte das einen Einfluss auf ihr Handeln* bzw. hat es ihr geholfen, auf der Szene* aktiv zu werden? (siehe auch Übung II.19. „Auftritt" sowie weitere Übungen mit dem Trainingsschwerpunkt: Schleppe*)
> Gab es einen Inneren Monolog, handlungsbegleitende Rede*? Wurden diese bewusst eingesetzt und lassen sie sich wiederholen? (siehe auch Übungen mit Trainingsschwerpunkt: Innerer Monolog, handlungsbegleitende Rede*)
> Hatte die Figur* auf der Szene* Sorgen und Nöte, und hat sie aktiv daran gearbeitet, diese zu lösen? (siehe auch Übungen mit Trainingsschwerpunkt: Umstände* schaffen)
> Existierte ein Handlungsziel* und wenn ja, welches war das, und hat es ein aktives Handeln* auf der Szene* gefördert? (siehe auch Übungen mit Trainingsschwerpunkt: Handlungsziel*)
> Hat sich die Handelnde Person* eine Perspektive* geschaffen? (siehe auch Übungen mit Trainingsschwerpunkt: Umstände* schaffen)
> Gab es Dramatische Momente*? Wenn ja, wo begannen diese und wo endeten sie, d. h. wann stand die Handelnde Person* zwischen zwei oder mehreren Entscheidungen*? (siehe auch Übungen mit Trainingsschwerpunkt: Dramatischer Moment*)
> Hat sich der Schauspieler* mit Themen, die auf der Szene* eine Rolle spielten, vorher befasst oder nur so getan als ob? War die Etüde in einem bestimmten Berufsfeld angesiedelt oder verlangte Fachkenntnisse eines speziellen Gebietes? Spielt z. B. jemand einen Autoverkäufer, sollte er sich vorher mit der Problematik des Verkaufens von Autos beschäftigen. Ohne eine komplette Ausbildung auf diesem Gebiet zu absolvieren, sollten sich Dinge, die auf der Szene* eine Rolle spielen, angeeignet und geübt werden.
> Wie stand es mit dem Rhythmus*? Lässt sich dieser beschreiben? (siehe auch Übungen mit Trainingsschwerpunkt: Temporhythmus*)
> Hat die Handelnde Person* mit einem Need* gearbeitet

und hat dieses sie zum Handeln* angeregt? (siehe auch Arbeitsbegriff Need* sowie Beispielliste im Anhang VII.3.)

Die Etüde ist ein Übungsgegenstand, der sich ständig verändert und an dem über einen längeren Zeitraum gearbeitet werden kann. Sie ist kein Produkt, das irgendwann fertiggestellt ist, und sollte daher auch nicht geprobt werden. Mit veränderten Umständen* wird die Etüde erneut gespielt, um auszuprobieren, wie sich dadurch das Handeln* ändert.

Variante „Stopp, Ereignis*": Während die Etüde gespielt wird, besteht für die Gruppe die Möglichkeit, ein Ereignis* wie folgt eintreten zu lassen. Nachdem „Stopp" gerufen wird, verharrt der Schauspieler* in der Position, in der er sich gerade befindet und bekommt von einem der Gruppenmitglieder ein Ereignis* genannt. Anschließend folgt ein „Bitte" und der Schauspieler* hat dieses Ereignis* nun in sein Spiel zu integrieren. Die Ereignisse* sollten, je nach Situation, von der Gruppe so gewählt werden, dass sie den Schauspieler* dahin bringen, Entscheidungen* zu treffen, zu handeln* und somit aktiv zu werden bzw. zu bleiben, z. B.: „Deine Brieftasche ist weg" oder „Das Telefon klingelt und deine Mutter ist dran." Hierbei wird dem Schauspieler* nicht gesagt, was er zu tun oder zu lassen hat, er bekommt lediglich ein Ereignis* von außen vorgegeben, das ihn vor Probleme stellt. Die Lösung wird jedoch ihm selbst überlassen. Diese Variante empfiehlt sich, wenn die Etüde bereits mehrfach gespielt worden ist und entweder gewisse Ermüdungserscheinungen zu beobachten sind oder sie sich an einem Punkt befindet, an welchem dem Schauspieler* die Fantasie abhanden gekommen ist.

Variante „Was muss passieren, damit ...?": In dieser Variante ist ein bestimmtes Resultat gefragt, zu dem die Handelnde Person* gelangen soll. Wie sie dorthin gelangt, ist dabei ihr selbst überlassen, z. B.: „Was muss passieren, damit der Aktenordner in die Ecke fliegt?" oder „Was muss passieren, damit das Fenster geöffnet wird?"

Die Aufgabe* der Handelnden Person* besteht nun darin, auf natürlich-logische* Weise zu dem gewünschten Resultat zu gelangen. Je extremer das Resultat dabei ist, umso spannender ist oft der Weg dorthin.

28 Episieren

Arbeit mit dem Publikum
Arbeit mit dem „Als ob …*"
bzw. „Magischen Wenn*"
Bewusstmachen schauspielerischer Prozesse
Drehpunkt*
Durchgehende, innere Handlung*
Empathie
Erinnerung
Fantasie
Figurenfindung
Gedankliche Arbeit
Glaubwürdigkeit
Haltung*, innere u. äußere
Inneres Zurücktreten*
Konzentration
Vorstellungskraft
Wiederholbarkeit

In dieser Übung wird eine Szene* so erzählt, als hätte sie die Handelnde Person* selbst erlebt. A stellt sich vor die Gruppe und erzählt die Szene* aus der Perspektive ihrer Figur* in der Ich-Form, so, „als ob*" sie sie gerade erlebt oder beobachtet hätte: „Stellt euch vor, was ich erlebt / beobachtet habe …"

Die Übung kann während der Arbeit an einer Szene* stattfinden, sobald die Szene* bereits geprobt wurde und wiederholbar ist. Sie kann aber auch nach dem Spielen von Etüden (siehe Übung II.27. „Einzeletüde" und III.44 „Partneretüde) oder Improvisationen* eingesetzt werden, um diese wiederholbar zu machen. Die Übung kann auch dabei helfen, einen gesunden Abstand zu einer Szene* zu bekommen, an der bereits eine Zeit lang gearbeitet wurde. Es ergibt sich hierdurch oft eine erfrischende, neue Sicht (siehe auch Arbeitsbegriffe: Epische Ebene* und Dramatische Ebene*).

III Partnerübungen

Partnerübungen dienen, wie der Name schon sagt, dem gezielten Training von Situationen mit einem Partner. Das beginnt mit der Wahrnehmung des Partners und dem Sich-aufeinander-Einlassen und führt zu komplexen Situationen. Dabei werden grundlegende Fragen immer wieder in den Vordergrund treten: Was will der Partner von mir? Was will ich von ihm? Wie lässt sich beides vereinbaren oder auch nicht? Hier können Aspekte wie Handlungsziel*, Perspektive*, Strategie*, das Zug-um-Zug-Prinzip* u. a. getrennt voneinander praktisch geübt und trainiert werden. Später werden diese Elemente dann zusammengesetzt. Das geschieht in Fortgeschrittenenübungen, die sich vorrangig im zweiten Teil dieses Kapitels finden, oder auch in der Arbeit an Szenen*.

1 Namen suchen / Begrüßung

Beobachtung
Erinnerung
Gedächtnistraining
Kennenlernen
Szenische Aufmerksamkeit*

Diese Übung ist dann sinnvoll, wenn sich die Gruppenmitglieder noch nicht namentlich kennen. Alle schreiben ihre Namen auf ein Stück Pflaster und verstecken dieses am eigenen Körper. Dafür kann auch der Raum kurz verlassen werden. Die Gruppe wird in Zweier- bzw. Dreiergruppen aufgeteilt. Ohne miteinander zu sprechen, wird der Name des Gegenübers gesucht. Dabei ist darauf zu achten, dass beim Suchen nur so weit gegangen wird, wie es dem Gegenüber noch angenehm ist. Ist der Name gefunden, klebt man ihn seinem Gegenüber auf die Stirn, sodass am Ende jeder seinen eigenen Namen auf der Stirn stehen hat. Jetzt verteilt sich die Gruppe und bewegt sich durch den Raum (siehe Übung I.8. „Raum ausfüllen"). Jeder prägt sich die Namen der anderen ein. Je nach Größe der Gruppe werden die Namen nach ca. 5 Minuten von der Stirn entfernt. Die Gruppe stellt sich nun im Kreis auf, A geht in die Mitte. A spricht nun einen nach dem anderen mit den folgenden Worten an: „Ich bin A, guten Tag B." B antwortet: „Guten Tag A." Sollte A sich geirrt haben, lautet die Antwort: „Guten Tag A, aber du hast mich leider verwechselt, ich bin C". In diesem Fall wechselt C in die Mitte des Kreises.

Variante „Übungsverbindung": Die Übung kann, nachdem alle Namen gefunden worden sind, auch mit III.2. „Vorstellen" kombiniert werden. In diesem Fall werden keine Namen auf die Stirn geklebt.

Vorstellen 2

Diese Übung ist am sinnvollsten, wenn sich die Gruppe noch nicht kennt. Die Gruppe wird in Zweiergruppen aufgeteilt. Bei einer ungeraden Anzahl von Teilnehmern kann auch eine Dreiergruppe gebildet werden. Jede Gruppe sucht sich einen Platz im Raum und beginnt, sich einander vorzustellen. Ziel* ist es, einen persönlichen* Eindruck von seinem Gegenüber zu erhalten. Zu diesem Zweck werden sich gegenseitig Fragen gestellt und diese beantwortet. Im Anschluss gehen die Gruppenmitglieder nacheinander auf die Bühne. Jeder stellt nun sein Gegenüber vor. Auch hier ist das Ziel*, nicht nur Fakten wiederzugeben, sondern dem Rest der Gruppe ein persönliches* Bild seines Gegenübers zu vermitteln. Aus diesem Grund soll der Name der betreffenden Person möglichst oft in die Vorstellung eingebaut werden.

> **Reflektion im Anschluss:** Hat die Vorstellung ein persönliches* Bild vermittelt und wenn ja, warum, oder warum vielleicht auch nicht?

Aktives Zuhören
Beobachtung
Erinnerung
Empathie
Gedächtnistraining
Kennenlernen
Partnersensibilität
Szenische Aufmerksamkeit*
Vertrauen

Kraft der Gedanken 3

A und B stehen nebeneinander. A streckt einen Arm waagerecht zur Seite aus und behält diese Stellung bei. Währenddessen denkt A in ständiger Wiederholung wie ein Mantra folgende Sätze: „Ich halte den Arm oben. Ich schaffe es auf jeden Fall, den Arm oben zu halten. Ich habe Kraft. Der Arm bleibt oben, ich schaffe das ..." usw. B legt die Hand auf den ausgestreckten Arm von A und drückt diesen in Richtung Fußboden nach unten. Auch im zweiten Versuch hält A den ausgestreckten Arm oben, ändert aber die innere Botschaft* in: „Ich schaffe das nicht. Ich kann den Arm nicht oben halten, das wird nie etwas. Ich bin so schwach ..." B drückt wie vorher den Arm nach unten und wendet dabei die gleiche Kraft auf wie im ersten Versuch. Anschließend werden die Positionen getauscht. Hinterher können die dabei gewonnenen Erfahrungen ausgetauscht werden.

Beobachtung
Bewusstmachen schauspielerischer Prozesse
Gedankliche Arbeit
Senden einer Botschaft*
Vorstellungskraft

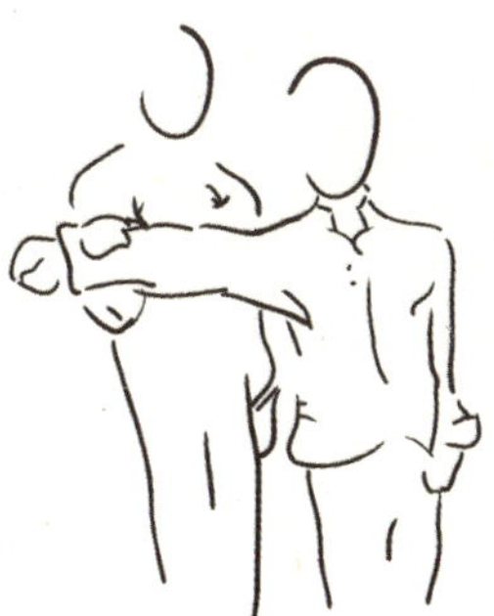

4 Annähern

Partnersensibilität
Szenische Aufmerksamkeit*
Wahrnehmung

A sitzt auf der einen Seite des Raumes mit geschlossenen Augen auf einem Stuhl. Das Gesicht ist zur Wand gerichtet. B nähert sich A lautlos von der anderen Seite des Raumes. Dabei sollte ein nicht geradliniger Weg gewählt werden. A neigt den Kopf in die Richtung, in der B gerade vermutet wird. Kurz bevor eine Berührung von B stattfindet, dreht A sich um und öffnet die Augen.

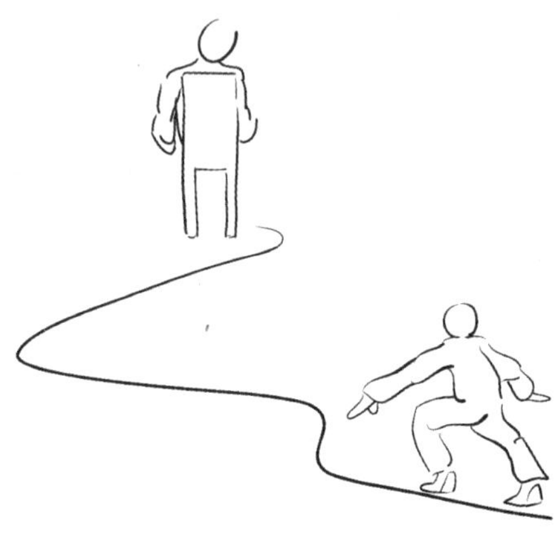

5 Spiegel

Aktives Zuhören
Arbeit mit dem „Als ob ...*"
bzw. „Magischen Wenn*"
Beobachtung
Geteilte Aufmerksamkeit*
Koordination
Körperbeherrschung
Partnersensibilität
Rhythmusempfinden
Szenische Aufmerksamkeit*
Texttraining
Zuhören, Reagieren

A und B stehen sich im Abstand von ca. 2 Metern gegenüber. A ist der Spiegel und B das Spiegelbild. Das bedeutet, jede Bewegung von A wird von B zeitgleich und gespiegelt mitgemacht. A trägt die Verantwortung dafür, sich so zu bewegen, dass das Spiegelbild auch folgen kann. Später werden die Rollen* getauscht. Die Übung eignet sich auch, um parallel zur Bewegung Dialoge zu trainieren bzw. aufzufrischen.

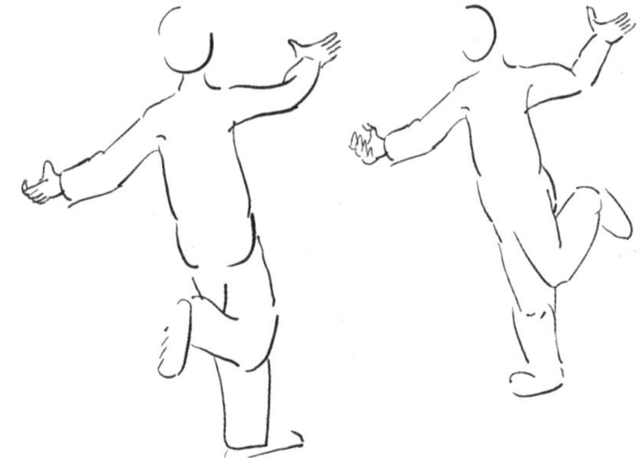

Variante „Vier Personen": Das Spiegelbild bekommt während der Übung zwei Personen zur Seite. Eine von ihnen stellt Sachfragen oder Kopfrechenaufgaben, die zweite stellt persönliche* Fragen. Das Spiegelbild beantwortet die Fragen, ohne dabei die Bewegungen abreißen zu lassen. Anschließend wird gewechselt.

Variante „Führungswechsel": Ohne sich abzusprechen, wechselt während der Übung die Führung zwischen den Akteuren hin und her. Ein Führungswechsel sollte von außen nicht bemerkbar sein. Trotzdem soll dabei mit dem gesamten Körper gearbeitet werden.

Variante „Stopp": Wie die vorherige Variante, nur sieht hier die Gruppe den Akteuren während der Übung zu. Wer einen Führungswechsel bemerkt, ruft „Stopp". Stimmt das, nicken beide Akteure mit dem Kopf. Wenn nicht, wird verneint. Jedes Gruppenmitglied hat nur ein Stopp. Die Akteure dürfen sich dreimal beim Führungswechsel erwischen lassen. Ziel* ist hierbei, alle Stopps der Gruppe aufzubrauchen bzw. drei Führungswechsel zu bemerken.

Führen und führen lassen in 10 Varianten 6

Körperbeherrschung
Körperbewusstsein
Körperkontakt
Partnersensibilität
Raumgefühl
Reaktionstraining
Texttraining
Szenische Aufmerksamkeit*
Vertrauen
Wahrnehmung

Die Gruppe wird in A und B geteilt. Alle A und B stehen sich jeweils gegenüber. Beide berühren sich mit den Zeigefingerspitzen. B führt A durch den Raum. Danach werden die Rollen* getauscht.

Variante „Augen zu": A schließt die Augen.

Variante „Übergabe": Die Führenden übergeben sich gegenseitig die Geführten. Die Augen der Geführten sind dabei geschlossen. Die Geführten versuchen herauszufinden, von wem sie geführt werden. Auf ein Zeichen bleiben alle stehen. Die Geführten öffnen die Augen und vergleichen ihre Vorstellung mit der Realität. Es kann auch ein Zeitlimit gesetzt werden, nachdem die geführte Person übergeben sein muss.

Variante „Ohne Kontakt": B führt A. Zwischen beiden besteht nur Augen-, jedoch kein Körperkontakt. Noch schwieriger wird diese Variante, wenn die Führung, ohne dass beide sich dabei absprechen, während der Übung hin und her wechselt.

Variante „Augen verbunden": Die Augen werden mit einem Tuch o. ä. so verbunden, dass sie darunter geöffnet

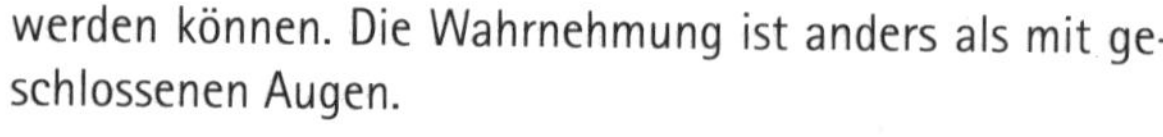

werden können. Die Wahrnehmung ist anders als mit geschlossenen Augen.

Variante „Stuhllabyrinth": Verteilt im Raum werden Stühle aufgestellt. Ohne die Stühle zu berühren, sollen die Geführten durch den Raum bewegt werden.

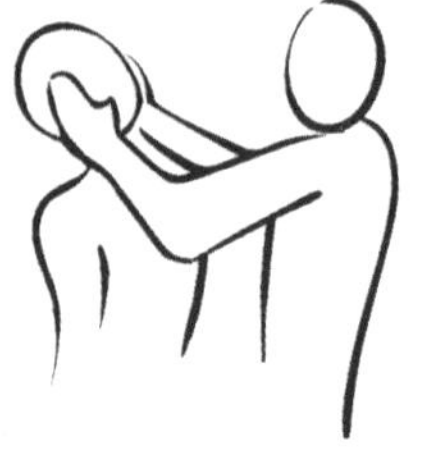

Variante „Kopf": B hält den Kopf von A zwischen beiden Händen. A folgt den Impulsen und damit der Führung von B. Diese Variante beginnt im Stehen und kann bei gegenseitiger Vorsicht in einem Tanz durch den ganzen Raum enden.

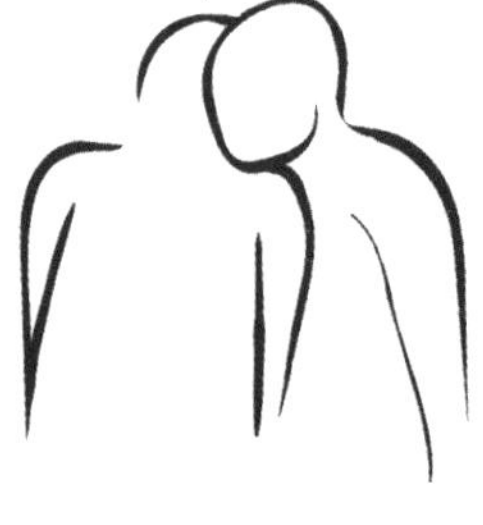

Variante „Ablegen": Beide legen den Kopf auf der jeweils rechten Schulter des Gegenübers ab. Die Arme hängen nach unten. Gegenseitig werde Impulse gegeben bzw. aufgenommen. Ohne sich abzusprechen, wechselt die Führung somit hin und her. Auch hier besteht die Möglichkeit, dass eine Art Tanz entsteht. Die Augen können bei dieser Variante auch geschlossen werden.

Variante „Stock": Zwischen A und B klemmt ein Stock oder ähnlicher Gegenstand, der beim Bewegen nicht herunterfallen darf. Wieder soll die Führung wechseln.

Variante „Übungsverbindung" mit Übung I.34. „Zählen bis 21": Die ganze Gruppe zählt während der Übung von 1 bis 21.

Variante „Dialogtraining": Parallel zum körperlichen Ausführen der Übung, können auswendig gelernte Texte und Dialoge trainiert werden.

7 Hände weg

Konzentration
Körperbeherrschung
Körperkontakt
Reaktionstraining
Schnelle körperliche Aktion
Spannung – Entspannung
Szenische Aufmerksamkeit*

A und B stehen sich gegenüber. A hält die Arme am Körper. Ober- und Unterarm bilden einen rechten Winkel und die Handflächen zeigen nach oben. Die Handflächen von B zeigen nach unten und liegen auf denen von A. A versucht nun auf die Handrücken von B zu schlagen. B zieht die Hände weg, um sich nicht treffen zu lassen. Danach werden die Rollen* getauscht.

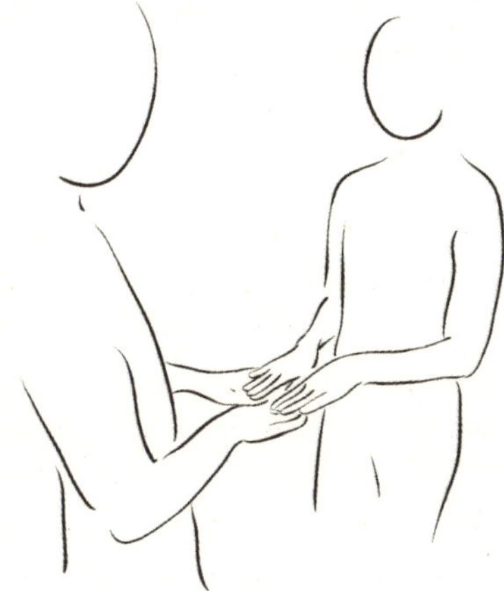

Variante „Hände nebeneinander": Die Übung bleibt gleich, nur dass die Hände statt übereinander, nebeneinander gehalten werden. Die Hände von A sind dabei innen, die von B außen, die Handflächen beider Partner zeigen nach innen. A zieht die Hände nach unten weg, um dann auf die Handrücken von B zu schlagen. B zieht weg.

Variante „Bewegen": Während der Übung bewegen sich A und B durch den Raum. Befinden sich dort noch andere Paare, muss darauf geachtet werden, dass man sich nicht gegenseitig berührt.

Hände / Augen 8

A und B stehen sich gegenüber und legen ihre Handflächen aufeinander. Dann schließen sie die Augen und drehen sich dreimal jeder für sich im Kreis. Die Aufgabe* ist nun, das Energiefeld des Gegenübers wahrzunehmen, die Handflächen wieder zu finden und aufeinander zu legen.

Aktion – Reaktion
Empathie
Inneres Zurücktreten*
Kennenlernen
Körperkontakt
Partnersensibilität
Szenische Aufmerksamkeit*
Wahrnehmung

Variante „Sitzen": Beide stehen oder sitzen sich gegenüber. Die Augen sind während der Variante geschlossen. Jetzt werden die Hände des Gegenübers gesucht und es beginnt ein Kennenlernen der Hände. Es empfiehlt sich vor der Übung, alle Gruppenmitglieder zu bitten, sich die Hände zu waschen.

Variante „Augen": A und B sitzen sich gegenüber. Die Augen sind während dieser Variante geöffnet. Die Aufgabe* besteht darin, innerlich zurückzutreten* und sich 5 Minuten oder auch länger gegenseitig in die Augen zu sehen.

9 Gemeinsames Erlebnis

Aktives Zuhören
Bewusstmachen schauspielerischer Prozesse
Erinnerung
Gedächtnistraining
Gemeinsames Bewältigen einer Aufgabe*
Partnersensibilität
Status*
Szenische Aufmerksamkeit*
Wiederholbarkeit
Zuhören, Reagieren

Die Gruppe wird in Zweiergruppen aufgeteilt. Nach kurzer Vorbereitungszeit soll jedes der Paare ein gemeinsames Erlebnis möglichst plastisch der übrigen Gruppe schildern.

> **Reflektion im Anschluss:** Haben beide Partner zusammen gearbeitet? War die Geschichte plastisch und verständlich? Wer hatte welchen Status* bzw. wer hat die Erzählung dominiert?

Variante „Status*": Die gleiche Geschichte wird noch einmal erzählt, aber mit dem Unterschied, dass jetzt die Aufgabe* gestellt wird, den eigenen Status* etwas über bzw. unter den des Partners zu stellen.

10 Zack-Bum-Wow

Aktion – Reaktion
Aufwärmung
Gemeinsames Bewältigen einer Aufgabe*
Körperliches Umsetzen
Reaktionstraining
Schnelle, körperliche Aktion
Schnelles Kombinieren, Umschalten, Reagieren
Spannung – Entspannung
Tempo

A und B stehen sich gegenüber. Sie sprechen gleichzeitig eins der folgenden Wörter und führen die dazugehörige Bewegung aus:

„Zack": Beide Handflächen schlagen gleichzeitig auf die Oberschenkel.

„Bum": Hier können A und B jeweils aus drei Bewegungsmöglichkeiten wählen:

1) Fäuste sind geballt, die ausgestreckten Daumen zeigen über die rechte Schulter.

2) Fäuste sind geballt, die ausgestreckten Daumen zeigen über die linke Schulter.

3) Fäuste sind geballt, ein ausgestreckter Daumen zeigt über die linke, der andere über die rechte Schulter.

„Wow": Mit beiden Händen wird ein großer Kreis in der Luft beschrieben.

Die Wörter werden in dieser Abfolge genannt. „Wow" wird jedoch nur ausgeführt, wenn A und B bei „Bum" zufällig die gleiche Bewegung gewählt haben. Der Rhythmus* ist also immer „Zack", „Bum", „Zack", „Bum", „Zack", und ab und zu gibt es ein gemeinsames „Wow". Wichtig ist, dass ein gemeinsamer Rhythmus* entsteht. Die Geschwindigkeit kann dabei nach Belieben gesteigert werden.

Zählen bis Drei 11

Aktion – Reaktion
Aufwärmung
Fantasie
Gemeinsames Bewältigen einer Aufgabe*
Haltung*, innere u. äußere
Improvisation*
Konzentration
Koordination
Körperkontakt
Körperliches Umsetzen
Partnersensibilität

A und B stehen sich gegenüber und zählen von Eins bis Drei:

A beginnt mit: „Eins"

B: „Zwei"

A: „Drei"

B: „Eins"

A: „Zwei" usw.

Nachdem sie eine Weile bis Drei gezählt haben und möglicherweise feststellen, dass es nicht ganz so einfach ist, wie am Anfang gedacht, kommt von außen ein „Stopp" und die Eins wird durch eine Tätigkeit ersetzt (z. B. ein Streichen über den Kopf des Gegenübers). Zwei und Drei bleiben vorerst noch als Zahlen bestehen. Die Übung läuft weiter.

Wenn das gut funktioniert, wird auch die Zahl Zwei durch eine Tätigkeit ersetzt (z. B. ein leichtes Zurückweichen mit dem Körper, wobei die rechte Hand zum Schlag ausholt). Die Drei bleibt noch als Zahl bestehen. Funktioniert auch das, wird schließlich auch die Drei ersetzt (z. B. durch ein leichtes Anheben beider Hände, verbunden mit einem Schütteln des Kopfes). Es ist jetzt still und nur die Tätigkeiten werden im Wechsel ausgeführt.

Nun besteht die Aufgabe* darin, eine Kommunikation bzw. ein kleines Spiel entstehen zu lassen, wobei die Tätigkeiten nicht nur Tätigkeiten bleiben, sondern zu Handlungen* werden.

Variante „Bewegen durch den Raum": Das Paar kann sich jetzt durch den Raum bewegen, wobei das Prinzip der abwechselnden Handlungen* beibehalten wird. Durch die Bewegung im Raum gibt es mehr Möglichkeiten für ein Spiel. Vielleicht kommunizieren beide auch über Distanz miteinander oder andere Paare laufen dazwischen.

12 Übung mit der Socke

Aktion – Reaktion
Entscheidungen* treffen
Ereignis*
Fantasie
Haltung*, innere u. äußere
Improvisation*
Körperbewusstsein
Körperkontakt
Körperliches Umsetzen
Partnersensibilität
Raumgefühl
Rhythmusempfinden
Spannung – Entspannung
Strategien* entwickeln (Aktionsverben*)
Zuhören, Reagieren

A und B haben jeweils eine ungetragene Socke so hinten in der Hose stecken, dass diese zur Hälfte heraushängt. Die Aufgabe* besteht darin, auch die zweite Socke in den Besitz zu bekommen, ohne dabei die eigene herzugeben. Gelingt dies, wird eine der beiden Socken aus dem Spiel genommen. Nun geht es darum, die eine verbleibende Socke für möglichst lange Zeit im eigenen Besitz zu behalten. Wichtig hierbei: Es soll kein Kampf entstehen, sondern ein Spiel.

Variante „Musik": Von außen wird während der Übung unterschiedliche Musik eingespielt. Es sollte möglichst Musik sein, die eine bestimmte Atmosphäre* schafft und damit eine Situation unterstützt, ohne selbst zu dominant zu sein, wie z. B. Filmmusik. A und B werden gebeten, sich und ihr Spiel von der Musik inspirieren zu lassen.

Variante „nur eine Socke": Die Übung beginnt mit nur einer Socke, die zu Beginn in der Mitte liegt. A und B sitzen gleich weit davon entfernt. Ziel* ist der Besitz der Socke. Auch hier geht es um das Spiel mit verschiedenen Facetten und Strategien* und nicht um einen Kampf: „Create a game around the sock."

13 Schlägerei

Aktion – Reaktion
Beobachtung
Körperbeherrschung
Körperbewusstsein
Partnersensibilität
Rhythmusempfinden
Szenische Aufmerksamkeit*

A und B stehen sich gegenüber. Zwischen beiden findet eine Schlägerei in Zeitlupentempo statt. Dabei ist es wichtig, dass Aktionen und Reaktionen nicht gleichzeitig, sondern nacheinander stattfinden und bis zum Ende ausgeführt werden. Ausholen – zuschlagen – Wirkung beobachten – Schlag empfangen – Gegenschlag planen – ausholen – zuschlagen (vergleiche auch Übung III.39. „Zug um Zug*"). Mit den körperlichen Reaktionen kann bis an die Grenzen gegangen werden. Wo ist der Punkt, an dem das Gleichgewicht verloren wird?

Klippe 14

A steht vor B an der hinteren Wand des Raumes. Beide blicken in Richtung Zuschauer. Die Bühnenkante vor den Zuschauern stellt eine Klippe dar, an der ein mehrere Hundert Meter tiefer Abgrund klafft. A bewegt sich in Richtung Abgrund. B soll A davon abhalten, zu springen. B hat dabei nur drei Worte zur Verfügung: den Namen von A, „Bitte" und „Komm". A soll springen oder umkehren. Umkehren jedoch nur dann, wenn der Eindruck entsteht, von B. wirklich angesprochen und gemeint zu sein.

Variante „Ganze Gruppe": Die Übung findet in der Gruppe statt. Die Gruppe wird dabei in zwei Hälften geteilt. Es stehen jetzt zwei Reihen so voreinander, dass Zweierpaare entstehen.

Aktion – Reaktion
Aktives Zuhören
Dramatischer Moment*
Entscheidungen* treffen
Ereignis*
Glaubwürdigkeit
Haltung*, innere u. äußere
Improvisation*
Innerer Monolog, handlungsbegleitende Rede*
Partnersensibilität
Sprechrichtung, Sprechentfernung
Strategien* entwickeln (Aktionsverben*)
Zuhören, Reagieren

Geräuschübung 15

A steht auf der einen Seite des Raumes. B, C und D sitzen mit geschlossenen Augen auf Stühlen auf der anderen Seite. A hat nun die Aufgabe*, jedem der drei ein Geräusch oder einen Laut zuzuordnen und sie damit zu dirigieren. B, C und D sollen herausfinden, welches Geräusch oder welcher Laut ihnen gilt und entsprechend auf A reagieren.

Partnersensibilität
Senden einer Botschaft*
Szenische Aufmerksamkeit*
Wahrnehmung
Zuhören, Reagieren

Ninja-Zweier- bzw. Dreierübung 16

A und B stehen sich gegenüber und sehen sich an. A streckt beide Arme in Richtung B aus. Die Handinnenflächen zeigen dabei zum Fußboden. Nun stellt sich A vor, mit einer von beiden Händen zuzuschlagen. B muss herausfinden mit welcher. Ist dieses einige Male hintereinander gelungen, werden die Positionen getauscht.

Variante „Ninja-Dreieck": A, B, C stellen sich in der Form eines gleichseitigen Dreiecks auf. Dabei zeigen die Gesichter zueinander. A schließt die Augen. B oder C zeigt mit ausgestrecktem Arm auf A und versucht gleichzeitig, Energie in diese Richtung zu senden. A soll innerlich zurücktreten*, herausfinden aus welcher Richtung die Energie kommt und in die entsprechende Richtung zeigen.

Beobachtung
Gedankliche Arbeit
Inneres Zurücktreten*
Partnersensibilität
Senden einer Botschaft*
Szenische Aufmerksamkeit*
Vorstellungskraft
Wahrnehmung

17 Platzwechsel

Beobachtung
Gemeinsames Bewältigen einer Aufgabe*
Körperbeherrschung
Partnersensibilität
Rhythmusempfinden
Szenische Aufmerksamkeit*
Wahrnehmung

A und B sitzen auf Stühlen einander gegenüber. Je größer der Abstand zwischen beiden, desto schwieriger ist die Übung. Beide Partner stehen gemeinsam auf, gehen aneinander vorbei auf den Stuhl des anderen zu, drehen sich um und setzen sich. Der Blickkontakt wird so lange wie möglich aufrechterhalten, ohne sich aber nach dem Partner umzudrehen. Die gesamte Bewegung findet synchron statt und es wird während der Übung nicht gesprochen. Der gleichzeitige Beginn entsteht ohne äußere bzw. vorher vereinbarte Zeichen aus einem gemeinsamen Impuls heraus. Es geht hier um das Wahrnehmen der anderen Person. Gerade am Anfang sollte sich für den Beginn dieser Übung Zeit gelassen werden.

18 Texttraining

Aktion – Reaktion
Aktives Zuhören
Arbeitsbereitschaft herstellen
Artikulation
Dramatischer Moment*
Entscheidungen* treffen
Gedächtnistraining
Haltung*, innere u. äußere
Natürlich-logisches Handeln*
Rhythmusempfinden
Spannung – Entspannung
Sprechrichtung, Sprechentfernung
Texttraining
Wahrnehmung
Zuhören, Reagieren

Diese Übung dient dem Erlernen von Texten und kann in verschiedenen Varianten ausgeführt werden:

Variante „Luftballon": Es werden, je nach Schwierigkeitsgrad, vier oder mehr Luftballons aufgeblasen. A und B sorgen dafür, dass diese ständig in der Luft bleiben. Parallel dazu trainieren sie auswendig gelernte Texte oder Dialoge.

Variante „Rücken an Rücken": Um auswendig gelernten Text oder Dialoge zu trainieren, sitzen A und B auf zwei Stühlen Rücken an Rücken und können sich nicht ansehen. Sie sind nun gezwungen, aufeinander zu hören und nur über das Hören auf das zu reagieren, was der andere sagt.

19 Zuhören / Mitteilen

Aktives Zuhören
Arbeit mit dem Publikum
Beobachtung
Empathie
Erinnerung
Kennenlernen

Die Gruppe ist im Raum verteilt, jeweils zwei Gruppenmitglieder sitzen sich gegenüber. A erzählt B zwei Begebenheiten aus dem eigenen Leben, die sehr prägend bzw. berührend waren. Eine positive und eine negative. Beide sollten nicht länger als ca. 2–3 Minuten sein.

Die Aufgabe* von B besteht darin, innerlich zurückzutreten* und zuzuhören, ohne äußere Reaktion: kein Nicken, kein Lächeln, keine Zustimmung, keine Ablehnung, nur zuhören, ohne das Gehörte zu beurteilen. B soll A Raum geben, dem Erzählten Aufmerksamkeit* schenken und das Wesen des oder der Erzählenden wahrnehmen.

Szenische Aufmerksamkeit*
Texttraining
Vertrauen
Wahrnehmung
Zuhören, Reagieren

> Reflektion im Anschluss:

> War es möglich, ohne Urteil zuzuhören? Wie ist es, gewohnte und eintrainierte Reaktionen wegzulassen?
> Kann das Wesen hinter der Erzählung beschrieben werden?
> Wie ist das Erzählen, wenn das Gegenüber nicht reagiert?

Variante „Vor der Gruppe nacherzählen": B erzählt die eben gehörten Geschichten vor der Gruppe.

> Reflektion im Anschluss:

> Was erfährt man über den Erzähler und wodurch?
> War die Erzählung spannend / persönlich* oder nicht?
> Wodurch wurde der Text lebendig?

Autofahren 20

Die Gruppe wird in A und B geteilt. Jedes B steht jeweils eine halbe Armlänge hinter einem Partner A. A ist das Auto und wird von B gefahren. A schließt dabei die Augen. Bei Berühren des rechten Schulterblattes fährt das Auto nach rechts, beim Berühren des linken nach links. Das Berühren zwischen den Schulterblättern bedeutet geradeaus. Am unteren Ende der Wirbelsäule ist die Bremse. Aufgabe* ist es, das Auto sicher durch den Raum zu manövrieren. Dabei darf die Verbindung zwischen Auto und Fahrer nicht abreißen. Reißt die Verbindung doch ab, bedeutet auch das Stopp. Nach einer Weile werden die Rollen* getauscht. Die Fahrer haben im Verkehr die volle Verantwortung dafür, dass ihren Partnern nichts passiert.

Körperbeherrschung
Partnersensibilität
Raumgefühl
Reaktionstraining
Szenische Aufmerksamkeit*
Vertrauen

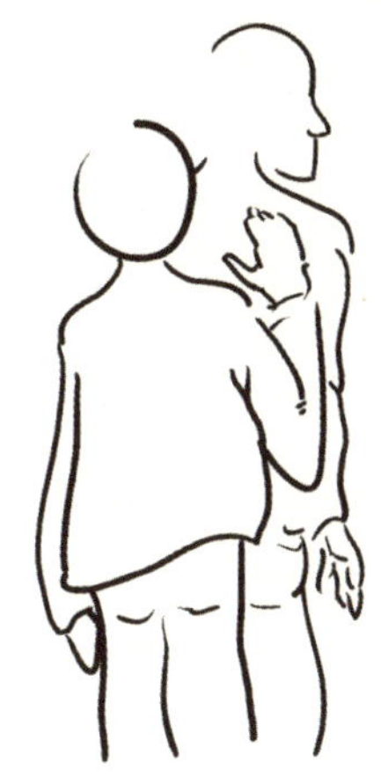

Variante „Temporhythmus*": Die Wirbelsäule wird von unten nach oben in 10 Geschwindigkeitsabschnitte eingeteilt. 1 bedeutet fast Stillstand und 10 maximale Geschwindigkeit. Die Richtung wird an der jeweiligen Geschwindigkeitsposition rechts oder links neben der Wirbelsäule geändert. Die Bremse ist wieder am unteren Ende der Wirbelsäule. Reißt die Verbindung zwischen A und B ab, heißt auch das Stopp.

Variante „Fahrerwechsel": Während der Fahrt tauschen die Fahrer die Autos. Es wird dabei nicht gesprochen, sodass die Autos ihrem jeweiligen Fahrer blind vertrauen müssen, ohne zu wissen, wer es ist.

21 Messerkampf

Aktion – Reaktion
Körperbeherrschung
Mut
Partnersensibilität
Raumgefühl
Schnelle körperliche Aktion
Strategie* entwickeln
Szenische Aufmerksamkeit*
Wahrnehmung

A und B stehen sich mit einem imaginären Messer in der Hand gegenüber. Beide haben die Augen während der gesamten Übung geschlossen. Die Gruppe steht im Kreis um die beiden herum und sorgt dafür, dass sie den Kreis während der Übung nicht verlassen. Die Aufgabe* für A und B besteht darin, sich gegenseitig mit dem vorgestellten Messer am Körper zu berühren bzw. dem Gegenüber auszuweichen. Wer den Körper seines Gegenübers als erstes dreimal getroffen hat, gewinnt den Kampf. Beide Partner sind dazu angehalten, während der Übung verschiedene Strategien* auszuprobieren.

Variante „Orientierungslos": A und B werden vor Beginn des Kampfes mehrere Male um die eigene Achse gedreht, um ihnen die Orientierung zu erschweren.

Variante „Augen verbinden": Die Augen werden mit einem Tuch o. ä. so verbunden, dass sie darunter geöffnet werden können. Die Wahrnehmung ist anders, als mit geschlossenen Augen.

22 Paartherapie mit innerem Tier

Aktion – Reaktion
Aktives Zuhören
Dramatischer Moment*
Entscheidungen* treffen
Ereignis*
Fantasie
Figurenfindung*
Glaubwürdigkeit
Groteske

Dies ist eine Arbeit mit inneren Tieren. Anders als bei der „Tierarbeit" (Übung II.22. „Tierarbeit"), wo es um genaues Beobachten geht, soll man sich hier von der Vorstellung, die man von einem Tier hat, inspirieren lassen. Bewegungen, Verhaltensweisen und das Denken werden so von der Idee beeinflusst, die man von diesem Tier in sich trägt.

Die Situation ist folgende: Wir befinden uns in einer Therapiesitzung. A leitet die Therapie. B und C sind ein Paar mit Problemen im Zusammenleben. Alle Drei lassen sich von einem Tier inspirieren, ohne es den anderen oder den Zuschauern direkt mitzuteilen.

Beispieltiere: Adler, Ameise, Amöbe, Bär, Breitmaulfrosch, Dinosaurier, Eichhörnchen, Eidechse, Eisbär, Elch, Ente,

Erdmännchen, Eule, Faultier, Fisch, Frosch, Hahn, Hirsch, Huhn, Hund, Igel, Kamel, Kaninchen, Karpfen, Katze, Kohlmeise, Kolibri, Krähe, Kranich, Kröte, Kuh, Leopard, Löwe, Maus, Möwe, Pfau, Pferd, Qualle, Rabe, Ratte, Reh, Rochen, Schaf, Schildkröte, Schlange, Schnecke, Schwein, Seehund, Spatz, Specht, Spinne, Storch, Wolf, Zecke, Ziege

> **Reflektion im Anschluss:**

> Welche Tiere könnten A, B und C gewesen sein?
> Waren die Tiere eine Unterstützung oder haben sie das Handeln* auf der Szene* behindert? Es ist nicht wesentlich, dass die Tiere immer erkennbar sind, wichtiger ist, ob sie als Inspirationsquelle hilfreich waren.

Haltung*, innere u. äußere
Improvisation*
Innerer Monolog, handlungsbegleitende Rede*
Körperbewusstsein
Körperliches Umsetzen
Partnersensibilität
Tierarbeit
Zuhören, Reagieren

Blatt im Wind 23

A ist der Wind und B ist ein Blatt, das auf dem Boden liegt. A hat nun die Aufgabe*, das Blatt durch Blasen zu bewegen. B nimmt den Impuls auf und reagiert mit Bewegung darauf. So wirbelt der Wind das Blatt durch den Raum. Anschließend wechseln die Rollen*.

Fantasie
Groteske
Körperbeherrschung
Körperliches Umsetzen
Partnersensibilität
Raumgefühl
Szenische Aufmerksamkeit*

Körperkontakt 24

A und B sind in Bewegung und haben dabei an einer Stelle, die sich ständig ändert, Körperkontakt. Ziel* der Übung ist es, trotz Änderung den Körperkontakt nicht abreißen zu lassen, aber ihn zu variieren und dabei in Bewegung zu bleiben.

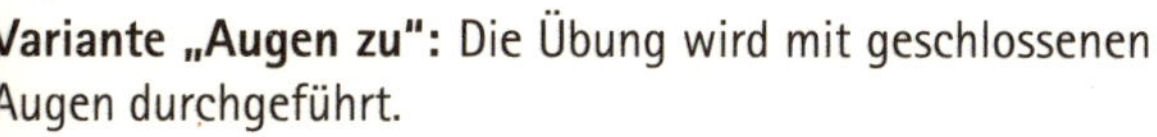

Fantasie
Körperbeherrschung
Körperkontakt
Partnersensibilität
Rhythmusempfinden
Szenische Aufmerksamkeit*

Variante „Augen zu“: Die Übung wird mit geschlossenen Augen durchgeführt.

Variante „Musik": Während der Übung wird Musik eingespielt. Die Bewegungen richten sich nun nach der Musik.

25 Abschied

Aktion – Reaktion
Aktives Zuhören
Dramatischer Moment*
Drehpunkt*
Entscheidungen* treffen
Ereignis*
Fantasie
Glaubwürdigkeit
Haltung*, innere u. äußere
Handlungsziel*
Improvisation*
Innerer Monolog, handlungsbegleitende Rede*
Natürlich-logisches Handeln*
Partnersensibilität
Physische Handlung*
Rhythmusempfinden
Schleppe*
Spannung – Entspannung
Strategien* entwickeln (Aktionsverben*)
Umgang mit Requisiten*
Umstände* schaffen
Wiederholbarkeit
Zuhören, Reagieren

A und B befinden sich im Bahnhof auf einem Bahnsteig. A fährt weg und B bleibt, beide verabschieden sich voneinander. Sie sind seit ca. einem Jahr ein Paar und haben noch 4 Minuten, bis der Zug abfährt. Auf der Bühne wird ein Bahnsteig sowie ein Zugabteil angedeutet. C gibt in Abständen von außen Lautsprecherdurchsagen hinein, sodass die verbleibende Zeit Schritt für Schritt abnimmt.

A und B sind aufgefordert, sich kurz ein paar Umstände* zu ihren Figuren* zu überlegen. Hilfe dabei können die W-Fragen* sein. Außerdem sollen sie sich etwas ausdenken, das sie dem Gegenüber noch unbedingt mitteilen möchten, bevor der Zug abfährt.

Beispiele:

- Ich werde nicht wiederkommen, ich trete übermorgen einen längeren Auslandsaufenthalt an, ich wollte es dir früher sagen aber...
- Ich bin schwanger.
- Ich möchte unsere Beziehung beenden.
- Willst du mich heiraten?
- Ich habe dich letztes Wochenende betrogen.
- Ich habe mir aus deinem Schreibtisch Geld genommen eigentlich wollte ich es dir gleich sagen, aber ...

Variante „Handlungsziel*": A und B sind aufgefordert sich jeweils ein Handlungsziel* zu suchen und es für die Szene* zu nutzen (siehe Arbeitsbegriff: Handlungsziel* sowie Beispiele für Handlungsziele* im Anhang VII.1).

Eugen und Tatjana / Gespräch mit zwei Worten 26

A und B sitzen sich gegenüber. A bekommt das Wort „Eugen" und B das Wort „Tatjana" zugeteilt. Mit diesen zwei Wörtern sollen beide kommunizieren und damit eine Situation entstehen lassen. Es soll erst gesprochen werden, wenn man dem Gegenüber etwas mitzuteilen hat.

Variante „Tätigkeit": Zusätzlich bekommen beide eine Tätigkeit, die sie erledigen und für die Situation nutzen sollen, z. B.: Baut aus allen Stühlen oder Gegenständen, die ihr im Raum findet, eine Skulptur, ein gleichseitiges Dreieck, einen Kreis, ein Rechteck etc.

Variante „Handlungsziel*": Beide bekommen ein Handlungsziel* ins Ohr geflüstert, sodass es das Gegenüber nicht hört. Sie sollen jetzt unter Entwicklung verschiedener Strategien* und der Einhaltung des Zug-um-Zug-Prinzips* am Erreichen ihrer Handlungsziele* arbeiten (siehe auch Arbeitsbegriff: Handlungsziel*, die Beispiellisten mit Handlungszielen*, Strategien* / Aktionsverben* im Anhang VII.1. und VII.2. sowie die Übung III.39. „Zug um Zug*"). Im Anschluss können A und B selbst ein Handlungsziel* aus den Beispielen im Anhang VII.1. auswählen und die Übung damit wiederholen.

> **Reflektion im Anschluss:**

- > Wurden die Handlungsziele* von der Gruppe erkannt, und wenn ja, woran?
- > Haben die Ziele* A und B zum Handeln* angeregt?
- > Gab es unterschiedliche Strategien*, und wenn ja, welche?
- > Wurde das Zug-um-Zug-Prinzip* durchgehend eingehalten?

Variante „Weitere Personen": Im Verlauf der Übung werden weitere Personen in die laufende Szene* geschickt. Jede weitere Person erhält einen Namen, der ihr als Text dient, und ein Handlungsziel* aus den Beispielen im Anhang VII.1.

Variante „Wiederholbarkeit": Sind Handlungsziele* ausprobiert und als tauglich befunden worden, kann versucht werden, die Übung mit denselben Zielen* und möglicher-

Aktives Zuhören
Aktion – Reaktion
Bewusstmachen schauspielerischer Prozesse
Dramatischer Moment*
Entscheidungen* treffen
Ereignis*
Fantasie
Gemeinsames Bewältigen einer Aufgabe*
Glaubwürdigkeit
Groteske
Handlungsziel*
Improvisation*
Innerer Monolog, handlungsbegleitende Rede*
Inneres Zurücktreten*
Natürlich-logisches Handeln*
Partnersensibilität
Physische Handlung*
Raumgefühl
Rhythmusempfinden
Spannung – Entspannung
Sprechrichtung, Sprechentfernung
Strategien* entwickeln (Aktionsverben*)
Szenische Aufmerksamkeit*
Umgang mit Requisiten*
Umstände* schaffen
Wahrnehmung
Wiederholbarkeit

weise auch mit denselben Strategien* zu wiederholen. So wird aus der vorherigen Improvisation* eine wiederholbare Szene*. Nur ist jetzt beiden das Handlungsziel* des Gegenübers bekannt.

27 Marionettentheater

Aktion – Reaktion
Bewusstmachen schauspielerischer Prozesse
Dramatischer Moment*
Entscheidungen* treffen
Ereignis*
Fantasie
Glaubwürdigkeit
Haltung*, innere u. äußere
Improvisation*
Inneres Zurücktreten*
Körperbewusstsein
Körperkontakt
Körperliches Umsetzen
Natürlich-logisches Handeln*
Physische Handlung*
Schauspielführung
Umgang mit Requisiten*
Zuhören, Reagieren

A und B sind Marionetten mit neutralen Gesichtern und Körpern. C und D bringen die Marionetten, ohne dabei zu sprechen, in eine körperliche Position zueinander. Die Marionetten dürfen dabei keinerlei Eigenleben entwickeln, sondern sind aufgefordert, nur die Positionen, in die sie gebracht werden, zu halten. Wenn auf diese Weise ein Standbild entstanden ist, wird dieses mit einem „Achtung ... und ... bitte!" zum Leben erweckt. A und B fangen aus dem Standbild heraus an, eine Improvisation* zu entwickeln.

Variante „Stopp": Mit einem „Stopp" von außen wird die Improvisation* angehalten. A und B frieren ein und sind in dem Moment wieder ein Standbild. C und D haben jetzt die Möglichkeit, ohne sich dabei zu unterhalten, die körperlichen Positionen ihrer Marionetten zu verändern. Es darf auch ein Requisit* hinzugefügt werden. Auf ein nächstes „Und ... bitte!" kehrt wieder Leben in die Marionetten. Die veränderten körperlichen Positionen oder das Requisit* werden in das Spiel integriert. Die Improvisation* geht weiter bis zum nächsten „Stopp".

28 Repetition / Wiederholung in 4 Stufen

Aktives Zuhören
Aktion – Reaktion
Arbeitsbereitschaft herstellen
Assoziation
Beobachtung
Bewusstmachen schauspielerischer Prozesse
Empathie
Geteilte Aufmerksamkeit*

Diese Übung stammt im Original von Sanford Meisner und ist mittlerweile ein Klassiker. Wer die Übung noch weiter vertiefen möchte, dem sei ausdrücklich Meisners Werk „On acting" empfohlen.

Stufe 1: A und B sitzen einander auf Stühlen gegenüber und beobachten sich gegenseitig. Abwechselnd teilen sie dem Gegenüber ihre Beobachtungen mit. In der ersten Stufe der Übung geht es nur um äußere Beobachtungen. Folgendes System bildet dabei die Grundlage, z. B. A: „Du hast ein gestreiftes T-Shirt an." B wiederholt die Beobachtung von A in der Ich-Form und bestätigt diese damit gleichzeitig. Im Anschluss teilt B eine eigene Beobachtung mit, z. B. B: „Ich habe ein gestreiftes T-Shirt an und du trägst eine grüne Hose." A bestätigt und teilt eine neue Beobachtung mit usw. Bei der gesamten Übung gilt:

Grundsätzliches, wirkliches Interesse am Partner; Geschwindigkeit, keine Pausen, nichts vorher ausdenken, sondern das wählen, was im Moment ins Auge fällt; kommt nichts Neues, auf Altes zurückgreifen; Lautstärke (Veräußern), die Sprache soll sowohl Partner, als auch Zuhörer erreichen; was durch die Beschreibungen des Partners in mir entsteht, durch den Körper lassen, evtl. sogar vergrößern, ohne zu demonstrieren* (der Partner muss es lesen können).

Stufe 2: Folgt den gleichen Regeln wie Stufe 1, nur dass dem Gegenüber jetzt beobachtete Veränderungen mitgeteilt werden können, z. B. A: „Du wackelst mit dem Fuß." B bestätigt dieses und teilt eine eigene Beobachtung mit, z. B. B: „Ich wackle mit dem Fuß, du hast gerade tief eingeatmet." Es soll keine Bewegung forciert werden. Ansonsten gilt alles wie in Stufe 1.

Stufe 3: Die Grundregeln bleiben erhalten. In dieser Stufe geht es zusätzlich um das Mitteilen von persönlichen* Schlussfolgerungen aus den Beobachtungen, wie z. B.: „Du guckst gerade traurig" oder „Du siehst heute ausgeruht aus." Alles andere bleibt gleich. Sollte einer der beiden Teilnehmer der Ansicht sein, eine Beobachtung sei völlig aus der Luft gegriffen, kann in Ausnahmefällen mit dem Zusatz geantwortet werden: „Du bist der Ansicht, dass ..." Grundlegend gilt: nicht blockieren, sondern akzeptieren. Es kann auch immer wieder auf Stufe 1 und 2 zurückgegriffen werden.

Stufe 4: In dieser Stufe vereinen sich die ersten drei Stufen. Hinzu kommt, dass nicht mehr im Sitzen, sondern in der Bewegung gearbeitet wird. Dafür gibt es verschiedene Möglichkeiten:

- Beide Teilnehmer gehen im Raum umher.
- Während der Übung werden Alltagstätigkeiten verrichtet, wie Schuhe putzen, Geschirr abtrocknen oder einfach nur Stühle stapeln.
- Ein Walzer oder ein beliebiger anderer Tanz wird getanzt. Es ist auf Genauigkeit der Tätigkeiten und Beobachtungen zu achten.

Glaubwürdigkeit
Natürlich-logisches Handeln*
Partnersensibilität
Schauspielführung
Schnelles Kombinieren, Umschalten, Reagieren
Reaktionstraining
Senden einer Botschaft*
Sprechrichtung, Sprechentfernung
Szenische Aufmerksamkeit*
Tempo
Vertrauen
Wahrnehmung
Zuhören, Reagieren

Diese Übung kann bis in die szenische* Arbeit hineinreichen. Wichtig ist, sich berühren zu lassen. Dabei gilt: Alles, was die Beschreibungen meines Partners bei mir auslösen, fließt in die Art und Weise ein, wie ich ihm antworte. Der Partner hat das Recht zu erfahren, wie es mir mit seiner Beschreibung wirklich geht. Es ist darauf zu achten, dass bei dieser Übung nach und nach alle Masken abgelegt werden. Dauerhaftes Lächeln ist genauso eine Maske, wie permanentes Provozieren oder Angreifen. Der Übungsleiter sollte in diesen Fällen eingreifen und die Partner immer wieder dazu anhalten, ehrlich miteinander umzugehen. Was löst die Beschreibung des Partners bei dir wirklich aus? Manchmal versteht man vielleicht nicht, was der andere meint, und ist irritiert, man wird plötzlich traurig, fühlt sich unwohl oder bekommt Angst. Alles das beeinflusst auf natürliche Weise die Antwort, die gegeben wird. Wenn beide Partner wach sind und sowohl das eigene Empfinden als auch die Reaktionen des Partners wahrnehmen, entsteht ehrliche und echte Kommunikation und Begegnung.

Hat man keine Erfahrung mit dieser Übung wird man schnell feststellen, wie viele Masken der eigentlichen Kommunikation im Weg stehen. Jeder Schauspieler* kennt die Situation, so sehr mit dem eigenen Spiel beschäftigt zu sein, dass er den Partner gar nicht mehr wahrnehmen kann. „Repetition" ist hier eine wunderbare Hilfe. Je geübter man ist, desto klarer wird man im Umgang mit dem anderen.

> Reflektion im Anschluss:

> Waren beide zu verstehen und haben sie sich gegenseitig sprachlich erreicht?
> Konnten beide ihre gesellschaftlichen Masken ablegen (wie z.B. dauerhaftes Lächeln, dauerhafte Aggression, sich über den anderen stellen, ständiges Irritiertsein usw.)? Konnten sie pur und ehrlich auf ihr Gegenüber reagieren?
> Haben sich beide ihrem Partner gegenüber geöffnet und sich von ihm und seinen Beobachtungen berühren lassen?
> Waren beide ehrlich miteinander und haben sie das, was die Beschreibungen des Partners bei ihnen auslösten, in ihre Antworten mit einfließen lassen?

Der Trainingseffekt und Wert dieser Übung liegt in der

wirklichen Kommunikation und darin, aus dem zu schöpfen, was vom Partner im Moment kommt. Es sollte vermieden werden, eintrainierte oder ausgedachte Abläufe abzuspulen oder nur mit sich selbst beschäftigt zu sein. Die Aufmerksamkeit* wird dabei von der eigenen Kontrolle hin zum Partner gelenkt, der in jedem Moment anders ist. Das ermöglicht ein ehrliches und natürliches Reagieren. Der Partner ist zudem in einer Szene* die einzige Referenz, um zu erkennen, ob ein Handlungsziel* bereits erreicht ist oder ob man sich gerade davon entfernt (siehe Arbeitsbegriff Handlungsziel* sowie Beispiellisten für Handlungsziele* und Strategien* / Aktionsverben* im Anhang VII.1. und VII.2.).

Großes Kompliment 29

A und B sitzen einander gegenüber und beobachten sich gegenseitig. Aufgabe* für beide ist es, sich im Wechsel möglichst große Komplimente zu machen und dabei glaubwürdig zu bleiben. Die Komplimente sollen realen Beobachtungen entstammen. Wichtig ist es dabei, Dinge zu finden, die einem am Gegenüber wirklich gefallen und diese dann so groß wie möglich auszubauen, z. B. A: „Deine kleinen Sommersprossen um die Nase verleihen deinem Gesicht so eine Fröhlichkeit und zudem etwas ganz besonders Edles ..." B bedankt sich und antwortet mit der Bestätigung des eben Gehörten: „Danke schön. Ich weiß, dass mein Gesicht etwas Edles durch die Sommersprossen hat. Bei dir fällt mir auf, dass deine klaren blauen Augen ..." Beim Bedanken und Bestätigen ist wiederum auf Glaubwürdigkeit zu achten. Die Übung folgt dem Zug-um-Zug-Prinzip* (siehe Übung III.39. „Zug um Zug*"). Wenn einer redet, hört der andere zu, um anschließend selbst reagieren zu können.

> **Reflektion im Anschluss:** Von den Zuschauern sowie den Akteuren wird beschrieben, wem geglaubt wurde und wem nicht und welche Gründe es dafür jeweils gab.

Variante „Verstärken": Es wird bewusst mit Negativinformationen gearbeitet, um ein besonderes Spannungsfeld entstehen zu lassen und somit das Kompliment noch zu verstärken, z. B. „Du hast so unfassbar schöne, dichte, lockige Haare. Das irritiert mich richtig ..." Dabei können die Äußerungen den ganzen Körper ergreifen und sind nicht nur auf das Verbale beschränkt. Wieder steht die Glaubwürdigkeit im Vordergrund.

Aktion - Reaktion
Aktives Zuhören
Beobachtung
Bewusstmachen schauspielerischer Prozesse
Empathie
Fantasie
Glaubwürdigkeit
Inneres Zurücktreten*
Körperbewusstsein
Körperliches Umsetzen
Partnersensibilität
Sensorisches Gedächtnis (Sense Memory)*
Szenische Aufmerksamkeit*
Zuhören, Reagieren

Variante „Gegenteil": Es werden in diesem Fall auf die gleiche Weise negative Dinge beschrieben. Im Schutz dieser Variante kann man das eigene Ego gut kennenlernen und dabei trainieren, sich nicht so wichtig zu nehmen sowie mit negativen Beschreibungen spielerisch umzugehen. Am Ende dieser Variante sollten sich beide Partner umarmen, als Zeichen dafür, dass es nur ein Spiel war.

> **Reflektion im Anschluss:** Was ist leichter: Komplimente zu machen oder Negatives zu beschreiben? Welche Körperreaktionen löst beides aus? In welchem Bereich des Körpers finden sie statt und können sie genau beschrieben werden?

Variante „Status*": Aufgabe* ist es, den eigenen Status* leicht über oder unter den des Gegenübers zu heben bzw. zu senken. Es kann hier auch mit äußerlichen Merkmalen von Status* (siehe Arbeitsbegriff: Status*) experimentiert werden.

> **Reflektion im Anschluss:** Welchen Einfluss hatte der Status* auf die Komplimente und ihre Glaubwürdigkeit? Was passiert körperlich?

Variante „Parallele Tätigkeiten": Parallel zur Übung wird von beiden eine Alltagstätigkeit verrichtet, z. B. Geschirr abtrocknen, Schuhe putzen, Tisch decken oder einfach Stühle im Kreis aufstellen.

30 Persönliches Interview

Aktion – Reaktion
Aktives Zuhören
Empathie
Fantasie
Figurenfindung*
Gedankliche Arbeit
Glaubwürdigkeit
Haltung*, innere u. äußere
Improvisation*
Körperbewusstsein
Vorstellungskraft
Zuhören, Reagieren

Die Übung dient zur Vertiefung einer Figur* bzw. zu ihrer Vorbereitung. Sie setzt die Beschäftigung mit der Figur* sowie Kenntnisse über diese voraus (siehe auch Arbeitsbegriffe: Biografiearbeit* sowie Figuren-, Stück- und Drehbuchaufstellung*).

Die Gruppe bildet eine persönliche* Fragerunde. Die Handelnde Person*, von der die betreffende Figur* gespielt werden soll, macht einen großen Schritt nach vorne, als trete sie in die Figur* hinein, und benennt Figur* und Szene* dabei: „Ich gehe in die Figur* ... / an den Beginn des Buches / Stückes ..., und befinde mich in einer persönlichen* Fragerunde." (siehe auch Arbeitsbegriff: In und aus Figuren gehen / Rollenwechsel*) Die Handelnde Person* nimmt nun Platz und die Gruppe stellt ihr eine Reihe von persönlichen* Fragen. Wenn jemand aus der Gruppe das Gespräch mitschreibt oder aufnimmt, kann dies im Nachhinein als Erinnerung bzw. zur Weiterarbeit an der Figur* dienen. Je nach Figur* und ihrem Umfeld können die Rollen* der Fragenden auch spezifiziert werden. So können die Fragen beispielsweise von der Polizei, der Presse, einer Ärztin oder einem Psychologen gestellt werden. Auch die Fragen können an die Figur* und deren Umstände* angepasst werden.

Beispielfragen:

- Was wolltest du werden, als du ein Kind warst?
- Was sind deine Stärken / Schwächen?
- Hast du ein geheimes Talent, welches ist das?
- Wie beschreiben andere dich? (Familie, Freunde, Fremde)
- Wie lange kannst du dich maximal bei deinen Eltern aufhalten, sodass es dir noch gut geht dabei?
- Bist du lieber allein oder mit anderen? Und wenn mit anderen, mit wem?
- Wovor hast du Angst?
- Wie wichtig ist dir Aussehen?
- Bist du ein realistischer, optimistischer oder pessimistischer Mensch?
- Fühlst du dich schuldig?
- Glaubst du an Gott?

Variante: „Eine Figur* stellt vor“: Die Figur* stellt in dieser Variante die Person vor, von der sie gespielt wird. Sie äußert sich auch dazu, warum gerade diese Person geeignet ist, sie zu spielen.

Variante „Stühle“: Um in die Figur* hineinzugehen, werden bei dieser Variante zwei Stühle genutzt, die sich in einem gewissen Abstand gegenüberstehen. Die Handelnde Person*, von der die Figur* gespielt werden soll, nutzt den Weg zwischen den beiden Stühlen, um in die Figur* hinein und wieder aus ihr herauszugehen.

Variante „Zwiegespräch mit einer Figur* als Einzelübung“: In diesem Fall ist die Situation umgekehrt. Die Figur* stellt Fragen an die Handelnde Person*, von der sie gespielt werden soll. Warum möchtest du mich eigentlich spielen, was interessiert dich an mir?

31 Fremde Arme

Aktives Zuhören
Arbeit mit dem Publikum
Bewältigen einer Aufgabe*
Bewusstmachen schauspielerischer Prozesse
Drehpunkt*
Ereignis*
Fantasie
Gemeinsames Bewältigen einer Aufgabe*
Geteilte Aufmerksamkeit*
Handlungsziel* als Arbeitsbegriff
Improvisation*
Koordination
Körperkontakt

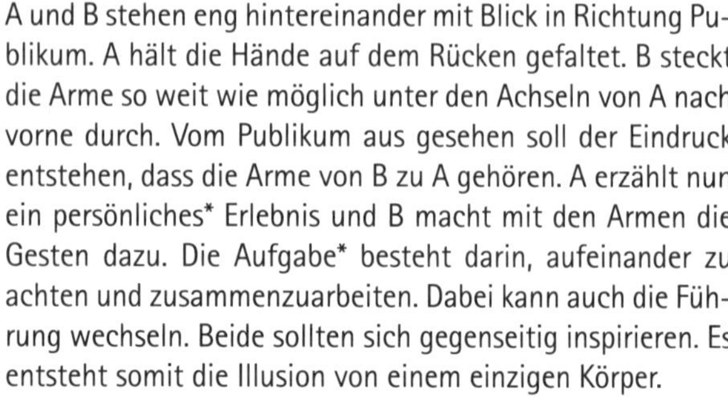

A und B stehen eng hintereinander mit Blick in Richtung Publikum. A hält die Hände auf dem Rücken gefaltet. B steckt die Arme so weit wie möglich unter den Achseln von A nach vorne durch. Vom Publikum aus gesehen soll der Eindruck entstehen, dass die Arme von B zu A gehören. A erzählt nun ein persönliches* Erlebnis und B macht mit den Armen die Gesten dazu. Die Aufgabe* besteht darin, aufeinander zu achten und zusammenzuarbeiten. Dabei kann auch die Führung wechseln. Beide sollten sich gegenseitig inspirieren. Es entsteht somit die Illusion von einem einzigen Körper.

Variante „Begriff beschreiben": B bekommt ein Substantiv genannt, das A nicht kennt, und versucht mithilfe der Gesten, A auf die richtige Spur zu lenken. A beschreibt und versucht, während der Beschreibung herauszufinden, worum es sich eigentlich handelt*.

Variante „Zwei Paare": Statt einem gibt es nun zwei Paare. Diese sind durch eine gemeinsame Situation verbunden, z. B. Waschmaschinenverkauf. Ein Paar ist der Verkäufer, das andere der Kunde (anderes Beispiel: Arzt und Patient usw.). Es darf sich hierbei auch entsprechend der Situation im Raum bewegt werden. Alle Regeln, die auf eine Improvisation* zutreffen, gelten dabei auch hier, siehe auch Übung III.39. „Zug um Zug*" oder III.42. „Parkbank".

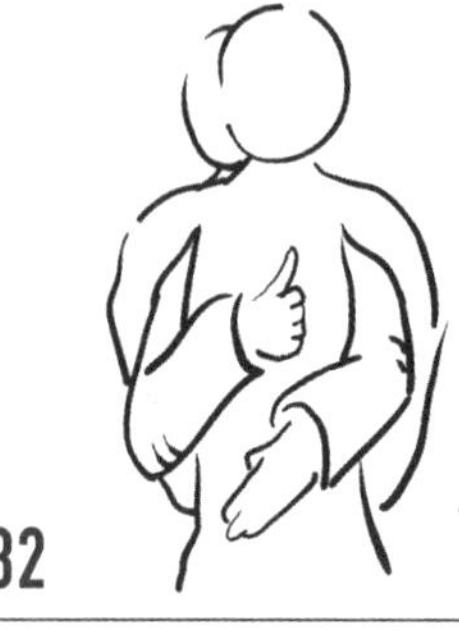

32 Innere Stimme

Aktives Zuhören
Beobachtung
Bewusstmachen schauspielerischer Prozesse
Drehpunkt*
Ereignis*
Fantasie
Gemeinsames Bewältigen einer Aufgabe*
Innerer Monolog, handlungsbegleitende Rede*
Inneres Zurücktreten*

A geht auf die Bühne und bewegt sich in einer vorgegebenen Ausgangssituation*, geht z. B. im Wald spazieren. B befindet sich außerhalb der Bühne und spricht den Inneren Monolog* von A, das heißt, alles das, was A auf dem Waldspaziergang durch den Kopf geht. Dabei versuchen beide, sich aufeinander einzulassen, Impulse voneinander aufzunehmen und so miteinander zu arbeiten, dass sie sich gegenseitig inspirieren.

Variante „Drehpunkt*": Es wird die Aufgabe* gestellt, einen Drehpunkt* einzubauen. Ein Ereignis* soll also eintreten, welches die Szene* in eine andere Richtung weitergehen lässt.

> **Reflektion im Anschluss:** Gab es einen Drehpunkt* oder evtl. mehrere? Wann genau fanden diese statt und

welche Entscheidungen* und Handlungen* hatten sie zur Folge? Haben beide Akteure zusammengearbeitet?

Koordination
Natürlich-logisches Handeln*
Partnersensibilität
Raumgefühl
Sprechrichtung, Sprechentfernung
Szenische Aufmerksamkeit*
Vorstellungskraft
Zuhören, Reagieren

Politik 33

A und B sitzen sich auf Stühlen gegenüber. A vertritt eine bestimmte Position oder Ansicht, wie z. B.: „Alte Fenster isolieren schlecht" oder „Als Schauspieler* muss man viele Kompromisse eingehen." B behauptet das Gegenteil und begründet es logisch. A reagiert darauf usw. Es entsteht eine Diskussion. Am besten funktioniert diese Übung natürlich, wenn ein Thema gewählt wird, bei dem beide über gewisse Grundkenntnisse verfügen. Nach einer Weile werden die Positionen getauscht und jeder argumentiert jetzt für den entgegengesetzten Standpunkt.

> **Reflektion im Anschluss:** Haben sich die Partner gegenseitig zugehört und aufeinander reagiert? Wer von beiden hatte welchen Status*? War die Diskussion glaubwürdig? Wenn ja, warum? Wenn nein, warum nicht? Haben beide selbst an die jeweils vertretene Ansicht geglaubt?

Variante „Magisches Wenn*": „Wenn diese Ansicht meiner tiefsten Überzeugung entspräche, wie würde ich dann diskutieren?" Die Übung kann anschließend wiederholt werden.

Variante „Parallele Tätigkeiten": Parallel zur Übung wird von beiden eine Alltagstätigkeit verrichtet, z. B. Geschirr abtrocknen, Schuhe putzen, Tisch decken, Stühle im Kreis aufstellen oder so stapeln, dass keiner herunterfallen kann.

Variante „Status* kippen": Es wird festgelegt, wer von beiden sich im Hoch- bzw. im Tiefstatus* befindet. Im Anschluss werden beide Akteure gebeten, den Status* während der Übung zu kippen. Vom Hoch- zum Tief- und vom Tief- in den Hochstatus*.

Variante „Taubstummenübersetzer": Parallel zu den beiden Diskutierenden gibt es eine dritte Person, die das

Aktives Zuhören
Aktion – Reaktion
Arbeit mit dem Publikum
Arbeit mit dem „Als ob…*" bzw. „Magischen Wenn*"
Beobachtung
Bewusstmachen schauspielerischer Prozesse
Empathie
Entscheidungen* treffen
Fantasie
Gedankliche Arbeit
Geteilte Aufmerksamkeit*
Glaubwürdigkeit
Inneres Zurücktreten*
Körperliches Umsetzen (mit der Variante „Parallele Tätigkeiten")
Natürlich-logisches Handeln*
Partnersensibilität
Schnelles Kombinieren, Umschalten, Reagieren
Senden einer Botschaft*
Sprechrichtung, Sprechentfernung Status*
Strategie* entwickeln (Aktionsverben*)
Szenische Aufmerksamkeit*
Zuhören, Reagieren

Gehörte in eine selbst erfundene Taubstummensprache übersetzt. Die Übersetzung soll mit dem Gehörten in Zusammenhang stehen. Das heißt, das Gehörte wird gestisch übersetzt. Das Gesicht bleibt dabei unbeweglich (Pokerface).

Variante „Publikum": Beide Akteure wenden sich, während sie miteinander diskutieren, dem Publikum zu. Ziel* für beide ist es, das Publikum im Raum zu halten. Das Publikum hat die Aufgabe*, in Zeitlupentempo aufzustehen und den Raum zu verlassen, sobald es sich von den Akteuren nicht mehr angesprochen fühlt sowie sich wieder zu setzen, wenn dieses sich ändert. Bei erneut abreißendem Kontakt wird wieder mit dem Aufstehen begonnen. Die Akteure haben, obwohl sie gegenteilige Positionen vertreten, ein gemeinsames Ziel*.

34 Handeln* mit Aktionsverb* (Texthandlung*)

Aktion – Reaktion
Arbeit mit dem Publikum
Bewusstmachen schauspielerischer Prozesse
Glaubwürdigkeit
Haltung*, innere u. äußere
Improvisation*
Partnersensibilität
Sprechrichtung, Sprechentfernung
Status*
Texttraining
Zuhören, Reagieren

Grundlage der Übung ist ein beliebiger kurzer Text in Verbindung mit einem Aktionsverb* aus der Beispielliste der Aktionsverben* im Anhang VII.2. A lernt den kurzen Text und sucht sich ein Aktionsverb* aus der Liste bzw. bekommt von außen eins zugeteilt, z. B.: „ermutigen" oder „anklagen". B sitzt auf einem Stuhl. A betritt die Szene* und nutzt diesen Text, um B nun zu ermutigen bzw. anzuklagen. B soll nichts weiter tun, außer herauszufinden, was A will und möglicherweise dementsprechend reagieren.

Text-Vorschlag ist das Endlosgedicht „Mein Hut, der hat drei Ecken":

Mein Hut, der hat drei Ecken, drei Ecken hat mein Hut, und hätt' er nicht drei Ecken, so wär' er nicht mein Hut, der hat drei Ecken, drei Ecken hat mein Hut, und hätt' ...usw.

Variante „Mit Publikum": Die Übung bleibt gleich, nur hat A anstelle von B das Publikum als Gegenüber. Die Arbeit mit dem Text in Verbindung mit dem jeweiligen Aktionsverb* richtet sich jetzt an das Publikum.

> Reflektion im Anschluss:

> Konnte das Aktionsverb* mit dem Text verbunden werden?
> Hatte mein Gegenüber den Eindruck, dass ich etwas Konkretes von ihm wollte (siehe auch Arbeitsbegriff: Handlung* / handeln*)?

Sagte sie, sagte er 35

A und B gehen auf die Bühne. Zwischen beiden wird eine Beziehung festgelegt sowie ein Ort, an dem sie sich befinden, z. B. B leitet einen Zeitungsverlag, A ist Redakteur und bei B angestellt. Beide befinden sich im Büro von B. Mit dieser Ausgangssituation* beginnt A mit einem Satz die Szene*. Das Besondere an dieser Übung ist, dass die Anweisungen zum Handeln* vom Partner kommen.

Beispiel für einen möglichen Verlauf: A: „Ich kann unter diesen Umständen* nicht bei Ihnen bleiben." B antwortet darauf: „Sagte er und schmiss sich in den Sessel." A hat nun diese Handlung* auszuführen und sich in den Sessel zu schmeißen. Nun ist B an der Reihe und sagt einen Satz, B: „Nun behalten sie doch mal einen kühlen Kopf." A antwortet: „Sagte sie und brachte ihm ein Glas Wasser." B führt dieses aus. A sagt den nächsten Satz und B die nächste Handlungsanweisung usw. Es ist darauf zu achten, dass ausschließlich Handlungsanweisungen formuliert werden und keine Beschreibungen von Gefühlen oder Zuständen*, wie z. B. „Sie ist sehr traurig" o. ä.

Variante „Mehrere Partner": Die Übung findet in dieser Variante mit drei oder sogar vier Partnern statt. Wie in der Grundübung wird auch hier eine Ausgangssituation* festgelegt. Es empfiehlt sich, diese Variante erst auszuprobieren, wenn die Grundübung funktioniert. Eine Reihenfolge wird nicht festgelegt, sondern nur die Person, welche den ersten Satz sagt. Alles andere entsteht aus der Situation, die sich entwickelt.

Variante „Einer spricht für beide": Die Ausgangssituation* kann die gleiche oder eine ähnliche wie oben sein, z. B.: In einem Schuhgeschäft, A ist Verkäufer und B Kunde. In dieser Variante wird ausschließlich der Dialog gesprochen und es gibt keine Handlungsanweisungen. Dabei spricht A sowohl die eigenen Worte als auch die von B. B handelt* nur und bleibt dabei stumm. Trotzdem kann die Führung hin und her wechseln. Die Aufgabe* besteht darin, aufeinander zu achten und zusammenzuarbeiten.

Aktives Zuhören
Aktion – Reaktion
Bewusstmachen schauspielerischer Prozesse
Entscheidungen* treffen
Fantasie
Improvisation*
Inneres Zurücktreten*
Partnersensibilität
Physische Handlung*
Strategie* entwicklen (Aktionsverben*)
Szenische Aufmerksamkeit*
Zuhören, Reagieren

36 Beobachten

Beobachtung
Empathie
Inneres Zurücktreten*
Partnersensibilität
Vertrauen
Wahrnehmung

1. Stufe: A und B sitzen sich auf Stühlen gegenüber. A schließt die Augen und B beobachtet A ca. 3–5 min.

2. Stufe: A öffnet die Augen und dreht sich mit dem Stuhl leicht zur Seite ein, so dass kein direkter Blickkontakt möglich ist. B beobachtet A weiter.

3. Stufe: A und B blicken sich in die Augen.

Im Anschluss setzen sich A und B nebeneinander, den Blick in Richtung Zuschauer gerichtet. B bekommt die Aufgabe*, seine Beobachtungen anhand der folgenden Geschichte der Gruppe zu beschreiben: Du bist mit dem Zug gefahren. Dir gegenüber im Abteil saß eine Person, die du beobachtet hast. Beschreibe uns, was du beobachtet und wahrgenommen hast. Die Gruppe als Zuschauer soll ein möglichst genaues Bild der Person erhalten.

Hinterher kann gewechselt werden.

> **Reflektion im Anschluss:** Wie ist es, beobachtet zu werden? Wie ist es, zu beobachten? Was löst es in mir aus? Was hat sich in den verschiedenen Stufen geändert? Kann beschrieben werden, was in der beobachteten Person vor sich ging? Können Momente des Inneren Zurückgehens* beschrieben werden?

Diese Übung eignet sich gut als Vorbereitung zur Übung III.28. „Repetition".

37 Close-up (Arbeit mit Kamera und Monitor)

Aktives Zuhören
Beobachtung
Bewusstmachen schauspielerischer Prozesse
Geteilte Aufmerksamkeit*
Glaubwürdigkeit
Haltung*, innere u. äußere
Innerer Monolog, handlungsbegleitende Rede*

A und B sitzen sich auf Stühlen gegenüber und sehen einander an. Eine Kamera wird neben B so in Kopfhöhe aufgebaut, dass der Bildausschnitt das Gesicht von A in einer Großaufnahme (Close-up) zeigt. Die Augen von A und B befinden sich also in Höhe der Kameralinse. B ist im Off und wird nicht gefilmt. B sagt nun Halbsätze, die A innerlich vervollständigt. Beide sollen sich zuhören und genau beobachten, sodass eine Kommunikation entsteht. Die Aufnahme kann zwischen 2–3 Minuten dauern, im Anschluss wird gewechselt.

Kameraarbeit
Persönliches* Mitteilen
Vorstellungskraft
Wahrnehmung
Zuhören, Reagieren

Beispiele für Halbsätze:

- Wenn morgen die Welt unterginge, würde ich ...
- Als ich noch ein Kind war, da habe ich am liebsten ...
- Ich habe Angst vor ...
- Ein Mann / eine Frau sollte ...
- Auf einer einsamen Insel würde ich ...
- Lachen kann ich über ...
- In zehn Jahren will ich ...
- Wenn ich abends nach Hause komme, dann ...
- Gott ist für mich ...
- Wenn ich kleine Kinder sehe, denke ich meistens ...
- Allein sein bedeutet für mich ...
- Meine Mutter hat immer gesagt ...
- Wenn ich verliebt bin, dann ...
- Mit einem Mann / einer Frau zu schlafen, bedeutet für mich ... / In einer Beziehung leben bedeutet für mich ...
- Als ich das erste Mal jemanden geküsst habe ...
- Einer der traurigsten / schönsten Momente meines Lebens war ...

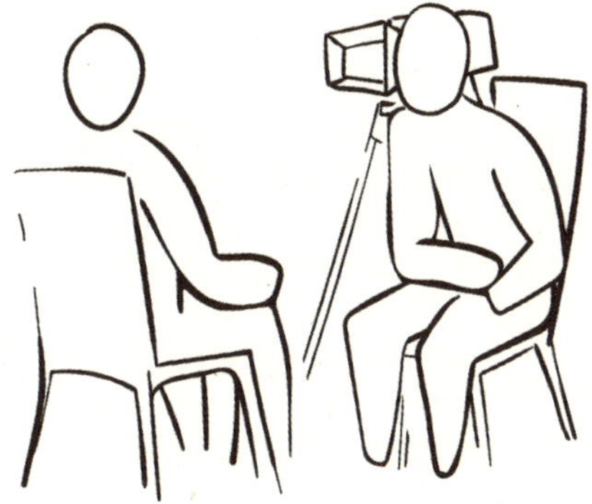

Variante „Ohne Gegenüber": Alles bleibt gleich, nur der Stuhl von B ist leer. Die Halbsätze werden jetzt von Außen hineingegeben. Auf der Höhe, wo vorher die Augen von B waren, wird eine Marke geklebt, sodass A nicht versucht ist, direkt in die Kamera zu blicken.

> **Reflektion im Anschluss „Sichtung des Materials“:**

> Wie erging es beiden während der Übung?
> Kann man A beim Denken zusehen?
> Was bewirkt das innerliche Beantworten der Fragen im Gesicht?
> Wie lebendig sind die Augen beim Zuhören und Denken??
> Ist A im Bildrahmen geblieben?
> Gibt es Unterschiede mit und ohne Gegenüber?

Variante „Musik“: Beim Sichten des Materials werden verschiedene Filmmusiken abgespielt. Die Aufgabe* für die Zuschauenden besteht jetzt darin, Geschichten zu erfinden. Welche Situationen können auf das Gesehene und Gehörte projiziert werden?

Variante „Von oben, von unten“: Die Kamera wird so aufgebaut, dass A oder B leicht nach unten bzw. leicht nach oben schauen muss. Der Bildausschnitt bleibt gleich.

38 Dieb und Wächter

Aktion – Reaktion
Handlungsziel*
Inneres Zurücktreten*
Konzentration
Körperbeherrschung
Spannung – Entspannung
Strategie* entwickeln
Szenische Aufmerksamkeit*
Wahrnehmung

Die Gruppe steht und bildet dabei einen möglichst großen Kreis. In der Mitte des Kreises sitzt auf dem Boden ein Wächter und bewacht mit geschlossenen Augen einen neben ihm liegenden Schatz (z.B. einen Schuh, ein Tuch oder ein Schlüsselbund). Sobald der Wächter die Augen geschlossen hat, zeigt der Spielleiter auf ein Gruppenmitglied im Kreis. Diese Person ist der Dieb. Das Handlungsziel* des Diebes ist es, unbeschadet mit dem gestohlenem Schatz wieder seine Ausgangsposition im Kreis einzunehmen. Das Handlungsziel* des Wächters ist es, den Schatz erfolgreich zu bewachen. Dabei ist jeder Dieb, der ihn stehlen will, unschädlich zu machen. Hierzu stehen dem Wächter, je nach Schwierigkeitsgrad, drei bis fünf imaginäre Pfeile zur Verfügung, die er mit ausgestrecktem Zeigefinger und einem Geräusch abschießen kann. Die Gruppe hat die Aufgabe*, aufmerksam zu beobachten und zu entscheiden*, ob ein Pfeil getroffen hat oder nicht.

> **Reflektion im Anschluss:** Wie sehr treibt ein klar und einfach definiertes Handlungsziel* den Akteur zum natürlich-logischen Handeln* auf der Szene* an?

Obwohl das Handlungsziel* die Richtung des Handelns* klar

bestimmt, wird während der Übung (Szene*) nicht permanent daran gedacht, sondern es werden Strategien* entwickelt, die zu seinem Erreichen führen.

Diese Übung eignet sich sehr gut, um den Begriff Handlungsziel* einzuführen und dessen Sinn klar werden zu lassen.

Zug um Zug* 39

Auf der Bühne werden neun Punkte so markiert, dass ein möglichst quadratisches Spielfeld entsteht.

x x x

x x x

x x x

Die Bühne bzw. der Raum sollte dabei möglichst optimal ausgenutzt werden. A und B stellen sich jeweils auf eine selbstgewählte Position. Abwechselnd führen beide einen Spielzug nach dem anderen aus (Zug um Zug*). Ein Spielzug besteht aus einer Bewegung von einer Position auf dem Spielfeld zu einer der nächstliegenden. Dabei kann man waagerecht, senkrecht oder diagonal ziehen. Es darf dabei aber keine Position übersprungen werden. Ziel* ist es, ein Partnerspiel entstehen zu lassen, sich dabei gegenseitig wahrzunehmen, durch das Treffen von Entscheidungen* auf Angebote des Partners zu reagieren, mutig spontanen Impulsen zu folgen und zu sehen, wo diese das Spiel hinführen und wie der Partner darauf reagiert. Kommt A beispielsweise auf B zu, nickt und lächelt, ist B damit aufgefordert sich zwischen mehreren möglichen Reaktionen bewusst für eine zu entscheiden* und damit auf das Angebot von A zu reagieren. Eine mögliche Reaktion wäre, auf A zuzugehen und A in die Arme zu nehmen. Eine zweite könnte sein, A zu ignorieren und sich auf eine Position freier Wahl zu bewegen. Eine andere könnte sein, das Signal auszusenden: „Ich würde ja gern, aber ich traue mich nicht" und auf eine Position zu gehen, die dieses verdeutlicht. Wichtig ist es, sich zwischen all den möglichen Reaktionen bewusst für eine zu entscheiden* und dem Partner damit die Möglichkeit zur Konsequenz zu geben. Unter Umständen* können A und B sich nach einem Zug auch auf dem gleichen Feld befinden. Anders als oft im Leben, kann man sich hier auch über gesellschaftliche Konditionierungen hinwegsetzen, wie z. B.: „So etwas tut man

Aktion – Reaktion
Aufgabe* als Arbeitsbegriff
Beobachtung
Bewusstmachen schauspielerischer Prozesse
Dramatischer Moment*
Drehpunkt*
Durchgehende innere Handlung*
Empathie
Entscheidungen* treffen
Ereignis*
Fantasie
Haltung*, innere u. äußere
Handlungsziel*
Improvisation*
Innerer Monolog, handlungsbegleitende Rede*
Inneres Zurücktreten*
Natürlich-logisches Handeln*
Partnersensibilität
Physische Handlung*
Raumgefühl
Rhythmusempfinden
Strategien* entwickeln (Aktionsverb*)
Szenische Aufmerksamkeit*
Zuhören, Reagieren

doch nicht!" Die Bühne ist insofern frei von moralischen Wertungen und man kann sehr viel ausprobieren, was man sich im Leben nicht trauen würde.

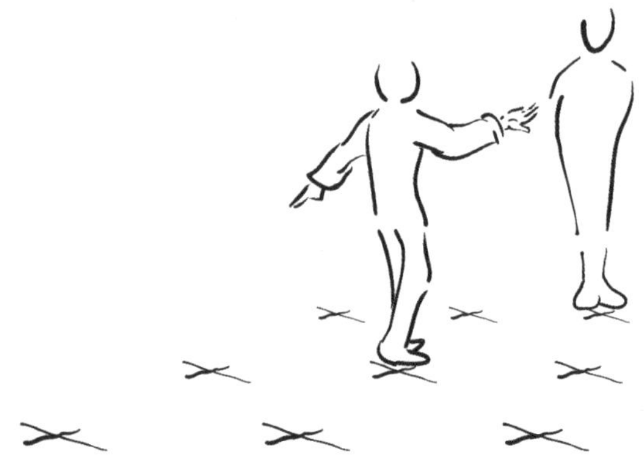

> **Reflektion im Anschluss:**

> Wurde das Zug-um-Zug-Prinzip* eingehalten oder entstand Chaos und Durcheinander?
> Haben die Partner sich gegenseitig wahrgenommen oder nicht?
> Gab es Handlungsziele*? Wenn ja, welche waren das? (siehe auch Übungen mit Trainingsschwerpunkt: Handlungsziel*) Haben die Akteure aktiv am Erreichen ihrer Handlungsziele* gearbeitet? Wenn ja, hat ihnen das während der Übung beim Handeln* geholfen?
> Lassen sich die Strategien*, die zum Erreichen der Handlungsziele* führen sollten, klar und einfach mit einem Verb (Aktionsverb*) benennen? (siehe auch Übungen mit Trainingsschwerpunkt: Handlungsziel*)
> Lassen sich Ereignisse* beschreiben, die während des Spiels eintraten? Wie wurde auf das Eintreten eines Ereignisses* reagiert und welche Konsequenz hatte die Reaktion für den weiteren Verlauf des Spiels?
> Hätte es an dieser Stelle andere Optionen zu entscheiden* gegeben und welche hätten das sein können?
> Gab es eine überraschende Wendung (Drehpunkt*)? Wenn ja, wo ist das gewesen und was hat sich geändert? (siehe auch Übungen mit Trainingsschwerpunkt: Drehpunkt*)
> Wodurch wurde die Handlung* vorangetrieben oder behindert?

> Gab es Dramatische Momente*, d. h. mussten sich die Akteure auf der Bühne zwischen mehreren Möglichkeiten entscheiden*? Lassen sich diese Punkte beschreiben und wann war die Entscheidung* gefallen und der Dramatische Moment* somit vorüber? (siehe auch Übungen mit Trainingsschwerpunkt: Dramatischer Moment*)
> Wie steht es mit dem Rhythmus? Hat er sich geändert? Wenn ja, wodurch und wann?
> Wurde mit Inneren Monologen und handlungsbegleitenden Reden* gearbeitet? Wenn ja, lassen sich diese beschreiben? (siehe auch Übungen mit Trainingsschwerpunkt: Innerer Monolog, handlungsbegleitende Rede*)

Die Übung kann unter diesen verschiedenen Gesichtspunkten wiederholt werden.

Variante „Vorgegebenes Handlungsziel*": Beiden wird ein Handlungsziel* gegeben, sodass es das Gegenüber nicht hört, z. B.:

- Ich möchte, dass du mich in den Arm nimmst.

- Ich möchte, dass du mit mir tanzt.

- Ich möchte, dass du von mir lernst.

(siehe Beispiellisten für Handlungsziele* sowie Strategien* / Aktionsverben* im Anhang VII.1. und VII.2.)

A und B sollen jetzt, unter Entwicklung verschiedener Strategien*, am Erreichen ihrer Handlungsziele* arbeiten.

Im Anschluß können A und B selbst ein Handlungsziel* aus den Beispielen im Anhang wählen und die Übung wird mit den selbstgewählten Zielen* wiederholt.

> **Reflektion im Anschluss:**

> Wurden die Handlungsziele* von der Gruppe erkannt und kann beschrieben werden woran?
> Haben die Ziele* A und B zum Handeln* angeregt?
> Gab es unterschiedliche Strategien*, und wenn ja, welche?
> Wurde das Zug-um-Zug-Prinzip* durchgehend eingehalten?

40 Szenische Übung

Aktion – Reaktion
Arbeit mit den W-Fragen*
Bewusstmachen schauspielerischer Prozesse
Dramatischer Moment*
Drehpunkt*
Durchgehende, innere Handlung*
Entscheidungen* treffen
Ereignis*
Fantasie
Figurenfindung
Glaubwürdigkeit
Haltung*, innere u. äußere
Handlungsziel*
Improvisation*
Innerer Monolog, handlungsbegleitende Rede*
Natürlich-logisches Handeln*
Partnersensibilität
Physische Handlung*
Schauspielführung
Schleppe*
Status*
Strategien* entwickeln (Aktionsverben*)
Szenische Aufmerksamkeit*
Temporhythmus*
Umgang mit Requisiten*
Vorstellungskraft
Wiederholbarkeit
Zuhören, Reagieren

A, B und C erhalten die Aufgabe*, mit Hilfe der wichtigsten und grundlegenden W-Fragen* (siehe Arbeitsbegriff) eine Szene* zu entwickeln. Sie haben 20–30 Minuten Zeit für die Vorbereitung. A nimmt die Position der Regie ein. B und C sind die Handelnden Personen*. Beide sollen nacheinander den Ort der Handlung* betreten und unter Beachtung des Zug-um-Zug-Prinzips* am Erreichen ihrer Handlungsziele* arbeiten.

Weitere Fragen, die dabei zu klären sind: Können pro Figur* ein oder zwei Ereignisse* benannt werden? Welche Ereignisse*, die während der Szene* eintreten, verlangen den Figuren* eine Entscheidung* ab? Welche Entscheidungsmöglichkeiten gibt es?

Variante „Stopp": Nachdem die vorbereitete Szene* gespielt worden ist, wird sie wiederholt. Jetzt ist es der Regie und auch den Zuschauern erlaubt, mit einem „Stopp" die Szene* einzufrieren und ein Ereignis* eintreten zu lassen, das die Handelnden Personen* nach einem „Weiter" in ihr Spiel integrieren müssen.

41 Dialoginterpretationen

Aktion – Reaktion
Aktives Zuhören
Arbeit mit den W-Fragen*
Bewusstmachen schauspielerischer Prozesse
Charakterarbeit*

Die Aufgabe* für A und B besteht darin, unter Verwendung des folgenden Dialoges eine Szene* zu entwickeln. Hilfestellung dabei ist die Klärung der wichtigsten und grundlegenden W-Fragen* (siehe Arbeitsbegriff). Die Satzzeichen im Dialog wurden hier bewusst weggelassen.

Dialog zu zweit:

B: Guten Morgen

A: Wie geht's dir

B: Wunderbar

A: Schön

B: Was hättest du gern zum Frühstück

A: Irgendwas, egal

B: Rührei

A: Egal

B: Das ist nicht egal

A: Gut, Rührei

B: Musst du heute los

A: Ja, muss ich

B: Klar

A: Möchtest du, dass ich bleibe

B: Wie du willst

A: Ich kann nicht

B: Ich hab' ja gesagt, wie du willst

Dialog zu dritt:

A: Guten Morgen

B: Guten Morgen

C: Guten Morgen

A: Wie geht's euch

B: Hervorragend

C: Ja, mir auch

A: Schön

B: Was möchtet ihr zum Frühstück

C: Egal, Irgendwas

Drehpunkt*
Durchgehende, innere Handlung*
Entscheidungen* treffen
Ereignis*
Fantasie
Figurenfindung
Gedankliche Arbeit
Glaubwürdigkeit
Haltung*, innere u. äußere
Handlungsziel*
Improvisation*
Innerer Monolog, handlungsbegleitende Rede*
Körperbewusstsein
Körperkontakt
Natürlich-logisches Handeln*
Partnersensibilität
Physische Handlung*
Raumgefühl
Rhythmusempfinden
Schauspielführung
Schleppe*
Spannung – Entspannung
Status*
Strategien* entwickeln (Aktionsverben*)
Temporhythmus*
Texttraining
Umgang mit Requisiten*
Umstände* schaffen
Vorstellungskraft
Wiederholbarkeit
Zuhören, Reagieren

B: Rührei

A: Egal

C: Gut, Rührei

B: Das ist nicht egal

A: Musst du heute los

C: Ja, muss ich

A: Klar

B: Möchtet ihr, dass ich bleibe

C: Wie du willst

B: Was denkst du

A: Wie du willst

C: Ich hab' ja gesagt, wie du willst

Variante „Weiterentwicklung": Der vorgegebene Dialog wird durch einen eigenen ergänzt bzw. die Szene* durch Improvisieren* weiterentwickelt.

42 Parkbank und andere Orte

Aktion – Reaktion
Aktives Zuhören
Arbeit mit dem „Als ob ...*" bzw. „Magischen Wenn*"
Arbeit mit den W-Fragen*
Bewusstmachen schauspielerischer Prozesse
Dramatischer Moment*
Drehpunkt*
Durchgehende innere Handlung*

Diese Übung ist eine der grundlegenden Improvisationsübungen*. Auf der Bühne steht eine Bank. Die Ausgangssituation* ist einfach: Die Bank befindet sich in einem Park. Aufgabe* ist es, vor Betreten der Bühne kurz zu überlegen, wo komme ich her (Schleppe*) und was habe ich vor. Hilfe bei der Vorbereitung kann die Beantwortung der W-Fragen* sein (siehe Arbeitsbegriff). Requisiten*, die mitgebracht werden, sollten immer unter dem Aspekt ausgewählt werden: Könnten sie mir beim Handeln* auf der Szene* behilflich sein? Hat A die Bühne betreten und entsprechend den mitgebrachten Umständen* eine Situation etabliert, geht B mit der gleichen Vorbereitung* zu A auf die Bühne. Es entsteht jetzt eine Zweierimprovisation*, in der mutig und entschieden* gehandelt* werden soll. Es geht darum, einfach zu bleiben, sich von dem, was vom Partner kommt, berühren zu lassen und nicht nach besonders originellen und lustigen Aktionen zu suchen (siehe auch Arbeitsbegriff: Inneres Zurücktreten*).

Wie auch bei ähnlichen Übungen (z. B. II.27. „Einzeletüde" oder III.44. „Partneretüde") steht das selbstständige, natürliche-logische Handeln* im Vordergrund. „Wie würde ich unter den gegebenen Umständen* handeln*?" ist eine Frage, die bei Improvisationsaufgaben* wie dieser immer wieder eine Rolle* spielen sollte. Die Parkbank kann durch jeden anderen Ort ersetzt werden, an dem Begegnungen stattfinden, z. B. Wohn-, Arbeits-, WG-Zimmer, Gartenhaus, Büro, Geschäft, Kloster, Kirche, Gebirge, Wald, Museum, Kunstausstellung, Bahnsteig, Aussichtsturm, Polizeistation, geschlossene Anstalt, Baustelle usw.

Zu den Grundregeln jeder Improvisation* siehe außerdem Arbeitsbegriff: Improvisation*.

Reflektion im Anschluss:

- Wodurch wurde das Spiel befördert und was hat es behindert?
- Wurde sich gegenseitig zugehört?
- Wurden Angebote des Gegenübers angenommen und integriert oder geblockt?
- Wurde geredet oder gehandelt*?
- Wurde der Fokus gehalten und ein Thema weiterentwickelt oder haben Themen oft gewechselt?
- Wurde das Zug-um-Zug-Prinzip* eingehalten oder entstand Chaos?
- Können Handlungsziele* benannt werden und welche Strategien* haben die Handelnden Personen* gewählt, um an ihr Handlungsziel* zu gelangen?
- Welches Ereignis* hat in der Situation möglicherweise eine Wendung bewirkt?
- Wenn es einen Drehpunkt* gab, wo war dieser und wodurch wurde er ausgelöst? (siehe Arbeitsbegriff sowie Übungen mit Trainingsschwerpunkt: Drehpunkt*)
- Gab es Requisiten*? Waren sie dem Handeln* dienlich oder haben sie es behindert?

Variante „Vorgaben": In diesem Fall werden den Handelnden Personen* Vorgaben zu Situation und Beziehungen gemacht, in denen sich ihre Figuren* zueinander befinden, z. B. „Ihr seid Geschwister und befindet euch auf der Beerdigung eures Vaters".

Variante „Handlungsziel*": Beide bekommen ein Handlungsziel*, welches ihrem Gegenüber nicht bekannt ist. Sie sollen jetzt unter Entwicklung verschiedener Strategien* und unter Einhaltung des Zug-um-Zug-Prinzips* am Errei-

Empathie
Entscheidungen* treffen
Ereignis*
Fantasie
Geteilte Aufmerksamkeit*
Glaubwürdigkeit
Haltung*, innere u. äußere
Handlungsziel* als Arbeitsbegriff
Improvisation*
Innerer Monolog, handlungsbegleitende Rede*
Inneres Zurücktreten*
Koordination
Mut
Natürlich-logisches Handeln*
Partnersensibilität
Strategien* entwickeln (Aktionsverben*)

chen ihrer Handlungsziele* arbeiten (siehe auch Beispiele für Handlungsziele* und Strategien* im Anhang VII.1. und VII.2).

Variante „3 Sätze": Beide haben in dieser Variante nur jeweils drei Sätze zur Verfügung. Es soll damit verhindert werden, dass die Improvisation* sich in endlosem Gerede verliert. Der Fokus liegt somit klar auf dem Handeln*.

Variante „Ja, aber ...": Alles, was gesagt wird, beginnt mit „Ja, aber ...". Diese Variante treibt die Handlung* vorwärts, das Blockieren wird verhindert. Gleichzeitig muss stetig nach einem Konflikt* Ausschau gehalten werden.

Variante „Mehrere Personen": Diese Variante führt in eine Gruppenimprovisation*. Nacheinander werden weitere Handelnde Personen* in die Improvisation* geschickt, entweder mit einem Anliegen (Handlungsziel*), einer vorgegebenen Beziehung zu den bereits Agierenden oder auch ohne jegliche Vorgabe.

43 Bilderübung

Aktion – Reaktion
Aktives Zuhören
Arbeit mit dem „Als ob ...*"
bzw. „Magischen Wenn*"
Arbeit mit den W-Fragen*
Bewusstmachen schauspielerischer Prozesse
Dramatischer Moment*
Drehpunkt*
Durchgehende innere Handlung*
Empathie
Entscheidungen* treffen
Ereignis*
Fantasie
Geteilte Aufmerksamkeit*
Glaubwürdigkeit
Haltung*, innere u. äußere
Handlungsziel* als Arbeitsbegriff
Improvisation*
Innerer Monolog, handlungsbegleitende Rede*

Diese Übung kann sehr komplex sein und als Basis zur Entwicklung eines ganzen Stückes oder Films dienen. Gleichzeitig kann sie jedoch auch einfach gehalten werden, um gezielt einzelne Aspekte zu trainieren. Grundlage ist ein Bild (Gemälde, Foto, Grafik o.ä.), das bereits Resultat eines künstlerischen Prozesses ist und auf dem sich Menschen in einer bestimmten Situation zueinander befinden. Entweder bekommen die einzelnen Mitglieder der Gruppe die Aufgabe*, ein oder mehrere Bilder mitzubringen, oder es werden von der Leitung Bilder zur Verfügung gestellt.

A bekommt die Position der Regie oder Spielleitung zugeteilt und entscheidet sich für ein Bild, ohne es den anderen Gruppenmitgliedern zu zeigen. Dieses Bild soll von A jetzt möglichst genau nachgestellt werden, mit der dafür notwendigen Anzahl von Personen. Zu Beginn benennt A das Zentrale Thema der Szene* (siehe Arbeitsbegriffe), die auf dem Bild dargestellt ist, damit die Handelnden Personen* wissen, worauf ihre Mittel* auszurichten sind. A hat jetzt die Aufgabe*, zu beschreiben, was die Menschen auf diesem Bild tun, wie sie zueinanderstehen und welche Handlungsziele* sie verfolgen (siehe Beispielliste mit

Inneres Zurücktreten*
Koordination
Mut
Natürlich-logisches Handeln*
Partnersensibilität
Schauspielführung
Strategien* entwickeln
(Aktionsverben*)

Handlungszielen* im Anhang VII.1.). Dabei sollte A möglichst Verben und keine Adjektive verwenden (siehe Kapitel VI, Sprache der Handlung).

Ist das Bild zur Zufriedenheit nachgestellt und ist jeder Figur* klar, was für sie der gewünschte Endpunkt einer Szene* wäre (Handlungsziel*), folgt von A ein „Und ...bitte." Das Standbild wird nun in Form einer Improvisation* zum Leben erweckt. Jede der Handelnden Personen* arbeitet nach dem Zug-um-Zug-Prinzip* am Erreichen ihres Handlungsziels*. Anschließend wird das Bild gezeigt und die Improvisation* eventuell wiederholt.

> **Reflektion im Anschluss:**

> Entsprach die Improvisation* dem Bild?
> Wer erkennt seine Figur* im Bild wieder?
> Welche Regie-Anweisungen haben die Fantasie der Handelnden Personen* besonders angeregt?
> Hat die Regie viele Adjektive oder vor allem Verben (Sprache der Handlung*) verwendet?

Variante „Drei Sätze": Wenn die erste der Handelnden Personen* drei Sätze gesprochen hat, ist die Improvisation* vorbei. Es soll damit erreicht werden, dass mehr gehandelt* und weniger geredet wird.

Variante „Zeitlupe": Das Standbild wird mit einem „Und ... bitte!" zum Leben erweckt, es darf allerdings nur im Zeitlupentempo gesprochen bzw. gehandelt* werden. Dabei soll das Zug-um-Zug-Prinzip* eingehalten werden. Es entsteht somit ein anderes Bewusstsein für einzelne Handlungen*.

Variante „Szene* / Stück entwickeln": Im Anschluss wird die entstandene Improvisation* in eine Szene* verwandelt. Hilfreich dabei ist die Beantwortung der W-Fragen* (siehe Arbeitsbegriff) und das Präzisieren der Figuren* und der Handlungsziele* (siehe Arbeitsbegriffe sowie die Beispiellisten für Handlungsziele*, Strategien* / Aktionsverben* im Anhang VII.1. und VII.2.). Auf dieser Basis können nun Konflikte* und Entscheidungsmöglichkeiten der Figuren* benannt werden. Auch Kostüme und Requisiten* können einbezogen werden. Die Szene* soll wiederholbar sein.

44 Partneretüde

Aktion – Reaktion
Aktives Zuhören
Arbeit mit dem „Als ob...*"
bzw. „Magischen Wenn*"
Arbeit mit den W-Fragen*
Aufgabe* als Arbeitsbegriff
Beobachtung
Bewusstmachen schauspielerischer Prozesse
Dramatischer Moment*
Drehpunkt*
Durchgehende innere Handlung*
Empathie
Entscheidungen* treffen
Ereignis*
Erinnerung
Fantasie
Gedankliche Arbeit
Geteilte Aufmerksamkeit*
Glaubwürdigkeit
Haltung*, innere u. äußere
Handlungsziel* als Arbeitsbegriff
Improvisation*
Innerer Monolog, handlungsbegleitende Rede*
Inneres Zurücktreten*
Koordination
Körperbeherrschung
Körperbewusstsein
Körperkontakt
Körperliches Umsetzen
Mut
Natürlich-logisches Handeln*
Partnersensibilität
Physische Handlung*
Raumgefühl
Rhythmusempfinden
Schauspielführung
Schleppe*
Schnelle körperliche Aktion

Die Partneretüde folgt den gleichen Gesetzen wie die Einzeletüde (siehe II.27.). In ihr vereinen sich die meisten der bisherigen Übungen. Die Grundaufgabe von Einzel- wie Partneretüde lautet: „Kommen, um wieder zu gehen." Dazwischen sollen Ereignisse* eintreten, Entscheidungen* getroffen werden und es soll unter den selbst geschaffenen Umständen* auf natürlich-logische* Weise gehandelt* werden. Die Partneretüde kann somit auch als zwei miteinander verknüpfte Einzeletüden gesehen werden. Alles, was auf die Einzeletüde zutrifft, gilt auch für die Partneretüde. Bevor man sich der Partneretüde widmet, ist es sinnvoll, sich mit der Einzeletüde auseinanderzusetzen. Die Erweiterung und der wesentliche Unterschied gegenüber der Einzeletüde besteht darin, dass der Partner als das Hauptereignis* hinzukommt. In der Vorbereitung der Ausgangssituation* kann auch hier mit Hilfe der W-Fragen* gearbeitet werden. Zudem sollen sich beide, an der Partneretüde beteiligte Personen, jeweils ein Handlungsziel* suchen, an dessen Erreichen sie während der Etüde arbeiten. (siehe auch Arbeitsbegriff Handlungsziel* sowie Beispiellisten für Handlungsziele* und Strategien* / Aktionsverben* im Anhang VII.1. und VII.2.)

> **Reflektion im Anschluss:** Auch die Reflektion deckt sich im Großen und Ganzen mit der Reflektion der Einzeletüde, nur dass hier ein besonderes Augenmerk auf der Partnerbeziehung liegt:

> Wurde von beiden Akteuren das Zug-um-Zug-Prinzip* eingehalten, d. h. haben sich die Partner gegenseitig zugehört und aufeinander reagiert? (siehe auch Übung III.39. „Zug um Zug*")
> Welche Schleppen* wurden bei den Auftritten mit in den Raum gebracht, d. h. woher kamen die Handelnden Personen* gerade? Was haben sie erlebt, bevor sie die Szene* betraten und hatte das einen Einfluss auf ihr Handeln* bzw. hat es ihnen geholfen, auf der Szene* aktiv zu werden? (siehe auch Übung II.19. „Auftritt" sowie weitere Übungen mit dem Trainingsschwerpunkt: Schleppe*)
> Gab es Innere Monologe oder handlungsbegleitende Reden*? Wurden diese bewusst eingesetzt und lassen sie sich wiederholen? (siehe auch Übungen mit Trainingsschwerpunkt: Innerer Monolog / handlungsbe-

gleitende Rede*)
> Existierten Handlungsziele* und wenn ja, welche waren das? Haben sie ein aktives Handeln* auf der Szene* gefördert? (siehe auch Übungen mit Trainingsschwerpunkt: Handlungsziel* sowie Beispielliste im Anhang VII.1.)
> Haben sich die Handelnden* Personen Perspektiven* geschaffen? (siehe auch Übungen mit Trainingsschwerpunkt: Umstände* schaffen)
> Gab es Dramatische Momente*? Wenn ja, wo begannen diese und wo endeten sie? Wann standen die Handelnden Personen* zwischen zwei oder mehreren Entscheidungen*? (siehe auch Übungen mit Trainingsschwerpunkt: Dramatischer Moment*)
> Hatten die Figuren* auf der Szene* Sorgen und Nöte und haben sie aktiv daran gearbeitet, diese zu lösen?
> Haben die Akteure sich mit Themen, die auf der Szene* eine Rolle spielten, vorher befasst oder nur so getan als ob*? War die Etüde in einem bestimmten Berufsfeld angesiedelt oder verlangte sie Fachkenntnisse eines speziellen Gebietes? Ohne eine komplette Ausbildung auf diesem Gebiet zu absolvieren, sollten sich Dinge, die auf der Szene* eine Rolle spielen, angeeignet und geübt werden.
> Wie stand es mit dem Rhythmus*? Lässt sich dieser beschreiben? (siehe auch Übungen mit Trainingsschwerpunkt: Temporhythmus*)
> Haben die Handelnden Personen* mit Needs* gearbeitet und haben diese sie zum Handeln* angeregt? (siehe auch Arbeitsbegriffe Need*, Public Persona*, Tragic Flaw* sowie Beispiellisten im Anhang.)

Auch hier gilt: nicht alles auf einmal. Die Etüde ist ein Übungsgegenstand, der sich ständig verändert und an dem über einen längeren Zeitraum gearbeitet werden kann. Die Etüde ist kein starres Gebilde, sondern ein fortlaufender Prozess. Sie dient dem Ausprobieren, Weiterentwickeln, Wiederholen und ist daher nie fertig. Mit ihrer Hilfe soll das selbstständige, natürlich-logische Handeln* auf der Szene* trainiert werden. Sie ist ein Übungsfeld für verschiedenste Dinge, die sich über den Prozess der Bewusstwerdung nach und nach im Unterbewusstsein der Akteure verankern sollen und dann zu ihrem Handwerkszeug gehören, welches ihnen beim Arbeiten hilft.

Schnelles Kombinieren, Umschalten, Reagieren
Senden einer Botschaft*
Sprechrichtung, Sprechentfernung
Status*
Strategie* entwickeln (Aktionsverben*)
Szenische Aufmerksamkeit*
Temporhythmus*
Umgang mit Requisiten*
Umstände* schaffen
Vorstellungskraft
Wiederholbarkeit
Zuhören, Reagieren

IV Entspannungs- und Lockerungsübungen

Die hier aufgeführten Übungen dienen vor allem der Vorbereitung. Sie schaffen den Übergang vom oft unbewussten Alltagsverhalten zu einer konzentrierten Arbeitssituation. Durch diese Übungen weckt der Schauspieler* die nötige Aufmerksamkeit für das, was ihn umgibt sowie ein Bewusstsein für den eigenen Körper.

1 Reise durch den Körper

Aktives Zuhören
Arbeitsbereitschaft herstellen
Beobachtung
Entspannung
Gedächtnistraining
Gedankliche Arbeit
Innerer Monolog*
Inneres Zurücktreten*
Kennenlernen
Körperbewusstsein
Loslassen
Vertrauen
Vorstellungskraft
Wahrnehmung

Alle liegen mit geschlossen Augen auf dem Boden. Arme und Beine sind leicht geöffnet, die Handflächen zeigen nach oben. Von außen kommt folgende, langsam gesprochene Anleitung:

„Mache drei bewusste Atemzüge, beobachte wie der Atem durch die Nase eintritt, durch die Luftröhre strömt, die Lungen füllt und danach den Körper wieder verlässt. Komm dabei ganz im Körper an. Jetzt leg alle Gedanken, die deine Aufmerksamkeit in die Zukunft ziehen wollen, alle Gedanken an Dinge, die noch erledigt werden müssen oder die dich erwarten, nach links auf die Seite. Wir brauchen sie gerade nicht. Leg auch alle Gedanken, die sich mit der Vergangenheit beschäftigen dort hin. Und auch all das, was man dir gesagt hat, wer du bist oder nicht bist, kannst du nach links zur Seite legen. Jetzt leg auch deinen Namen für eine Weile dort hin, auch den brauchst du gerade nicht. Komm einfach hier und jetzt an und bekomme ein Bewusstsein für den Beobachter bzw. die Beobachterin in dir. Beobachte deinen Atem. Wenn Gedanken kommen, die deine Aufmerksamkeit auf sich ziehen, gib ihnen keine Bedeutung, akzeptiere, dass sie da sind, und lass sie weiterziehen. Finde immer wieder zurück in deinen Körper.

Gehe jetzt mit deiner gesamten Aufmerksamkeit in den linken Fuß. Halte die Aufmerksamkeit dort und beobachte das Energiefeld deines linken Fußes. Lass auch den Atem in den linken Fuß fließen. Bleibe für eine Weile mit deiner Aufmerksamkeit im linken Fuß ...

Jetzt begeben wir uns auf eine Reise durch deinen Körper. Die Aufmerksamkeit wandert vom linken Fuß über das Sprunggelenk, die Wade hoch, bis zum Knie. Der Atem fließt ruhig in das Knie. Dann geht es weiter über den Oberschenkel und von dort in das linke Hüftgelenk. Jetzt wandern wir über den Schritt in das rechte Hüftgelenk. Der Atem fließt als Unterstützer immer ganz ruhig in den Bereich, in dem wir auch gerade mit unserer Aufmerksamkeit sind. Wenn Gedanken kommen, lass sie ziehen und komm mit deiner Aufmerksamkeit zurück in das rechte Hüftgelenk. Von dort geht es über den rechten Oberschenkel bis zum rechten Knie, vom Knie über die Wade und das rechte Sprunggelenk in den rechten Fuß. Dort bleibe für eine Weile, lass den Atem in den rechten Fuß fließen und halte deine Aufmerksamkeit dort. Beobachte das Energiefeld deines rechten Fußes ...

Nun wandere mit deiner Aufmerksamkeit langsam das rechte Bein hoch und komm über das Hüftgelenk zu deiner Körpermitte. Spüre in deinen Solarplexus, ein Nervenknoten, der sich eine Hand breit über dem Bauchnabel befindet. Verweile hier und beobachte, wie dein Atem durch den Solarplexus fließt. Weiter geht es über die linke Brust hoch zur linken Schulter. Wandere auch hier langsam über deinen Oberarm, den Ellenbogen, den Unterarm, dein Handgelenk, deine Handinnenfläche bis in die linke Hand. Lass deinen Atem in die linke Hand fließen und beobachte ihr Energiefeld ...

Nun geht es zurück in Richtung Schulter. Wandere von der linken Schulter über das Schlüsselbein zum Kehlkopf und von dort über das rechte Schlüsselbein in die rechte Schulter. Von der rechten Schulter über den rechten Oberarm in den Ellenbogen und von dort über den Unterarm hinunter bis in die rechte Hand. Halte deine Aufmerksamkeit hier und lass den Atem in die rechte Hand fließen ...

Jetzt springe mit deiner Aufmerksamkeit in die linke Schulter, halte deine Aufmerksamkeit und schicke deinen Atem hierhin. Nun springe von der linken Schulter in den rechten Fuß, halte. Mache nun vom rechten Fuß einen Sprung zum Solarplexus. Jetzt in den linken Fuß ... in die linke Hand ... und ins Gesicht. Behalte deine Aufmerksamkeit im Gesicht, der Atem fließt ruhig. Jetzt bewege jeden Muskel im Gesicht. Massiere mit der Zunge kreisförmig den Mundinnenraum, mache dabei Kaugeräusche, verwende dazu die Silben mem, mam, mom, mim, mum. Puste Luft durch die

Lippen und schüttle Mund und Wangen, mache Geräusche dabei. Jetzt komm wieder zur Ruhe und beobachte das Energiefeld deines Gesichts, halte dort die Aufmerksamkeit und atme ruhig ...

Nun gehe mit deiner Aufmerksamkeit in den gesamten Körper. Nimm den ganzen Körper als ein Energiefeld wahr. Nimm dir einen Moment Zeit, lass den Atem ruhig fließen und beobachte einfach, ohne dabei irgendetwas zu benennen.

Wenn ich „Jetzt" sage, öffne die Augen, sieh, was deinem Blick als Erstes begegnet. Versuche es nicht zu benennen und nicht darüber nachzudenken. Beobachte, atme und halte einen Teil deiner Aufmerksamkeit nach wie vor im Energiefeld deines Körpers. Der andere Teil beobachtet im Außen ...

Jetzt.

Komme jetzt langsam ins Sitzen und sieh, was deinem Blick weiter begegnet, halte den einen Teil deiner Aufmerksamkeit weiter im Körper, atme. Stehe auf und bewege dich durch den Raum, versuche weiterhin nichts zu benennen, sieh, wer oder was dir begegnet, beobachte, atme und bleibe mit der Aufmerksamkeit weiter im Energiefeld deines Körpers."

Variante „Verspannungen im Sitzen aufspüren": Die Übung findet in dieser Variante im Sitzen auf einem Stuhl statt. Die Wirbelsäule ist aufgerichtet, alles andere hängt der Schwerkraft folgend nach unten. Die Augen sind geöffnet. Aufgabe* ist es, den Körper Stück für Stück nach Verspannungen abzusuchen. Das Körperteil, auf das die Aufmerksamkeit gerichtet ist, wird dabei bewegt. Der Atem fließt in dieses Körperteil, aufgespürte Verspannungen werden durch die Bewegung aufgelöst und mit dem Atem aus dem Körper geleitet. Es wird auch hier von den Extremitäten hin zur Körpermitte gearbeitet. Die Arbeit am Beckenbereich findet im Stehen statt. Für das Aufspüren von Verspannungen im Nackenbereich empfiehlt es sich, den Kopf aus der hängenden Position mit einem Einatmen vorsichtig über den Nacken zu rollen und mit einem Ausatmen wieder zurück. Erst über die linke, dann über rechte Seite. Als letztes werden alle Muskeln von Gesicht, Kiefer und Zunge bewegt. Nachdem die Übung ein paar Mal angeleitet wurde, macht jedes Gruppenmitglied sie still für sich.

Atemkette 2

Die Gruppe teilt sich, wenn möglich, in 4er-Grüppchen auf und legt sich auf den Boden. B liegt mit dem Körper im rechten Winkel zu A und mit dem Kopf auf As Bauch. C liegt mit dem Körper im rechten Winkel zu B und mit dem Kopf auf Bs Bauch usw. Es entsteht eine treppenförmige Reihe. Die Gruppe versucht jetzt, einen gemeinsamen Atem zu finden.

Variante „Ton": Die Gruppe findet auf einem Vokal einen gemeinsamen Ton.

Variante „Ton wandert": Ein Ton wandert vom Anfang der Reihe zum Ende und wieder zurück.

Variante „Impuls": Ein Impuls mit dem Bauch (Einatmen) wird vom Anfang bis zum Ende der Reihe durchgegeben.

Variante „Witz": Jemand erzählt einen Witz, und mit etwas Glück breitet sich Lachen aus.

Arbeitsbereitschaft herstellen
Entspannung
Inneres Zurücktreten*
Körperbewusstsein
Körperkontakt
Rhythmusempfinden
Szenische Aufmerksamkeit*
Wahrnehmung

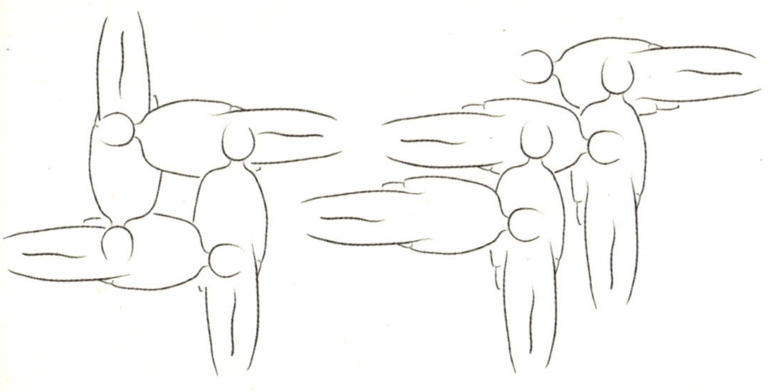

Lockerung zwischendurch 3

Die Gruppe steht so im Kreis, dass sich die ausgestreckten Arme nicht berühren können. Arme, Schultern und Kopf hängen nach unten. Jetzt gibt die Person, die die Übung leitet, einzelne Körperteile vor. Die vorgegebenen Körperteile werden auf Verspannungen abgesucht. Vorhandene Verspannungen werden jetzt mithilfe von Bewegungen aufgelöst und mit dem Atem aus dem Körper geleitet. Der Atem fließt ruhig. Die Aufmerksamkeit* wird in den Teil des Körpers gelenkt, in dem im Moment gearbeitet wird. Am Schluss werden Körper und Stimme noch einmal ausgeschüttelt. Es können dafür Vokale verwendet werden (A, E, I, O, U, Ä, Ö, Ü).

Arbeitsbereitschaft herstellen
Beobachtung
Entspannung
Inneres Zurücktreten*
Körperbewusstsein
Loslassen
Szenische Aufmerksamkeit*
Wahrnehmung

Variante „Aus der Gruppe": Die Gruppenmitglieder geben vor, an welchen Körperteilen gearbeitet werden soll.

4 Nullstellung

Arbeit mit Aufregung
Arbeitsbereitschaft herstellen
Beobachtung
Entspannung
Inneres Zurücktreten*
Körperbewusstsein
Loslassen / Wahrnehmung
Szenische Aufmerksamkeit*

Diese Übung basiert auf grundsätzlichem Vertrauen der Beteiligten untereinander und sollte erst durchgeführt werden, nachdem ein gewisser Kennenlernprozess stattgefunden hat.

A bekommt die Aufgabe*, sich vor der Gruppe auf die Bühne zu stellen. Bereits während des Aufstehens und des Betretens der Bühne wird ein Teil der Aufmerksamkeit* in den Körper gelenkt, alles was hier stattfindet, soll beobachtet werden. Der andere Teil der Aufmerksamkeit* dient dem Wahrnehmen der Sinneseindrücke außerhalb des Körpers, wie z. B. des Raumes, der beobachtenden Leute usw. Nachdem A eine Weile auf der Bühne gestanden und den inneren Körper wahrgenommen und beobachtet hat, wird damit begonnen, diese Beobachtungen der Gruppe mitzuteilen und so genau wie möglich zu beschreiben. Der Kontakt zum inneren Körper wird währenddessen permanent aufrechterhalten. Welcher Teil des Körpers ist am intensivsten wahrnehmbar? Was genau findet dort statt? Immer wieder sollen die Wahrnehmungen durch genaues Beobachten überprüft werden. Verändert sich etwas? Wenn ja, kann beschrieben werden, was genau passiert?

Wird das Phänomen wahrgenommen, welches wir als Aufregung bezeichnen, und was genau passiert dabei im Körper? Wo genau findet es statt? Die Aufgabe* in diesem Moment besteht darin, diesem Phänomen nachzuspüren und es zu beobachten. Wenn man die Bezeichnung „Aufregung" beiseite lässt, was genau ist es dann, was dort geschieht? Gibt es andere Emotionen, und wie genau wirken sich diese im Körper aus? Gefragt sind dabei keine Konzepte, sondern lediglich das Wahrnehmen, Beobachten, Akzeptieren und Beschreiben dessen, was im Moment im Körper stattfindet.

Möchten die an der Übung Beteiligten noch einen Schritt weiter und tiefer gehen, empfiehlt sich die folgende Vorgehensweise:

Fragen an A: Wovor hast du jetzt im Moment Angst? Was

könnte im für dich unangenehmsten Fall jetzt passieren?

Beispiel: Die Angst könnte darin bestehen, dass sich etwas offenbart, was du nicht zeigen möchtest. Wie versuchst du, dich im Moment davor zu schützen?

Beispiel: Kann es sein, dass du versuchst, möglichst wenig von innen nach außen dringen zu lassen, in dem du das Gesicht oder den ganzen Körper unbeweglich hältst? Wird vielleicht ein Körperteil permanent bewegt, der Blickkontakt vermieden, dauerhaft gelächelt, der Kiefer aggressiv zusammengebissen oder Ähnliches?

Der Übungsleiter kann von außen durch Beschreiben und Nachfragen helfen, da bei genauem Hinsehen die „Schutzmechanismen" meist offensichtlich sind.

A wird gebeten, einem Bedürfnis, z. B. sich zu bewegen, kurz nachzugehen.

Frage: Geht es dir jetzt besser?

Anschließend soll A sich wieder in die Ausgangsposition begeben und den Versuch unternehmen, das, was als Schutz erkannt worden ist, bewusst wegzulassen oder aufzulösen, zum Beispiel: die Spannung im Gesicht oder Körper zu lösen, den Blickkontakt auszuhalten, nicht zu lächeln usw.

Frage: Was nimmst du jetzt innerlich war?

Wenn es gelungen ist, die Schutzmechanismen im Moment aufzulösen oder wegzulassen, wird meist das darunterliegende und nicht willkommene Gefühl wahrgenommen, Beispiel: Traurigkeit, Minderwertigkeit, Einsamkeit, das Gefühl der Kraftlosigkeit usw.

A wird jetzt gebeten, dieses Gefühl zu beschreiben und zu lokalisieren. Wo und wie genau wird es im Körper wahrgenommen? Wenn A die körperlichen Auswirkungen des Gefühls genau beschreiben kann, soll dem eine Farbe oder eine Form zugeordnet werden. Anschließend erhält A den Auftrag, diese Farbe innen, im gesamten Körper, zu verteilen.

Frage: Wie geht es dir jetzt?

Wenn A sich auf diese Arbeit eingelassen hat, was sehr vom Vertrauensverhältnis zum Übungsleiter bzw. zur Gruppe abhängig ist, wird an dieser Stelle meist eine angenehme Entspannung beschrieben sowie das Gefühl, in der eigenen Kraft zu sein und sich an einem Punkt zu befinden, wo einem nichts passieren kann.

An dieser Nullstellung kann mit der Arbeit auf der Szene* begonnen werden.

5 Schütteln

Aufwärmung
Entspannung
Inneres Zurücktreten*
Körperbewusstsein
Loslassen

Die Gruppe steht im Kreis. Der Körper wird durch fortwährendes, leichtes Anwinkeln und wieder strecken der Knie in eine Schüttel-Bewegung versetzt. Ansonsten hängt alles am Körper, der Schwerkraft folgend, bequem nach unten. Die Augen können wahlweise geöffnet oder geschlossen werden.

Mögliche Aufgaben* dabei sind:

- Beobachten, wie der Atem den Schüttel-Bewegungen folgt.
- Ein Geräusch auf den Vokalen A, E, I, O oder U machen.
- Inneres Zurücktreten*
- Den Alltag / Stress abschütteln.
- Sich in eine Arbeitssituation hinein- oder aus ihr herausschütteln.

6 Marionette

Entspannung
Groteske
Inneres Zurücktreten*
Körperbeherrschung
Körperbewusstsein
Körperkontakt
Loslassen
Partnersensibilität
Szenische Aufmerksamkeit*
Vertrauen

A ist eine Marionette, die auf einem Stuhl sitzt. Alles am Körper von A hängt der Schwerkraft folgend nach unten. B ist Puppenspieler und bewegt Glieder und Kopf der Marionette mit seinen Händen. A lässt sich ohne die geringste Eigenbeteiligung bewegen und gibt sich B somit vollkommen hin. Nach einer Weile werden die Rollen* getauscht.

Variante „Liegen": Die Marionette liegt auf dem Boden. Es ist darauf zu achten, dass die Glieder der Marionette nicht fallen gelassen werden.

7 Aktives Warten

Diese Übung ist bereits als Gruppenübung aufgeführt, dient aber auch als Entspannungsübung, siehe I.50. „Aktives Warten".

Erdungsübung 8

Die Gruppe steht im Kreis, die Schultern berühren sich, die Rücken zeigen in Richtung Kreismitte, die Augen sind geschlossen. Von außen kommt folgende Anleitung:

Mache drei bewusste Atemzüge, d. h. beobachte, wie der Atem durch die Nase eintritt, durch die Luftröhre strömt, die Lungen füllt und danach den Körper wieder verlässt. Jetzt lass Wurzeln aus deinen Füßen wachsen. Die Wurzeln bohren sich Schicht um Schicht durch die Erde bis zum Erdmittelpunkt. Mit jedem Ausatmen dringen sie ein Stück tiefer. Stell dir vor, wie sie den Mittelpunkt der Erde umschließen, in ihn eindringen. Nun lass von dort Energie in Form von Licht oder Wärme durch die Wurzeln in deinen Körper aufsteigen. Fülle mit dieser Energie den gesamten Körper aus, nur den Kopf lässt du frei. Mit jedem Ausatmen gib alle Last durch die Wurzeln an die Erde ab und mit dem Einatmen lass Energie in deinen Körper strömen. Spüre auch die Begegnungen mit den anderen dort unten.

Jetzt öffne die Augen wieder, bewege dich durch den Raum. Bleibe dabei möglichst geerdet. Trefft euch in Zweiergruppen, stellt euch gegenüber, seht euch in die Augen oder nehmt die Hände des Gegenübers. Dann steigt ihr über die Wurzeln zum Erdmittelpunkt hinab und trefft euch dort. Trotz der Verbindung in der Tiefe bleibt jeder bei sich. Dann verabschiedet euch wieder und bewegt euch weiter durch den Raum, bis zur nächsten Begegnung. Das Bewusstsein der Verbindung bleibt bestehen.

Aktives Zuhören
Arbeitsbereitschaft herstellen
Entspannung
Gedächtnistraining
Gedankliche Arbeit
Innerer Monolog, handlungsbegleitende Rede*
Inneres Zurücktreten*
Körperbewusstsein
Loslassen
Vorstellungskraft
Wahrnehmung

V Katalog schauspielmethodischer Arbeitsbegriffe und Regeln

Dieses Kapitel ist ein alphabetisch geordnetes Nachschlagewerk schauspielmethodischer Arbeitsbegriffe und Regeln, die in der Praxis immer wieder auftauchen. Sie sind als theoretischer Unterbau und Hilfe gedacht. Dabei gilt: Zu viel Theorie verhindert oder blockiert oft das kreative Arbeiten, zu wenig allerdings auch.

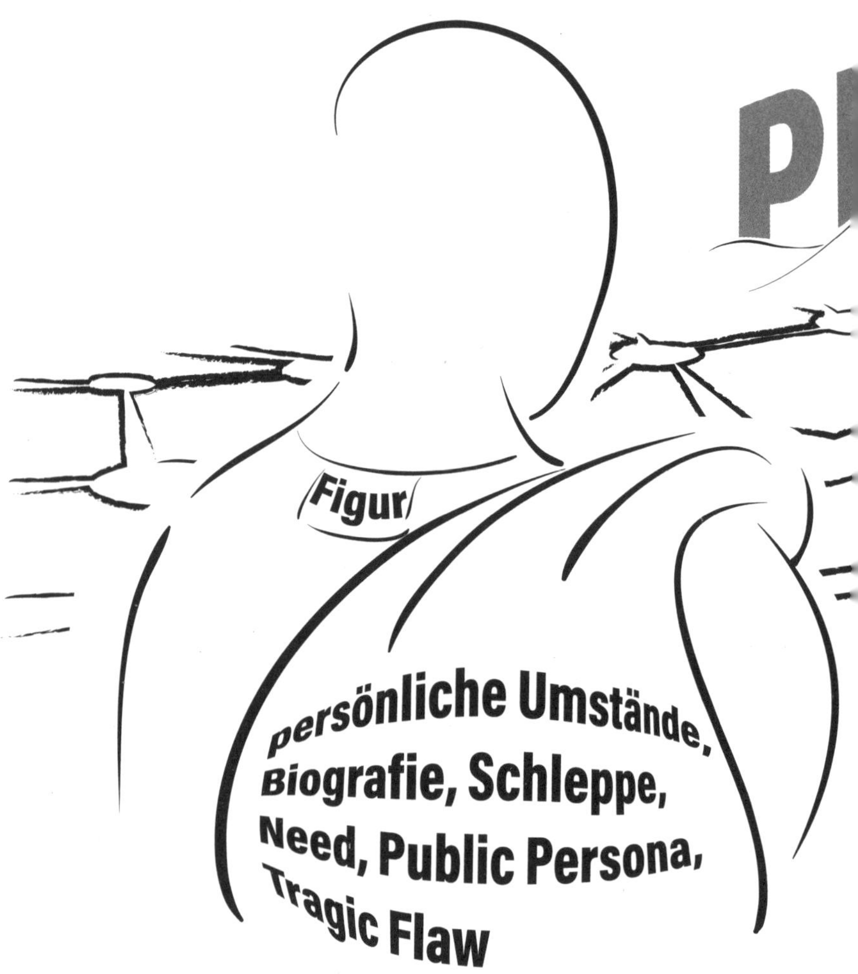

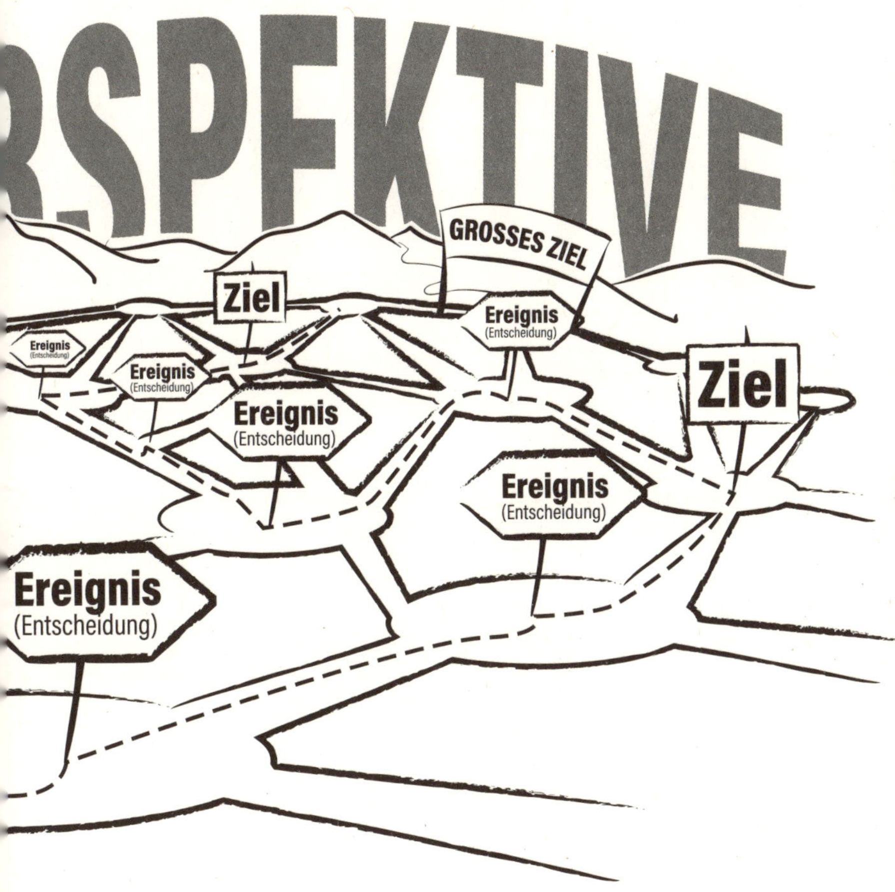
RSPEKTIVE
GROSSES ZIEL
Ziel
Ereignis
(Entscheidung)
Ereignis
(Entscheidung)
Ereignis
(Entscheidung)
Ereignis
(Entscheidung)
Ziel
Ereignis
(Entscheidung)
Ereignis
(Entscheidung)

Aktionsverb (siehe auch Beispiele für Aktionsverben im Anhang VII.2.)

Ein Aktionsverb ist ein Verb (Tu-Wort), das eine konkrete partnerbezogene Handlung* beschreibt. Die Handlung* bezieht sich auf das, was mit dem Partner zu tun ist und ist deshalb aktiv. Das Aktionsverb legt fest, was getan werden soll. Es beschreibt eine Strategie*, die die Handelnde Person* einsetzt, um ihr Handlungsziel* zu erreichen. Beispiele für Aktionsverben: den Partner ermutigen, („Ich weiß, du schaffst das"), verführen („Ich bin ganz hingerissen von dir"), verletzen („Ich will, dass du leidest"). Ein Aktionsverb legt nur fest, „was" geschehen soll, überlässt aber das „Wie" dem Schauspieler* in der Situation. Somit wird die Kreativität des Schauspielers* nicht eingeschränkt. Verben eignen sich, im Gegensatz zu Adjektiven, generell gut als Regieanweisungen. Sie regen zum konkreten, aktiven Handeln* an. Ausnahmen hierbei bilden alle Formen und Verknüpfungen mit „sein" und „haben". Diese verleiten, wie auch Adjektive, dazu, allgemeine, klischeehafte Gefühlszustände herzustellen. So führt die Regieanweisung „Sei verliebt!" meist dazu, dass Darsteller dauerhaft lächeln und sich benehmen, wie sie es im Leben, in dieser Situation nie tun würden. Aktionsverben eignen sich gut, wenn es um die Beantwortung der Frage geht: Was tue ich, mein Gegenüber betreffend, um mein Handlungsziel* zu erreichen.

Atmosphäre

Eine Atmosphäre ist der Einfluss, unter dem eine Figur* steht, sie ist sozusagen das energetische Feld, in dem sie sich bewegt. Als Werkzeug dient sie der Handelnden Person* dazu, etwas auf eine bestimmte Art und Weise zu tun. Die Atmosphäre beeinflusst das „Wie" des Handelns*. Sie lässt sich gut mit einem Substantiv beschreiben, das wiederum durch ein Adjektiv genauer definiert wird. Die Arbeit mit Atmosphären geht auf Michael Tschechow zurück, der sie als Erweiterung der physischen Handlung* Stanislawskis entwickelt hat. Wer die Arbeit mit Atmosphären vertiefen möchte, dem sei das Buch „Die Tschechow-Methode" von Lenard Petit empfohlen (siehe auch Übung II.10. „Arbeit mit Atmosphären").

Beispiele: „schneidende Kälte", „freudige Erwartung", "dunkle Vorahnung", „geheimes Entsetzen", „stille Zärtlichkeit", „helle Aufregung", „nagende Sorge", „majestätische Würde", „klirrende Arroganz", „gespannte Hoffnung", „unterdrückte Aggression", „wässrige Leere", „geheimes Verlangen", „grausame Gewissheit", „kalter Hass" usw.

Achtung: Liegen der Arbeit mit Atmosphären keine klaren, auf ein Gegenüber bezogenen Handlungen* zugrunde, kann es leicht sein, dass sie in zuständliches* Spiel führt.

Aufgabe

Als Aufgabe bezeichnet man all das, was der Schauspieler* sich auf der Szene* zu tun vornimmt. Jede Aufgabe sollte im Sinne der Figurenlogik* getroffen werden und dem aktiven Erreichen des Handlungszieles* dienen. Falsch wäre eine Aufgabe beispielsweise dann gestellt, wenn sie das Herstellen von Gefühlszuständen* auf der Szene* beinhaltet. Wassili Toporkow, ein Schüler Stanislawskis, schreibt in seinem Buch

„Stanislawski bei der Probe“: „Die Umstellung der Schauspieler-Aufmerksamkeit [*] von der Suche nach den Gefühlen in sich selbst auf die Ausführung von Bühnenaufgaben ist eine der wichtigsten Entdeckungen Stanislawskis [...]“ (S. 57)

Aufmerksamkeit: siehe **Szenische Aufmerksamkeit*** und **Geteilte Aufmerksamkeit***

Aufnehmen – Bewerten – Entscheiden – Handeln

Der Vorgang* vom Eintreten eines Ereignisses* bis zur darauffolgenden, ausagierten Entscheidung* beinhaltet das: Aufnehmen – Bewerten – Entscheiden – Handeln. Jeder szenische* Vorgang*, der mit dem Aufnehmen oder auch Wahrnehmen eines eingetretenen Ereignisses* beginnt, kann mithilfe dieser vier Handlungen* beschrieben und ausgespielt werden.

Beispiel: Es klingelt nachts um halb zwölf an der Tür. Die Figur* nimmt dieses Ereignis* auf und bewertet* es im Sinne ihrer Figurenlogik*. Vielleicht hat sie eine Ahnung, wer die Person ist, die an der Tür steht, und was diese von ihr wollen könnte. Daraufhin trifft sie eine Entscheidung*. Soll sie: 1.) zur Tür gehen und öffnen? 2.) Verharren und sich still verhalten? Oder 3.) Sich langsam zum Fenster bewegen, um die Person beim Weggehen zu beobachten? Sie entscheidet sich im Sinne Ihrer Figurenlogik* für die dritte Variante und agiert diese Entscheidung* aus. Der Vorgang* ist mit der ausagierten Entscheidung* beendet.

Ausgangssituation

Die Ausgangssituation ist die Situation, aus der heraus eine Figur* unter den gegebenen Umständen* die Handlung* beginnt. Dabei muss immer der jeweilige Blickwinkel berücksichtigt werden. So ist die Ausgangssituation aus dem Blickwinkel jeder einzelnen Figur* auf der Bühne eine andere. Und spricht z. B. ein Regisseur von der Ausgangssituation, hat er möglicherweise einen anderen Blickwinkel als ein Schauspieler*. Während der Regisseur die Ausgangssituation meint, die er als Betrachter von außen wahrnimmt, sieht der Schauspieler* sie logischerweise aus dem Blickwinkel seiner Figur*. Zur Ausgangssituation einer Figur* gehören alle Umstände* – wie die Schleppe*, das Handlungsziel*, die Figurenperspektive* usw. –, wie sie in dem Moment bestehen, bevor die Figur* die Handlung* beginnt. Die Ausgangssituation ist dann beendet, wenn der erste Vorgang* stattfindet. Eine Hilfe für das Bestimmen der Ausgangssituation einer Figur* kann die Beantwortung der W-Fragen* sein.

Bewerten

Bewerten ist das Beurteilen einer Situation durch die Handelnde Person* im Sinne ihrer Figurenlogik*. Betritt eine Handelnde Person* die Szene*, wird die vorgefundene Situation von ihr bewertet. Das Bewerten dient der Orientierung bzw. dem Sich-aufeinander-Einstellen. Oft sind auch die ersten Sätze noch nicht sehr aktiv, sondern gleichen einem Abtasten und Bewerten. Stanislawski beschreibt, dass das Bewerten einer Situation in der Realität immer stattfindet, auf der Bühne jedoch oft vergessen wird. Das Bewerten ist das subjektive Betrachten und Einschätzen der vorgefundenen Situation, um in ebendieser Situation handeln* zu können.

Biografiearbeit

Biografiearbeit ist das Suchen und Finden biografischer Details für eine darzustellende Figur*. Die Biografiearbeit ist Teil der Vorbereitung*, die der Schauspieler* zu leisten hat, bevor es in szenische* Proben oder an den Drehort geht. In welchem Umfang diese stattfindet, ist rollenabhängig* und individuell unterschiedlich. Oft sind nur einige wenige Details der Biografie einer Figur* prägend für ihr Leben und ihren Charakter (siehe auch Arbeitsbegriff: Charakterarbeit*). Grundsätzlich geht es nicht um die Konstruktion einer Komplettbiografie, sondern darum, Umstände* zu erschaffen oder auch aus einem Stück oder Drehbuch herauszulesen, die dem Darsteller beim Spielen und Erschaffen einer mehrdimensionalen Figur* helfen. Es besteht ansonsten die Gefahr, dass diese Arbeit zu einer künstlerisch wertlosen Fleißarbeit wird, die eher blockiert als hilft. Aus dem Kosmos der gefundenen Umstände* heraus kann eine Figur* beginnen, auf der Szene* in einer ihr eigenen Figurenlogik* und im Sinne der Geschichte, die im Stück oder Film erzählt werden soll, zu handeln*. Es kann dabei auch sinnvoll und notwendig sein, sich bestimmte Fertigkeiten anzueignen.

Beispiel: Eine Figur* hat die Aufgabe*, auf der Szene* eine Waffe in die Hand zu nehmen. In ihrer Biografie gibt es den Umstand*, dass sie mehrere Jahre im Krieg als Soldat gedient hat. Auch wenn dieser Umstand* im Stück ansonsten vielleicht keine Rolle spielt, beeinflusst er in diesem Moment das Handeln* der Figur* physisch und auch emotional. Es ist für den Schauspieler* also notwendig, sich sowohl gewisse Fertigkeiten im Umgang mit der betreffenden Waffe anzueignen, als auch Umstände* zu finden, die sein emotionales Verhältnis zu diesem Gegenstand klären. Diese Umstände* fließen, ohne dass er sie dem Zuschauer demonstrieren* muss, auf natürliche Weise in sein Spiel ein, bereichern die Figur* und lassen sie mehrdimensional werden. Am Beginn der szenischen* Arbeit kann es bereichernd sein, wenn der Schauspieler* in seiner Figur* über sein Leben spricht. Er geht dabei auf die Bühne und erzählt den Zuschauern in der Ich-Form. Aus der Perspektive seiner Figur* berichtet er von Ereignissen*, die ihn als Figur* geprägt haben oder auch von Träumen und Wünschen, die er hat (siehe auch Übung III.30. „Persönliches Interview").

Botschaft

Als Botschaft wird das bezeichnet, was sich dem Zuhörer oder Zuschauer vermittelt. Es ist die Essenz einer Geschichte, eines Textes, Auftrittes, Stückes oder Films. Sie wird durch den interpretierenden Künstler vermittelt. So kann jeder Text daraufhin untersucht werden, welche Botschaft durch ihn vermittelt werden kann. Manchmal ist eine Botschaft nur indirekt oder gar nicht in einem Text zu finden. Eine Botschaft sollte sich einfach und klar in einem Satz formulieren lassen. So werden auch mit Songtexten von den jeweiligen Interpreten meist einfache, klare Botschaften vermittelt, wie z. B.: „Ich will nicht mehr einsam sein", „Verpisst euch" oder „Helft mir".

Bruch

Ein Bruch ist ein plötzlicher Richtungswechsel im Handeln*, ausgelöst durch ein eintretendes Ereignis*. Ein Bruch ist ein gestalterisches Mittel*. Die Handelnde Person* bricht eine Handlung* zugunsten einer anderen plötzlich ab. An dieser Stelle ändert sich auch der vorhandene Temporhythmus* (siehe Arbeitsbegriff). Das eintretende Ereignis* kann dabei in Form einer Sinneswahrnehmung von außen kommen oder von innen als plötzlich auftretender Gedanke. Ein Bruch kommt für den Zuschauer grundsätzlich überraschend und unerwartet. Brüche sind damit auch beliebte Slapstick- und Komödienelemente.

Beispiel: Die Handelnde Person* sitzt in einer Arbeitsbesprechung. Plötzlich schießt ihr der Gedanke durch den Kopf, dass sie vergessen hat, zu Hause das Bügeleisen auszuschalten. Dieser Gedanke kann zum Abbrechen der eben durchgeführten Handlung*, nämlich dem Agieren in der Arbeitsbesprechung, zugunsten einer anderen, für sie in dem Moment wichtigeren, führen. In diesem Fall könnte es das fluchtartige Verlassen des Raumes oder der plötzliche Griff zum Telefon sein. Ein Bruch verändert grundsätzlich die Situation. Brüche können jedoch, wie andere gestalterische Mittel* auch, schnell zu hohlen, äußerlichen Attitüden oder eitlem Selbstzweck des Schauspielers* werden, wenn sie nicht einem konkreten Anlass oder Gedanken entspringen, welcher die Geschichte, die erzählt werden soll, vorantreibt.

Charakterarbeit

Die Arbeit mit den Verhaltensmustern, die den Handlungen* einer Figur* zugrunde liegen, wird hier als Charakterarbeit beschrieben. Die Charakterarbeit basiert auf einem einfachen und trotzdem komplexen, psychologischen System. Dieses System hilft dem Schauspieler* zu begreifen, aus welcher Motivation seine Figur* handelt*. Grundlage dieses Systems ist der innere Schmerz der Figur* und das damit verbundene Gefühl, ein Defizit zu haben. Um den Schmerz und das gefühlte Defizit loszuwerden, hat die Figur* Verhaltensmuster entwickelt. Diese gliedern sich in drei Dimensionen (siehe Grafik). Dabei ist immer eine der Dimensionen zur Zeit nach außen hin sichtbar. Der Figur* ist dieser Prozess weitestgehend unbewusst. Der Schauspieler*, der die Figur* spielt, hat die Möglichkeit, bewusst mit ihm zu arbeiten. Die Charakterarbeit kann ihm helfen, eine mehrdimensionale Figur* zu entwickeln.

- Die erste Dimension ist das Need (Tiefe Bedürfnis)* der Figur* (siehe Arbeitsbegriff)

Beispiel: Eine Figur* empfindet sich als wertlos. Sie glaubt, wenn sie von anderen wirklich gesehen und wahrgenommen würde, dann würde sie sich wertvoll und interessant fühlen. Gesehen werden zu wollen wäre in diesem Fall ihr Need (Tiefes Bedürfnis)*. Dieses Need* ist der Motor, der ihr Handeln* bestimmt. Die Figur* tut alles ihr sinnvoll Erscheinende, um von anderen gesehen zu werden.

- Die zweite Dimension ist die Public Persona (Öffentliche Person)*, (siehe Arbeitsbegriff). Das, wie die Figur* von anderen gesehen werden möchte.

Beispiel: Die Figur* empfindet sich als wertlos. Ihr Need* ist, sie will gesehen werden. Um das zu erreichen, kann es durchaus sein, dass sie sich nach außen als der oder die Unterhaltsame gibt. Die Unterhaltsame wäre in dem Fall ihre Public Persona*.

- Die dritte Dimension ist der Tragic Flaw (Tragische Makel)* (siehe Arbeitsbegriff). Es ist das Verhaltensmuster, mit dem die Figur* reagiert, wenn sie sich bedroht fühlt.

Beispiel: Die Figur* erfährt, dass ihre Kollegen nicht an ihren Geburtstag gedacht haben. Das Gefühl, wertlos zu sein, wird ihr damit bestätigt. In diesem Moment spürt sie intensiven Schmerz. Sie ist nicht mehr in der Lage, ihre Public Persona* aufrecht zu erhalten, denn diese begegnet direkt ihrem Need*. Auch ist sie nicht mehr im Stande, Entscheidungen* zu treffen, sondern reagiert nur noch spontan aus dem Schmerz heraus. Es ist möglich, dass sie sich in diesem Fall automatisch in sich zurückzieht. Der Rückzug wäre dann ihr Tragic Flaw*.

Zwischen den drei genannten Dimensionen bewegt sich die Figur*, je nach Situation, hin und her. Für weitere Beispiele siehe auch die Beispiellisten für Need*, Public Persona*, Tragic Flaw* sowie die Beispielszene im Anhang. Den nachstehenden grundlegenden Fragen kann der Schauspieler* am Beginn der Charakterarbeit folgen:

1. Welchem tiefen inneren Bedürfnis* folgt meine Figur*? (Need*)

1.a Welches ist das darunterliegende gefühlte Defizit?

2. Wie tritt meine Figur* in der Öffentlichkeit auf? Wie will sie gesehen werden? (Public Persona*)

3. Wie reagiert meine Figur*, wenn sie sich bedroht und in die Enge getrieben fühlt? (Tragic Flaw*)

Man kann sich von jeder der drei Dimensionen aus den anderen beiden nähern. In manchen Fällen ist die Public Persona* einer Figur* sehr offensichtlich. In anderen erkennt man zuerst das Need*. Hat der Schauspieler* die Verhaltensmuster der Figur* erschlossen und sie mit dem eigenen Verstehen und Erleben verlinkt*, dann kann die von ihm erschaffene Figur* in jeder beliebigen Situation auf natürlich-logische* Weise und ihrem Need* entsprechend handeln*. Es ist dann viel leichter, Handlungsziele* in Szenen sowie die Perspektive der Figur* zu erkennen. Ein Mensch (die Figur*) ist entstanden, der anders denkt und handelt* als der Schauspieler* selbst und doch mit dessen Erleben und Verstehen eng verbunden ist.

Gerade bei der Arbeit vor der Kamera ist oft keine Zeit, eine Figur* in einem langen Probenprozess zu entwickeln. In diesem Fall ist es für den Schauspieler* äußerst hilfreich, sich diese vorher zu erarbeiten und trotzdem flexibel für die Anforderungen des Regisseurs zu bleiben (siehe auch Arbeitsbegriff: In und aus Figuren gehen / Rollenwechsel*). Hat der Schauspieler* diese Arbeit im Vorfeld getan, ist er am Set in der Lage, die von ihm erschaffene Figur* mit Partnern und aktuell vorgefundenen und geforderten Umständen* zu konfrontieren. (siehe auch Arbeitsbegriff: W-Fragen*)

Wer diese Arbeit an der Figur* vertiefen möchte, dem sei das Buch „Truth" der amerikanischen Schauspiellehrerin Susan Batson empfohlen. Sie hat aus der Tradition Lee Strasbergs kommend diese Methode entwickelt und ausgebaut.

Die nachfolgenden Beispiele für das Zusammenspiel von Need*, Public Persona* und Tragic Flaw* sind mögliche Zusammenstellungen. Je nach Figur* können sie natürlich anders kombiniert und erweitert werden:

Beispielfiguren	1. Dimension: Need* (Tiefes Bedürfnis)	2. Dimension: Public Persona* (Öffentliche Person)	3. Dimension: Tragic Flaw* (Tragischer Makel)
1. Figur*	gesehen werden wollen empfundenes Defizit: langweilig und unbedeutend zu sein	der Entertainer	andere klein machen
2. Figur*	nach Wahrheit empfundenes Defizit: von anderen betrogen zu werden	der Gerechte	sich zurückziehen
3. Figur*	Einen Wert haben empfundenes Defizit: Wertlos zu sein	die, die nur für andere da ist	zubeißen
4. Figur*	Ordnung empfundenes Defizit: im Chaos zu versinken	der Strukturierte	verwüsten
5. Figur*	Unabhängigkeit empfundenes Defizit: abhängig und eingesperrt zu sein	die Kompetente	Leute vor den Kopf stoßen

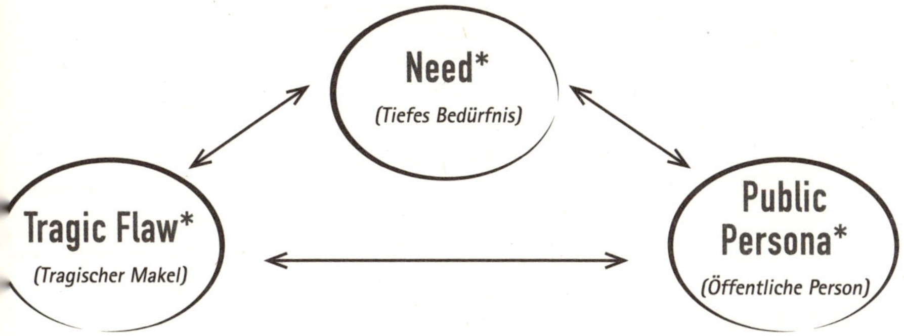

Need*
(Tiefes Bedürfnis)

Tragic Flaw*
(Tragischer Makel)

Public Persona*
(Öffentliche Person)

Demonstrieren

Das Demonstrieren ist ein erklärendes und dadurch unnatürliches Spiel. Es ist häufig ein Merkmal des Laienspiels. Hierbei vertraut der Darsteller seinen Handlungen* auf der Szene* nicht, sondern glaubt, sie dem Zuschauer mit seinem Spiel noch einmal zusätzlich erklären oder vorspielen zu müssen. Das Demonstrieren oder auch das demonstrierende Spiel steht im Gegensatz zum natürlich-logischen Handeln*. Stanislawski bezeichnet es auch als „das Mimen". Wassili Toporkow beschreibt eine Probensituation, in der ein Schauspieler* aufmerksam* auf etwas hören sollte und Stanislawski bemängelte: „Nein, Sie versuchen etwas zu mimen, aber Sie wollen doch lauschen. Sie hören ja nichts." („Stanislawski bei der Probe", S. 49) In dieser Situation hat offensichtlich der Schauspieler* gedacht, es reiche nicht aus, aufmerksam* nach etwas zu hören, sondern er müsse dieses dem Zuschauer noch einmal vorspielen bzw. demonstrieren. Natürlich hört er in diesem Fall nicht mehr hin, weil seine Aufmerksamkeit* nicht dem Hören gilt, sondern der Frage, ob der Zuschauer auch versteht, was er da tut. Dies kann nie im Sinne einer Geschichte sein, die erzählt werden soll. Für den Zuschauer sind Stücke und Filme Ratespiele*. Es ist für ihn wesentlich spannender, wenn er nicht jede Handlung* noch einmal von den Darstellern demonstriert bzw. erklärt bekommt wie im oben beschriebenen Fall: „Seht her, ich höre jetzt". Handelt* der Schauspieler* auf natürlich-logische* Weise im Sinne seines Handlungszieles* und kümmert er sich in dem Moment nicht um die Wirkung, kann auch der Zuschauer seine Arbeit tun: herausfinden, was genau die Darsteller gerade tun und warum.

Es gibt ein häufiges Missverständnis: Wenn man mit Leuten, die noch über wenig Bühnen- oder Filmerfahrung verfügen, über das Demonstrieren spricht, dann glauben sie schnell, sie müssten jede ihrer Äußerungen möglichst klein halten, um ja nicht zu demonstrieren. Es gibt aber auch Spielstile, wie den der Commedia dell'arte oder bestimmte Slapsticktechniken, bei denen offenkundig mit dem Einsatz großer körperlicher sowie stimmlicher Mittel* gearbeitet wird. Doch auch hier kommt der Darsteller, wenn er wirklich nur unter den gegebenen Umständen* handelt*, ohne jegliches Demonstrieren aus. Wenn man das Leben aufmerksam* beobachtet, wird man feststellen, dass in alltäglichen Situationen oft stimmlich und körperlich groß agiert wird.

Beispiel: Ich bin vor einiger Zeit Zeuge eines Ehestreits geworden, den ich abends vom Balkon meiner Wohnung in einem Fenster des gegenüberliegenden Hauses beobachten konnte. Die Fenster waren hell erleuchtet, aber geschlossen, sodass ich nicht hören, sondern nur sehen konnte, was da vor sich ging. Ich habe mir in diesem Moment gewünscht, dieses reale Stück Leben mit einer Kamera aufzeichnen zu können, um es immer dann zu zeigen, wenn ich Sätze höre wie: „Das ist doch aber übertrieben, so groß würde man das im Leben nie machen" oder „Ich will spielen, nicht demonstrieren." Dieser Streit fand mit so großem körperlichen Einsatz statt, dass ich wie gebannt zusah und zwischendurch lachen musste, weil ich natürlich ähnliche Situationen auch selbst erlebt habe. Das, was ich sah, hatte natürlich nichts mit Demonstrieren oder Mimen zu tun. Beide Akteure waren sich in diesem Fall keines Zuschauers bewusst. Sie verfolgten aber mit allen ihnen zur Verfügung stehenden Mitteln* ein klares Handlungsziel*: dem anderen begreiflich zu machen, wie sehr man sich von ihm verletzt fühlte und ihn dazu zu bringen, seine Schuld einzugestehen.

Doubletake

Als Doubletake wird ein zweimaliges Hinsehen bzw. eine verschleppte Reaktion bezeichnet. Der Doubletake ist ein gestalterisches Mittel*. Er findet seinen Einsatz oft im Slapstick- und Komödienbereich sowie in der Clownerie, jedoch nicht ausschließlich. Der Doubletake ist eine verzögerte Reaktion und basiert darauf, dass ein Ereignis* beim ersten Hinsehen zwar gesehen, aber noch nicht bewusst und als Ganzes erfasst wird. Insofern kann nach dem ersten Hinsehen auch nicht der Situation angemessen reagiert werden. Das gesehene Bild muss erst im Gehirn ankommen. Ist dieses geschehen, vergewissert sich die Handelnde Person* durch ein zweites Hinsehen (double), ob das, was als Bild gerade aufgetaucht ist, auch der Wahrheit entspricht. Erst jetzt wird die Situation komplett erfasst und es kann darauf reagiert werden.

Beispiel: Die Handelnde Person* steht im Zoo an einer Eisbude und bestellt ein Eis. Während der Verkäufer das Eis aus dem Gefrierschrank holt, fällt ihr Blick zur Seite, und sie sieht neben sich einen Tiger stehen. Der Tiger wird von ihr zwar oberflächlich wahrgenommen, jedoch erschließt sich das Außerordentliche und Gefährliche dieser Situation in diesem Moment noch nicht. So kann es sein, dass die Handelnde Person* dem Tiger über den Kopf streicht und sich dann wieder dem Eisverkäufer zuwendet, das Eis entgegennimmt und sich anschickt, zu bezahlen. Plötzlich verknüpft sich in ihrem Gehirn das Bild des neben ihr stehenden Tigers mit der Gefährlichkeit der Situation. Sie wendet den Kopf ein zweites Mal (*double*) in Richtung Tiger, um sich zu vergewissern, ob der erste unbewusste Sinneseindruck wirklich der Realität entsprach. Erst jetzt kann die Handelnde Person* angemessen reagieren. Der Doubletake gibt dem Zuschauer die Möglichkeit, schlauer bzw. cleverer zu sein als die Handelnde Person*. Während der Zuschauer die Situation längst begriffen hat, braucht die Handelnde Person* dafür möglicherweise eine „Ewigkeit". Die Zeit, die zwischen dem ersten und zweiten Hinsehen vergeht, ist allerdings sehr von Situation und Figur* abhängig und kann je nach Umständen* auch nur den Bruchteil einer Sekunde betragen.

Dramatik

Dramatik ist Literatur, die in Dialogform verfasst ist. Theaterstücke und Drehbücher gehören zur Dramatik bzw. zur dramatischen Literatur. Sie sind Arbeitsgrundlagen für Schauspiel, Regie, Kamera sowie für alle an einer Theaterproduktion oder einem Film beteiligten Personen und Gewerke.

Dramatische Ebene

Als Dramatische Ebene bezeichnet man das, was eine Figur* in dem Moment erlebt, in dem die Handlung* stattfindet. Die Dramatische Ebene verlangt eine Spielweise, bei der die Schauspieler* in die Handlung* einsteigen, als würden sie diese im Moment erleben. Streiten sich beispielsweise zwei Figuren*, findet der Streit im Moment der Handlung* auf der Szene* statt. Einen Unterschied zur Dramatischen bildet die Epische Ebene*, bei der über ein stattgefundenes oder noch stattfindendes Ereignis* berichtet oder erzählt wird.

Dramatischer Moment

Als Dramatischer Moment wird die Zeit bezeichnet, die zwischen dem Eintreten eines Ereignisses* bis zum Treffen einer Entscheidung* liegt. Ein Dramatischer Moment ist nach Treffen einer Entscheidung* vorüber. Dabei ist es möglich, dass die Figur* sich über einen längeren Zeitraum zwischen zwei oder mehreren Entscheidungsmöglichkeiten* hin und her bewegt, d. h. sich die Entscheidung* schwermacht oder eine einmal getroffene Entscheidung*, bevor diese zu Konsequenzen führt, wieder verwirft. Voraussetzung dabei ist, dass die Entscheidungsmöglichkeiten* annähernd gleiche Wichtigkeit besitzen. Spannend wird die Szene* dann, wenn es mehrere Dramatische Momente gibt. Die Figuren* haben in diesem Fall viel zu entscheiden*. Die Länge eines solchen Dramatischen Momentes hängt von der Figur* und ihren Umständen* ab. Der Dramatische Moment ist für die Handelnde Person* in jedem Fall eine Zeit der Aktivität: Sie sucht nach der richtigen Entscheidung*.

Beispiel: A und B sitzen sich im Restaurant an einem Tisch gegenüber. Nach einer ungeschickten Bemerkung bekommt B den Inhalt von As Weinglas ins Gesicht. B befindet sich jetzt in einem Dramatischen Moment und muss, je nach Handlungsziel*, zwischen mehreren Entscheidungsmöglichkeiten* wählen. Mögliche Entscheidungen* könnten sein: 1) Mit einem Gegenangriff reagieren und das eigene Weinglas in As Gesicht entleeren. 2) Die Rechnung bestellen. 3) Den Angriff ignorieren und das Gespräch fortsetzen. 4) Den Raum verlassen. 5) Neuen Wein bestellen. Beginnt B, eine dieser möglichen Handlungen* auszuführen, ist der Dramatische Moment vorüber. Dramatische Momente können natürlich viel unspektakulärer sein als in diesem beschriebenen Fall. Trotzdem gehören sie mit zu den spannendsten Momenten, auch für den Zuschauer, weil dieser voller Erwartung für das ist, was wohl nun passieren mag. Möglicherweise hat er eine eigene Idee oder Meinung dazu usw. Das Stück oder der Film wird im besten Sinne zum Ratespiel* für den Zuschauer. Allerdings sollte der Dramatische Moment für den Darsteller nicht zum Selbstzweck oder zur leeren Hülle werden. Es hat auch keinen Sinn, vor jeder Entscheidung* eine endlose Pause zu machen und bedeutungsvoll in der Gegend umherzublicken, in der Hoffnung man könne so die Spannung erhöhen. Überlegt der Darsteller hingegen wirklich in diesem Moment und trifft dann die Entscheidung* im Sinne seines Handlungszieles*, als hätte er diese nicht vorher gekannt, ist auch für ihn der Dramatische Moment ein spannender, lebendiger und aktiver Moment, wie lange dieser im Einzelfall auch dauern mag.

Drehpunkt, szenischer / Figurendrehpunkt

Ein szenischer Drehpunkt ist der Zeitpunkt unmittelbar nach Eintreten eines Ereignisses*, welches den Verlauf einer Szene* so beeinflusst, dass diese sich dreht, d. h.

in eine andere Richtung verläuft. Ein Figurendrehpunkt ist der Zeitpunkt unmittelbar nach Eintreten eines Ereignisses, welches die Handlungen* einer Figur* so beeinflusst, dass diese sich drehen und in eine andere Richtung verlaufen.* **Beispiel:** Eine Figur* befindet sich auf der Geburtstagsfeier eines Freundes und bekommt die Nachricht, dass jemand, der ihr nahesteht, bei einem Unfall ums Leben gekommen ist. Die Folge kann beides, szenischer Drehpunkt wie auch Figurendrehpunkt, sein.

Durchgehende innere Handlung

Die psychosoziale Logik einer Figur*, die sie von einem Handlungsschritt zum nächsten führt und aus der heraus sich nacheinander alle äußeren Handlungen* sowie auch Texte ergeben und notwendig machen, bezeichnet man als Durchgehende innere Handlung. Hat eine Figur* eine Durchgehende innere Handlung, gibt es für sie keine passiven Momente auf der Szene*. Selbst in Phasen, in denen sie scheinbar nicht unmittelbar am Hauptgeschehen beteiligt ist, ist sie dennoch aktiv. Möglicherweise plant sie den nächsten Schritt, ist dabei, eine Entscheidung* zu treffen (siehe auch Arbeitsbegriff: Dramatischer Moment*), hält Ausschau nach einer guten Gelegenheit, um ins Geschehen einzugreifen oder, wie es bei Dienerfiguren oft der Fall ist, sie versucht unsichtbar zu sein und nicht aufzufallen. Was auch immer die Figur* tut, es gibt keinen Moment, in dem sie nicht handelt*, in dem sie nicht im Sinne ihres Handlungsziels* tätig ist. Für den Schauspieler* bedeutet das, es gibt für ihn keine Pausen auf der Szene*. Wenn ein Schauspieler* sich dabei ertappt, dass er auf der Szene* wartet, bis der Partner mit seinem Text fertig ist, dann ist das ein gutes Zeichen für eine Unterbrechung oder die vollkommene Abwesenheit der Durchgehenden inneren Handlung seiner Figur*. Er verfolgt in diesem Moment kein Handlungsziel*. In der praktischen Vorbereitung kann die Durchgehende innere Handlung dem Schauspieler* als Hilfsmittel dienen. Er kann während der Probenzeit oder vor Aufführungen überprüfen, ob dieser Leitfaden existiert, der ihn in Richtung der Figurenperspektive* hin zur Erfüllung der Überaufgabe* und damit durch das gesamte Stück logisch von Handlung* zu Handlung* führt. Ist dies nicht der Fall, folgen Handlungen* willkürlich aufeinander und sind somit nur aneinandergereihte Regieanweisungen oder Effekte. Es gibt Schauspieler*, die vor Aufführungen den gesamten Part, den sie im Stück zu spielen haben, für sich durchgehen, wobei sie sich den Partner vorstellen, alle äußeren Handlungen* lediglich andeuten und Texte vor sich hinsprechen. Dabei achten sie darauf, dass die Durchgehende innere Handlung nicht unterbricht.

Entscheidung

Eine Entscheidung ist die Folge eines eintretenden Ereignisses*. Entscheidungen werden von der Handelnden Person* im Sinne der Figurenlogik* ihrer Figur* getroffen. Sie dienen dem Erreichen des Handlungszieles* auf der Szene*. Die Figur* muss entscheiden, ob und wie sie eine Strategie* weiterverfolgt oder eine neue wählt. (siehe auch die Beispiellisten für Handlungsziele* und Strategien* / Aktionsverben* sowie die Beispielszene im Anhang.) Jedes Stück oder jeder Film besteht aus einer Reihe von

Entscheidungen der Handelnden Personen*, die damit versuchen, Widersprüche aktiv aus dem Weg zu räumen und somit an ihre Handlungsziele* zu gelangen. Da Handlungsziele* verschiedener Figuren* meist schwer miteinander vereinbar sind, entstehen Konflikte*. Je mehr Konflikte* Figuren* auf der Szene* aktiv zu lösen haben, desto spannender ist die Geschichte. Auch kleine Entscheidungen sind oft von Wichtigkeit und sollten dem Erreichen des Handlungszieles* der Figur* dienen, beispielsweise das Einschalten oder Nichteinschalten des Lichtes, wenn es dunkel wird. Damit eine Figur* eine Entscheidung treffen kann, ist es notwendig, dass es eine oder mehrere Entscheidungsoptionen gibt. Spannend ist das Treffen der Entscheidung dann, wenn diese Optionen annähernd die gleiche Wichtigkeit besitzen (siehe dazu Arbeitsbegriff: Dramatischer Moment*).

Epische Ebene

Das, was eine Figur* in dem Moment, in dem die Handlung* stattfindet, bereits erlebt hat oder noch erleben wird und worüber jetzt, zum Zeitpunkt der Handlung*, erzählt oder berichtet wird, bezeichnet man als Epische Ebene. Die Epische Ebene verlangt im Gegensatz zur Dramatischen Ebene* eine andere Spielweise. Das heißt nicht, dass Darsteller oder Figuren* unbeteiligt ihren Text aufsagen, aber die Möglichkeit des Reflektierens ist bereits gegeben und fließt in das Spiel mit ein. Im Falle eines Streits kann möglicherweise das eine oder andere Ereignis* schon mit Humor betrachtet werden, was bei der Dramatischen Ebene* viel schwieriger oder unmöglich wäre. Die Handelnde Person* kann sich vielleicht zu diesem Zeitpunkt auch schon bewusst entscheiden*, ob sie bestimmte Begebenheiten, denen sie auf Dramatischer Ebene* völlig ausgeliefert wäre, jetzt während des Erzählens oder Berichtens darüber noch einmal durchleben will oder auch nicht. Typische Beispiele sind Botenberichte, wie z. B. der Bericht der Meroe aus „Penthesilea" von Kleist. Die Dramatische Ebene* ist hier das Erzählen selbst, die Epische Ebene ist der Gegenstand der Erzählung.

Ereignis

Ein Ereignis ist ein einzigartiger Umstand*, der im Laufe der Handlung* eintritt und das Handeln* der Figur* verändert. Oft bewirkt ein Ereignis einen Figurendrehpunkt*. Eintretende Ereignisse zwingen die Handelnden Personen*, im Moment der Handlung* Entscheidungen* im Sinne ihrer Figurenlogik* zu treffen. Jedes Stück und jeder Film ist so eine Ansammlung von Ereignissen. Sie verlangen von den Handelnden Personen* Entscheidungen* und treiben damit die Handlung* voran. Reaktionen auf Ereignisse sind Entscheidungen*. Ein Ereignis kann von außen eintreten – z. B.: es klopft an der Tür / der Partner tut oder sagt etwas – oder auch als Gedanke von innen – z. B.: Der Figur* fällt plötzlich ein, dass heute der Geburtstag ihres Vaters ist. Von einem Ereignis im schauspielerischen Sinne ist nur dann die Rede, wenn dieses das Handeln* einer Figur* beeinflusst. So ist z. B. das Lesen eines Buches als solches noch kein Ereignis. Kommt die Figur* aber dadurch auf eine Idee, die ihr Handeln* verändert, wird das Lesen des Buches zu einem Ereignis. In der Arbeit an der Rolle* kann der Schauspieler*

Szene für Szene* nach Ereignissen absuchen, die vom Autor vorgegeben sind und das Handeln* seiner Figur* verändern. Eintretende Ereignisse verlangen vom Schauspieler* während des Spielens auf der Szene* immer ein Aktivwerden im Moment unter Berücksichtigung all dessen, was dieser Moment mit sich bringt. Denn die Figur*, die der Schauspieler* darstellt, weiß meist nichts davon, dass dieses oder jenes Ereignis eintritt oder wann dies geschieht. Wird das spontane Reagieren auf eintretende Ereignisse ignoriert, werden nur einstudierte Abläufe abgespult und es entsteht kein lebendiges Spiel. (siehe auch Beispielszene im Anhang VII.6.)

Figur

Die in einem künstlerischen Prozess entstandene Person, die unter den Umständen* handelt*, die ein Stück oder Drehbuch vorgibt, wird als Figur bezeichnet. Eine Figur ist die Essenz der individuellen Erfahrung und Fantasie des Schauspielers* in Verbindung mit der Textvorlage des Autors und dem, was die Regie erzählen will. Je nach Zeit, Art und Umfang einer Produktion können jedoch noch eine Vielzahl anderer Leute direkt oder indirekt an diesem Prozess beteiligt sein, wie z. B. Kameraleute, Dramaturgen, Masken- und Kostümbildner sowie Menschen aus dem persönlichen* Umfeld, die mit dem eigentlichen künstlerischen Prozess nicht direkt zu tun haben und eher als Inspiration dienen. Die Anzahl der Inspirationsmöglichkeiten, die von Schauspielern* zum Erschaffen von Figuren genutzt werden, sind zahllos und abhängig von dem jeweiligen Stück oder Drehbuch und dessen Lesart*, von individueller Fantasie, Veranlagung sowie bisheriger Lebenserfahrung. Jede Figur ist somit einzigartig. So gibt es beispielsweise nicht *die* Penthesilea oder *den* Karl Moor. Es gibt nur die Verbindung von der auf dem Papier stehenden Rolle* mit der Einzigartigkeit, den Erfahrungen und der Fantasie des sie darstellenden Schauspielers* sowie der am Prozess beteiligten weiteren Personen. Die aus dieser Verbindung hervorgehende neue Person ist die Figur (siehe auch Arbeitsbegriff: In und aus Figuren gehen / Rollenwechsel*).

Figurendrehpunkt: siehe **Drehpunkt***

Figurengeheimnis

Ein persönlicher Umstand*, den die Figur* in sich trägt, den sie nie preisgibt und der ihr Handeln* beeinflusst, ist das Figurengeheimnis. Dieses Geheimnis der Figur* steht fast nie im Stück oder Drehbuch. Es ist auch nicht unbedingt notwendig, dass die Handelnde Person* dieses Geheimnis, das sie im Laufe der Vorbereitung auf ihre Figur* gefunden hat, der Regie oder ihren Mitspielern und Mitspielerinnen mitteilt. Nicht jede Figur* muss ein Figurengeheimnis haben, es kann jedoch eine große Hilfe sein, um sich die Art und Weise, wie eine Figur* handelt*, zu motivieren.

Über die Schauspielerin* Meryl Streep beispielsweise ist bekannt, dass sie für die Figur* der Johanna Kramer in dem Film „Kramer vs. Kramer", für die sie ihren ersten Oscar erhielt, mit dem Figurengeheimnis arbeitete, dass sie den Vater ihres Sohnes nie geliebt hat. Dieses Geheimnis trägt die Figur* mit sich, es beeinflusst ihre Handlungen* und ihre Entscheidungen* und gibt der Figur* Tiefe.

Figuren-, Stück- und Drehbuchaufstellung

Ein Werkzeug aus der systemischen Arbeit, das das direkte Erleben einer Figur* oder Situation ermöglicht, ist die Figuren*-, Stück- oder Drehbuchaufstellung. Die Arbeit mit Aufstellungen eröffnet einen Weg, eine Figur* oder Situation ohne jegliches Hintergrundwissen, Ausdenken oder Spekulieren unmittelbar erleben zu können. Der Zugang zur Figur* entsteht so meist recht unspektakulär von selbst.

Das systemische Aufstellen hat seinen Ursprung in der Familientherapie und dient als methodische Intervention dem Aufspüren von Verhaltensmustern sowie deren Auflösung und Bearbeitung. In unserem Fall nutzen wir es als Werkzeug, um Situationen, Figuren* und ihre Beziehungen zu anderen Figuren* zu verstehen. Wir sind dabei nicht an dem Auflösen von Verhaltensmustern und Konflikten* interessiert, sondern an dem Erfahren und Beobachten ebendieser, damit wir sie für die Figur* nutzen und ihr Handeln* auch emotional nachvollziehen können. Diese Arbeit legt Ebenen von Figuren* oder einer Geschichte frei, die jenseits des Sichtbaren liegen und nicht im Drehbuch oder Stück beschrieben sind. Somit kann die Aufstellungsarbeit äußerst effektiv sein und ist meiner Erfahrung nach zu Beginn einer Produktion mit dem gesamten Cast oder Ensemble sehr zu empfehlen. Sie erspart im Voraus viele Spekulationen über Figuren* und deren Beziehungen untereinander und ist eine Bereicherung bei der Entwicklung von Figuren*. Der Ablauf gestaltet sich folgendermaßen:

Beispiel: Zu Beginn einer Aufstellung wird das System benannt. In diesem Fall das Stück „Othello" von Shakespeare. Das Ensemble sitzt in einem größeren Kreis auf dem Boden, das System befindet sich innerhalb des Kreises. Eine Handelnde Person* steht auf und sagt: „Das ist das Stück „Othello" von Shakespeare, ich gehe an den Anfang des Stückes, in die Figur* des Othello." Im Anschluss folgt ein Schritt nach vorn, hinein in das vorher benannte System und in die Figur*. Jetzt kommt die zweite Handelnde Person* dazu. Diese steht ebenfalls auf und sagt: „Ich gehe in das Stück „Othello" von Shakespeare, an den Anfang des Stückes, in die Figur* der Desdemona." Im Anschluss folgt auch hier ein Schritt nach vorn, in das System und die Figur*.

Von der Leitung der Aufstellung werden jetzt beide nacheinander befragt: „Wie geht's Othello? Wie geht's Desdemona?" Wichtig ist, darauf zu achten, dass beide nur berichten, was sie wahrnehmen und zu wem oder was sie sich hingezogen oder abgestoßen fühlen. Sie sollten nicht nacherzählen, was sie gelesen haben und zu wissen glauben. Auch müssen sie nichts „spielen", alles ergibt sich von allein. In dieser Arbeit können sehr überraschende Dinge zutage treten, sofern man offen bleibt und nicht anfängt, zu spekulieren oder zu überlegen. Denn dann verfällt man ins Grübeln und denkt, anstatt wahrzunehmen. Es ist auch in Ordnung, wenn keine Wahrnehmungen auftreten. Die Handelnden Personen* können die Aufstellung auch jederzeit verlassen und man startet erneut.

Auf die gleiche Weise werden verschiedene Figuren* und auch Aspekte in das System geholt. Beispielsweise stellt sich eine Handelnde Person* aus dem Kreis zur Verfügung und geht in den Aspekt „Macht": „Ich gehe in das Stück „Othello" von Shakespeare an den Anfang des Stückes, in die Macht." Fühlt sie sich zu jemandem oder zu etwas hingezogen, kann sie aufgefordert werden, dem nachzugehen und sich dort hinzubewegen. Wir können so eine Dynamik, die sich ergibt, verfolgen. So können auch sehr gut Needs* von Figuren* herausgefunden und erlebt werden. Damit diese Arbeit sinnvoll ist und gut funktioniert, ist es wichtig, klar zu bleiben und folgende Regeln einzuhalten:

Regeln:

- Es sollten nicht zu viele Figuren* und Aspekte aufgestellt werden, sonst wird es unübersichtlich und die Aufstellung verliert an Klarheit.

- Die einzelnen Aufstellungen sollten eher kurz sein und nicht ausufern. Dauert die Aufstellung zu lange, bringt sie keine neuen Erkenntnisse mehr, wird anstrengend und verwässert das ganze eher. Dann sollte lieber mit einer neuen Aufstellung begonnen werden.

- Wichtig ist das genaue Benennen der Szene*. Die Figuren* stehen anders zueinander, wenn bestimmte Ereignisse* schon stattgefunden haben. So ist es wichtig, vor dem Hineingehen präzise zu benennen, in welches Bild oder in welche Szene* man geht.

- Es kann hilfreich sein, während der Aufstellung die Schuhe auszuziehen, das erleichtert die Wahrnehmung und schafft eine bessere Erdung.

- Für die Regie ist es gut, wenn sie die Aufstellung nicht selbst leitet, sondern eher an der Seite sitzt, mitschreibt und beobachtet. Sie kann auch, wenn gewollt, selbst die Erfahrung machen und sich für einen Aspekt oder eine Figur* in die Aufstellung begeben.

- Will man sich eine Figur* genauer ansehen, ist es ratsam, ihre Eltern aufzustellen. Auch wenn diese im Buch oder Stück gar nicht auftauchen und möglicherweise bereits verstorben sind, gibt dies oft viel Aufschluss darüber, wo die Figur* herkommt und was sie mitbringt (Biografiearbeit*). Auch bekommt man hierüber oft eine Idee, welche Sehnsucht (Need*) die Figur* antreibt und kann diese dazu stellen, um sie zu erfahren. So wird eine Erinnerung verankert, die später, bei der Arbeit in der Szene*, genutzt werden kann (siehe auch Arbeitsbegriff Need* sowie Beispielliste im Anhang VII.3.).

- Handelnde Personen*, die in Figuren* stehen, sollten immer wieder von außen dazu angehalten werden, sich Körperlichkeiten und Dinge, die sie innerhalb der Aufstellung tun, bewusst zu machen, um sich später in der Szene* wieder daran zu erinnern und diese verwenden zu können.

- Das Herausgehen aus einer Aufstellung sollte nicht unterschätzt werden. Es ist wichtig, auch den Austritt möglichst klar zu benennen, ansonsten kann es zu Unwohlsein, Kopfschmerzen oder Ähnlichem kommen. Die Handelnden Personen* bleiben dann buchstäblich in der Aufstellung hängen. Damit dies nicht eintritt, benennt die

Handelnde Person* erst die Figur*: „Ich gehe aus der Figur* der Desdemona." Daraufhin macht die Handelnde Person* einen Schritt zurück und sagt dann: „Und ich gehe aus der Aufstellung." Jetzt erfolgt ein zweiter Schritt zurück. Anschließend dreht sich die Handelnde Person* um und geht nach hinten weg.

- **Wichtig!** Im Anschluss an das Herausgehen sollte die Person, die die Aufstellung leitet, alle Beteiligten noch einmal nacheinander fragen, wie es ihnen geht. Ich sage das hier in dieser Deutlichkeit, weil es erfahrungsgemäß häufig vorkommt, dass Leute schwer aus Aufstellungen wieder herausfinden. Meistens sieht man ihnen an, dass sie belastet und nicht im Vollbesitz ihrer Kraft sind. In diesem Fall sollen sie aufstehen und das Herausgehen wiederholen, in Verbindung mit Sätzen wie: „Ich gehe aus dem geistigen Raum dieser Figur* / dieser Geschichte." / „Das sind nicht meine Themen." / „Es ist eine Geschichte und ich gehe aus diesen Themen heraus." Auch hier ist der Schritt zurück wichtig. Außerdem kann es sinnvoll sein, den Körper auszuschütteln oder die Energien wegzuklatschen (siehe auch Übung IV.5. „Schütteln"). Zu benennen, wer man selbst ist, hilft ebenfalls: „Ich bin Berta und hole nachher mein Kind aus der Kita ..."

- Zudem sollten die an der Aufstellung Beteiligten nach der Aufstellungsarbeit zeitnah duschen oder eine Runde im See schwimmen und anschließend die Sachen wechseln. Wasser reinigt nicht nur physisch. Duscht man bewusst, spürt man wie Erleichterung einsetzt (siehe auch Arbeitsbegriff: In und aus Figuren gehen / Rollenwechsel*).

Aufstellungsarbeit allein zu Hause: Man kann diese Arbeit zur Vorbereitung auf eine Figur* auch allein zu Hause nutzen. Dies ist aber erst dann zu empfehlen, wenn die Handelnde Person* bereits Erfahrungen in angeleiteten Aufstellungen mit Gruppen gesammelt hat. Zu Hause benutzt man Kissen oder Stühle und stellt sie stellvertretend für Figuren* oder Aspekte in das System, das man vorher benannt hat. Man selbst geht dabei in die Figur*, von der man erfahren möchte, wie sie zu anderen Figuren* oder zu bestimmten Aspekten steht. Man kann auch zwischen den Figuren* wechseln, indem man eine verlässt, für diese ein Kissen hinlegt und stattdessen in eine andere Figur* oder in einen Aspekt hineingeht. Wichtig ist, dass man beim Hinein- und Herausgehen klar bleibt und die Aufstellung nicht zu lange ausdehnt.

Figurenlogik

Die Logik, nach der eine Figur* in einem Stück, einem Film, einer Szene* oder Improvisation* handelt*, ist die Figurenlogik. Die Figurenlogik entsteht aus den Umständen*, in denen sich eine Figur* befindet, aus ihrer Figurenperspektive*, ihrem Need (Tiefen Bedürfnis)* und den sich für sie daraus ergebenden Zielen* und Aufgaben*. Sie ergibt sich aus dem Blickwinkel der Figur* auf die Szene* und bestimmt ihr Handeln* im jeweiligen Moment. Dieses kann dem Zuschauer oder auch anderen an der Handlung* beteiligten Figuren* durchaus unlogisch erscheinen, da diese nicht sämtliche Umstände*, unter denen die Figur* handelt*, kennen. So erscheint es beispielsweise von außen betrachtet völlig unlogisch, dass jemand mitten im Gespräch plötzlich aufsteht und den Raum verlässt. Trotzdem kann es eine Reihe von Gründen (Umstände*) geben, die dieses Verhalten für die betreffende Figur* logisch rechtfertigen und notwendig machen. Je genauer und sorgfältiger die Arbeit des Schauspielers* an der Figur* in der Vorbereitung* gewesen ist und je klarer ihm ihr Charakter (siehe auch Arbeitsbegriffe: Biografiearbeit*, Charakterarbeit*, In und aus Figuren gehen / Rollenwechsel*), ihr Need (Tiefes Bedürfnis)*, ihre Ziele* und die Figurenperspektive* sind, desto leichter fällt es ihm später auf der Szene*, in der Figurenlogik zu denken, Entscheidungen* zu treffen und zu handeln*. Für den Schauspieler* heißt das: „... sich der Logik eines anderen Menschen, des Menschen der Rolle*, unterordnen." (Stanislawski)

Figurenperspektive

Die Vision einer Figur*, den Wunsch oder Traum, der ihr Handeln* bestimmt, bezeichnet man als Figurenperspektive. Es ist die Aussicht oder Erwartung der Figur*, etwas zu sein, zu erreichen oder zu haben. Stanislawski beschreibt die Figurenperspektive auch als den Endzweck all dessen, was eine Figur* tut. Ein Ereignis* soll in einer bestimmten Weise eintreten, etwas soll in der Zukunft anders werden, als es jetzt ist. Die Perspektive hat die Funktion, die Handelnde Person* zum natürlich-logischen Handeln* auf der Szene* anzuregen. Sie bestimmt, welche Entscheidungen* die Figur* trifft und in welcher Weise sie dieses tut und somit die Richtung, in die sich ihr Handeln* bewegt.

Beispiel: Eine Figur* ist in einer Firma angestellt und wohnt allein in einer kleinen Wohnung eines Mietshauses. Ihre Figurenperspektive ist es, mit der Frau aus der Wohnung gegenüber in einer Villa am Meer zu leben, wo man den gemeinsamen fünf Kindern beim Schwimmen zusieht. Eine Überaufgabe* oder ein großes Ziel*, um sich dieser Perspektive zu nähern, könnte es sein, dass die Figur* alles daran setzt, die Firma, in der sie jetzt noch angestellt ist, als Chef zu leiten, um das nötige Geld für diesen Traum zu erwirtschaften. Die Perspektive bestimmt nun das „Wie" und „Warum" des Handelns* und somit das Ziel* jeder einzelnen Szene*. Auch bei einem Zusammentreffen mit der Frau aus der Wohnung gegenüber hätte diese Perspektive logischerweise einen direkten Einfluss auf das Handeln* der Figur*.

Je mehr Umstände* in Form von Widerständen* nun dieser Figurenperspektive entgegenstehen, desto spannender ist es, wie die Figur* daran arbeitet, diese, selbst wenn es aussichtslos scheint, aus dem Weg zu räumen, um ihre Figurenperspektive am Ende doch noch zu verwirklichen. Auf diese Weise entstehen Helden bzw. interessante, mehrdimensionale Figuren*. Je konkreter die Figurenperspektive einer Figur* ist, umso einfacher ist es für die Handelnde Person*, Entscheidungen* im Sinne der Figurenlogik* zu treffen und zu handeln*. Ist die Figurenperspektive zu schwach oder zu allgemein, ist sie wertlos und sollte durch eine andere ersetzt werden. In Stücken oder Drehbüchern sind die Figurenperspektiven von Figuren* aus dem Verlauf der Geschichte oder aus den Entwicklungen der Charaktere herzuleiten. Selten ist eine Figurenperspektive auf direkte Weise im Stück oder Drehbuch zu finden. Sie wird von der Handelnden

Person* im Sinne des Stückes und der von ihr darzustellenden Figur* erschaffen und dient als Arbeitsinstrument, um auf der Szene* logisch handeln* zu können. In Etüden oder Improvisationen* kann die Handelnde Person* die Figurenperspektive ohne die Vorlage eines Textes aus sich selbst heraus erschaffen (siehe Beispielszene im Anhang VII.6.). Auch das Need (Tiefe Bedürfnis)* der Figur* kann helfen, sich der Figurenperspektive zu nähern oder sie zu verstehen (siehe hierzu auch die Arbeitsbegriffe: Need*, Charakterarbeit*, In und aus Figuren gehen / Rollenwechsel* sowie die Beispiellisten für Need*, Public Persona* und Tragic Flaw* im Anhang). Man nähert sich dabei der Figur* über ihre Verhaltensmuster.

Geteilte Aufmerksamkeit

Geteilte Aufmerksamkeit ist der in kurzen Zeitabständen zwischen verschiedenen szenischen Vorgängen* hin und her wechselnde Fokus der Aufmerksamkeit. Meistens hat dabei einer der Vorgänge* die Priorität. Bestimmt wird die Priorität von der Figurenlogik* und dem Erreichen des Handlungsziels*. Im Sinne des Handlungsziels* trifft der Schauspieler* ständig die Entscheidung*, welchem Ereignis* er im jeweiligen Moment die volle Aufmerksamkeit widmet und somit die Priorität gibt.

Beispiel: In einer Szene* sitzen A und B in einem Café und befinden sich in einer Arbeitsbesprechung. A versucht, gleichzeitig nach dem Kellner Ausschau zu halten, um die Rechnung zu begleichen, und die Unterhaltung mit seinem Gegenüber zu führen. Die Aufmerksamkeit kann nicht zur selben Zeit auf beiden Vorgängen* liegen, aber sie kann geteilt werden und zwischen beiden hin und her wechseln. Je nach Handlungsziel*, jeweiligen Umständen* und somit Wichtigkeit erhält einer der beiden Vorgänge* über kurz oder lang die Priorität. Eine weitere Notwendigkeit für einen Schauspieler*, seine Aufmerksamkeit zu teilen, entsteht dann, wenn es darauf ankommt, außerszenische Vorgänge*, wie z. B. Kamerafahrten oder Kameraschwenks zu bemerken und darauf zu reagieren, ohne dabei den Fokus auf die Szene* zu verlieren.

Großes Ziel: siehe **Überaufgabe***

Haltung, innere u. äußere

Man bezeichnet die innere oder äußere Stellungnahme einem Ereignis* gegenüber als Haltung. Die Haltung legt fest, wie eine Figur* zu dem steht, was ihr begegnet, und beeinflusst somit, wie sie etwas sagt, tut oder entscheidet*. Eine Haltung resultiert immer aus den Umständen*, in denen sich die Figur* befindet, sowie aus ihrer Figurenlogik*. Jede innere Haltung setzt sich dabei im Äußeren (im Körperlichen) fort. Man bezeichnet den körperlichen Ausdruck einer inneren Haltung als äußere Haltung.

Beispiel: Die Handelnde Person* trifft jemanden, von dem sie vermutet, bestohlen worden zu sein, und hat dieser Person gegenüber logischerweise eine andere innere sowie auch äußere Haltung, als wenn sie jemandem gegenübersitzt, der ihr die Höhe eines Lottogewinns verkündet. Der vorgegebene Text kann in beiden Fällen der gleiche sein, z. B. „Guten Tag", und doch verändert sich das „Wie" durch die zugrunde liegende Haltung.

Handelnde Person

Handelnde Personen sind die individuellen Schauspieler* bzw. Schauspielerinnen*, die sich auf der Szene* befinden und entsprechend den Umständen* der darzustellenden Figur* handeln*. Die Handelnde Person stellt der Figur*, die sie spielt, ihre Schauspielerischen Mittel*, ihre Fantasie sowie ihre künstlerischen Vorstellungen zur Verfügung. Sie erfüllt eine erschaffene Figur* mit Leben und begibt sich somit in einen künstlerischen Prozess. Ausgehend von ihren natürlichen Anlagen und Erfahrungen, kann sich die Handelnde Person immer wieder die Frage stellen: „Wenn ich mich unter den Umständen* der von mir erschaffenen Figur* in dieser vom Stück oder Drehbuch vorgegebenen Situation befände, wie würde ich dann handeln*?"

Handlung / handeln (physische Handlung / Texthandlung)

Eine mit einem Ziel* oder einer Absicht verbundene Tätigkeit ist eine Handlung oder auch physische Handlung. Die Tätigkeit kann so zu einem Kommunikationsmittel werden (siehe auch Übung II.16. „Voodoo-Zauber"). Die gleiche Tätigkeit kann in Verbindung mit unterschiedlichen Zielen* eine vollkommen andere Handlung sein (siehe auch Übung II.15. „Tätigkeit – Handlung"), die Tätigkeit ist in diesem Fall das Anziehen einer Jacke. Handlung 1: Das Anziehen der Jacke ist Teil der Vorbereitung auf ein Rendezvous. Ziel* ist es, sich in seiner Kleidung wohl zu fühlen. Handlung 2: Die Heizung ist ausgefallen. Ziel* ist es, sich zu wärmen. Handlung 3: Das Anziehen der Jacke ist die letzte Tätigkeit, bevor es in den Urlaub geht. Die Zeit ist knapp und Ziel* ist es, schnell zu sein, um den Flug noch zu schaffen. Handlung 4: Nach einem Streitgespräch mit dem Partner erfolgt das demonstrative Anziehen der Jacke. In diesem Fall dient das Anziehen der Jacke als Mittel*, um mit einem Partner zu kommunizieren. Ohne dass hier Text notwendig ist, kann dem Partner klar gemacht werden: „Mir reicht es!" Auch ein Text kann zu einer Handlung werden (Texthandlung), wenn mit ihm eine bestimmte Absicht verfolgt wird. Ist es z. B. das Ziel*, mit einem Satz jemanden herabzusetzen, wird dieser Satz zwangsläufig zu einer Handlung, selbst wenn es sich dabei um ein schlichtes „Guten Tag!" handelt. Eine Szene* ist so gesehen eine folgerichtige Ansammlung von Handlungen, welche der jeweiligen Figur* zum Erreichen ihres Handlungszieles* dient. Stanislawski bezeichnet die Handlung auch als Grundlage der Schauspielkunst. Die Handlungen folgen immer dem Handlungsziel* der Figur* und sind bestimmt von ihrem Need (Tiefen Bedürfnis)*.

Handlungsziel (auch Ziel) (siehe auch Beispiellisten im Anhang VII.1.)

Das, was eine Figur* durch ihr Handeln* in einer Szene* aktiv erreichen will und kann, ist das Handlungsziel. Für die Figur* ist es der gewünschte Endpunkt der Szene*, der in Form eines konkreten Ereignisses* eintreten soll. Der Partner oder die Partnerin soll etwas tun, sagen oder denken, von dem die Figur* sich erhofft, dass es sie ihrer Überaufgabe* und Figurenperspektive* näherbringt und dadurch eine Sehnsucht stillt, die sie hat (siehe auch Need (Tiefes Bedürfnis)*). Ein Handlungsziel ist demnach immer auf ein Gegenüber bezogen und soll die Handelnde Person* wie ein innerer

Motor anregen, auf der Szene* aktiv zu werden. Es treibt sie während der Szene* an, bewusst in eine bestimmte Richtung zu handeln*.

Lautet das Handlungsziel z. B. vom Gegenüber einen Liebesbeweis zu bekommen, so arbeitet die Handelnde Person* konsequent, unter Einsatz verschiedener Strategien*, während der Szene* auf genau dieses Ziel hin. Der Figur* ist das Handlungsziel oft nicht bewusst, der Handelnden Person*, von der sie gespielt wird, sollte es jedoch bewusst sein, um zu jedem Zeitpunkt der Szene* zu wissen, worum es ihrer Figur* eigentlich geht. Das Handlungsziel liefert den Grund für die Figur*, sich überhaupt auf der Szene* aufzuhalten, alle Widerstände* und Hindernisse*, die ihm entgegenstehen, müssen von ihr überwunden bzw. aus dem Weg geräumt werden. Aus der konsequenten Arbeit der Figuren* an ihren Handlungszielen ergeben sich Konflikte*.

Oft ist es nötig, verschiedene Handlungsziele auszuprobieren, bis etwas gefunden ist, das sich knapp in einem Satz formulieren lässt, klar zur Szene* passt und zum Handeln* anregt (siehe hierzu auch die Beispielliste für Handlungsziele im Anhang VII.1.). Ist die Handelnde Person* unsicher, was zu tun ist, kann sie sich fragen: „Welches Ziel will ich aktiv erreichen? Wozu dient es meiner Figur*?" Dabei hilft es, sich zum einen ein Bild bzw. eine genaue sinnliche Vorstellung davon zu machen, wie es für die Figur* aussehen bzw. sich anfühlen würde, wenn ihr Ziel erreicht wäre. Zum anderen gilt es, die Frage zu beantworten, welchen Nutzen die Figur* aus dem Erreichen dieses Ziels zieht. Jedes Handlungsziel kann daher mit einem „Weil" begründet werden („Ich will / möchte, dass du ..., weil ich ...").

Beispiel: „Ich will, dass du mich einmal wirklich siehst, weil ich mich erst dann von dir wertgeschätzt fühle." Die Figur* fühlt sich wertlos und glaubt, dieses Gefühl würde verschwinden, wenn ihr Gegenüber sie wirklich sieht. Sie hat eine ganz bestimmte Vorstellung, ein Bild, wie sich dieses „wirkliche Sehen" zeigen soll und vergleicht es jetzt mit allem, was ihr Gegenüber tut. Ihre Arbeit in der Szene* besteht also darin, aktiv, unter Einsatz unterschiedlicher Strategien*, am Erreichen dieses Handlungsziels zu arbeiten, ohne es dabei auszusprechen. Auch wenn sich eine Figur* allein auf der Szene* befindet, verfolgt sie ein Handlungsziel. Es bleibt herauszufinden, wer in diesem Moment ihr Gegenüber ist: Vielleicht ist sie es selbst und möchte von diesem Selbst bestätigt werden? Auch hier hilft ein Bild davon, wie es aussehen bzw. sich anfühlen würde, wenn sie diese Bestätigung von ihrem Selbst erhält. Sind mehr als zwei Figuren* auf der Szene*, bezieht sich das Handlungsziel immer auf die Figur*, bei der es am sinnvollsten erscheint.

Man kann sagen, dass die Figur*, die ihr Handlungsziel erreicht, die Szene* „gewinnt". Mit dieser Lust zu gewinnen, sollte jede Handelnde Person* in die Szene* gehen. Gibt es ein festes Drehbuch, dann kennt die Handelnde Person* den Ausgang der Szene* bereits. Trotzdem muss sie immer wieder so agieren, als wäre ihr dieser unbekannt. Auch wenn die Handelnde Person* „gewinnen" möchte, sollte ihre Arbeit ein Spiel sein. Das Gegenüber soll freiwillig etwas geben und nicht dazu gezwungen werden. Die Figur* ist dabei nie Opfer, sondern immer Täter, sonst landet sie in der Passivität.

Eine Handelnde Person* benötigt das Handlungsziel, damit sie weiß, was geschehen soll und worauf ihre Schauspielerischen Mittel* auszurichten sind. Fehlt ihr ein Ziel, ist alles, was auf der Szene* geschieht, reine Willkür oder Zufall (siehe auch Arbeitsbegriff: Widerstand, innerer, äußerer / Hindernis*). Hat die Figur* ihr Handlungsziel erreicht, ist die Szene* für sie zu Ende. In den seltensten Fällen ändert sich das Ziel innerhalb einer Szene*.

Jedes Handlungsziel ist der Versuch, Erlösung im Außen zu finden. Die Suche der Figuren* nach Erlösung von ihrem Need* durch jemanden oder etwas, ist das, wovon Geschichten handeln*. Wird erkannt, dass Erlösung dort nicht zu finden ist, gibt es keine Handlungsziele mehr und vielleicht auch keine Geschichten.

Improvisation

Improvisation ist ein spontanes Spiel, bei dem es nur wenige Vorgaben gibt und das aus dem Moment heraus entwickelt wird. Improvisationen sind daher meist schwer oder nicht wiederholbar. Oft wird den Handelnden Personen* lediglich eine gemeinsame Situation vorgegeben und eventuell einige wenige Umstände*, wie möglicherweise ein Handlungsziel*, ein Beruf oder eine Beziehung zueinander. Alles andere wird von den Akteuren im Moment des Spiels entwickelt. Beim Improvisieren spielt die schauspielerische Intuition eine wesentliche Rolle. Von ihr und von den Vorlagen, die vom Partner kommen, lässt sich der Schauspieler* leiten und berühren. Eine klassische Improvisation ist z. B. die Übung III.42. „Parkbank und andere Orte". Es ist auch möglich, als Grundlage einer Improvisation ein Stück und die von den Akteuren bereits erarbeiteten Figuren* zu nehmen. Eine mögliche Vorbereitung, um die Ausgangssituation* für die Handelnde Person* genau zu definieren, ist die Beantwortung einiger oder auch aller W-Fragen*. So kann möglicherweise eine Szene* improvisiert werden, die so im Stück oder Drehbuch gar nicht existiert, aber deren Kenntnis zum Verständnis des Stückes beitragen kann. Je genauer dabei eine Figur* vom Schauspieler* oder der Schauspielerin* im Vorfeld erarbeitet wurde, desto effektiver und für das Stückverständnis sinnvoller ist auch das Improvisieren an dieser Stelle (siehe hierzu auch Arbeitsbegriffe: Charakterarbeit* und In und aus Figuren gehen / Rollenwechsel*).

Wichtig ist, dass beim Improvisieren gewisse Regeln eingehalten werden, da die Akteure ansonsten schnell im Chaos enden oder die Improvisation nicht funktioniert:

- **Holzbein-Regel:** Akzeptieren, Annehmen und Einlassen (kein Kampf). Vorgaben, die von einem Partner oder einer Partnerin in eine Improvisation eingebracht werden, sind zu akzeptieren, anzunehmen und zu integrieren, da die Improvisation ansonsten nicht funktioniert. **Beispiel:** Eine Person befindet sich auf der Bühne in einer beliebigen Situation. Eine zweite kommt hinzu mit dem Satz: „Guten Morgen, wie geht es Ihrem Holzbein?" Wenn die erste Person antwortet: „Ich habe doch gar kein Holzbein", ist die Improvisation geblockt und kann in dem Moment abgebrochen werden.

- **Geredet wird nur, wenn es notwendig ist,** um die Handlung* voranzutreiben. Es ist bei Improvisationen darauf zu achten, dass gehandelt* wird und die Handelnden Personen* sich nicht in endlose Gespräche über Leute, die nicht anwesend sind, oder vergangene Ereignisse* verstricken. Ein Schweigen ist oft nicht einfach auszuhalten, verstärkt aber die Situation meistens und gibt Raum für Ideen und neues Handeln*. Eine Ausnahme von dieser Regel besteht dann, wenn das Reden selbst Handlung* ist, z. B. eine Figur* in der Improvisation durch vieles Reden die Aufmerksamkeit* auf sich ziehen will.

- **Keine Nebenschauplätze errichten.** Bei Improvisationen, an denen mehr als zwei Personen teilnehmen, ist es wichtig, dass nicht an verschiedenen Stellen mehrere Geschichten gleichzeitig stattfinden.

- **Den Fokus nicht verlieren,** d. h. nicht ständig von einem Thema zum nächsten springen.

- **Einhaltung des Zug-um-Zug-Prinzips*!** (Siehe Arbeitsbegriff)

- **Die Partner und Partnerinnen nicht mit Angeboten überfallen,** was gleichbedeutend ist mit Zuhören und angemessenem Reagieren.

- **Inneres Zurücktreten*** (siehe Arbeitsbegriff) nimmt den Druck immer dann aus einer Improvisation, wenn die Handelnden Personen* sich nicht mehr gegenseitig sehen oder zuhören und nur damit beschäftigt sind, die eigenen Ideen durchzuziehen.

- **Es gibt Tabus,** die eingehalten werden müssen, um Improvisationen nicht in eine bestimmte Richtung zu zwingen. Grenzen sind körperliche Tätigkeiten wie z. B. Erbrechen, Kacken, Pinkeln usw. Auch Schubsen sowie körperliche An- und Übergriffe gehören dazu.

- Geht eine Improvisation nicht weiter und tritt auf der Stelle, dann sorgen die Handelnden Personen* entweder dafür, dass ein **neues Ereignis*** eintritt oder die Improvisation wird beendet.

Innerer Monolog, handlungsbegleitende Rede*

Der ständige Strom von Gedanken und Bildern, der im Inneren der Figur* stattfindet, wird als Innerer Monolog bezeichnet. Es ist das aktive Denken auf der Szene* und dient der Handelnden Person* als Hilfe, um Entscheidungen* zu treffen und zu handeln*. Um sinnvoll mit einem Inneren Monolog arbeiten zu können, muss er bewusst hergestellt und eingesetzt werden. (siehe auch Übungen mit dem Trainingsschwerpunkt: Innerer Monolog).

Beispiel: Die Figur* auf der Szene* stellt fest, dass ihr Geld weg ist. Möglicher, sinnvoller Innerer Monolog: „Wo war ich heute ...? Stimmt ... ich war einkaufen, da hatte ich mein Geld noch ... Wie war das noch an der Kasse ...? Ich habe die Kassiererin nach einer Tüte gefragt, dann habe ich meine Brieftasche neben den vollen Tüten abgelegt ... Ich habe sie liegengelassen!" Dieser Innerer Monolog regt die Figur* zum Handeln* an. Im Gegensatz dazu: „Scheiße, mein Geld ist weg, Mist, so ein Mist, so ein Dreck aber auch, Mist, Mist, Mist usw." Hier führt der Innere Monolog in die Passivität, eine eintönige Endlosschlaufe, die gefangen hält, anstatt das Handeln* anzuregen. Wird der Innere Monolog oder Teile davon auf der Szene* laut ausgesprochen, ist das die: „handlungsbegleitende Rede". Sie kann der Figur* helfen, Entscheidungen* zu treffen und sich zu strukturieren.

Beispiel: „Was wollte ich doch gleich ..., ach ja, Kaffee. Dann packe ich den Koffer danach." Ob es eine handlungsbegleitende Rede geben kann, ist natürlich abhängig von der zu spielenden Figur*. Um herauszufinden, ob eine Figur* auf der Szene* denkt, kann es auch im Probenprozess hilfreich sein, den inneren Monolog hin und wieder laut auszusprechen.

Inneres Zurücktreten

Das Innere Zurücktreten schafft Raum und ermöglicht ein Wahrnehmen dessen, was gerade passiert. Es handelt sich dabei um einen aktiven inneren Vorgang*, bei dem die Handelnde Person* wahrnimmt, was gerade passiert, ohne vollständig darin verstrickt zu sein.

Im Spiel passiert es oft, dass sich Handelnde Personen* gegenseitig mit Ideen übertrumpfen und nicht mehr in der Lage sind, aufeinander zu reagieren. In diesen Momenten ist ein Inneres Zurücktreten angebracht, das wieder Raum dafür schafft, zuzuhören und Dinge geschehen zu lassen. Aus dieser Haltung heraus kommen Ideen und Impulse, die oft um ein Vielfaches stimmiger und inspirierter sind. Statt etwas mit Willen durchzusetzen, tritt die Handelnde Person* innerlich zurück und kommt in dem Moment, ohne aus der Figur* auszusteigen, wieder in Kontakt mit der eigenen Inspiration.

In und aus Figuren gehen / Rollenwechsel

Das bewusste Hinein- und wieder Herausgehen in und aus einer Figur* oder Rolle* schafft Klarheit im Arbeitsprozess und dient der psychischen Gesundheit.

Die Betonung liegt hier auf dem Wort bewusst. So kann das Anziehen eines Kostüms der bloße Wechsel von Kleidung sein oder aber auch eine Verwandlung und der Einstieg in die Körperlichkeit, Denkweise und Gefühlswelt einer Figur*. Genauso verhält es sich mit dem Ausziehen eines Kostüms und dem Bewusstsein darüber, dass die Zeit, in der man sich in den Dienst einer Bühnen- oder Filmrolle gestellt hat, jetzt vorbei ist. Man geht wieder zurück in die Rolle* der Privatperson. So wechselt man bewusst von einer Rolle* in eine andere und bleibt nicht hängen.

Im Leben spielt man unterschiedliche Rollen*: die Rolle* der Mutter, des Vaters, der Tochter oder des Sohnes, des Freundes oder der Freundin, des Partners oder der Partnerin, des Schauspielers oder der Schauspielerin*, des Dozenten oder der Dozentin. Die Frage bei Rollenwechsel* ist immer, ob man sie bewusst oder unbewusst vollzieht. Passiert es unbewusst, schleppt* man Teile der einen Rolle* mit in die andere. So kann man bei Schauspielstudierenden, gerade wenn sie in Gruppen auftreten, oft beobachten, dass sie entweder eine bestimmte Figur* nicht verlassen haben und sich auf ungewöhnliche Weise durch die Gegend bewegen oder sie sind aus ihrer Rolle* als

Schauspielstudent bzw. Schauspielstudentin nicht herausgetreten, was außerhalb der Schule auf andere Menschen merkwürdig wirken kann.

Auch im Probenprozess kann es vorkommen, dass die Handelnde Person* den Ausstieg aus der Probe nicht schafft und ihre Figur* sie die ganze Nacht hindurch quält. Aus diesem Grund ist es wichtig, nach der Arbeit sowohl aus der Figur* als auch aus der Rolle* der Handelnden Person* bzw. des Schauspielers oder der Schauspielerin* wieder bewusst herauszutreten.

Dieser Abstand zu der Figur* ist für das psychische Wohlbefinden essenziell. Es gibt eine Vielzahl an Beispielen, in denen sich Handelnde Personen* durch die Verschmelzung mit einer Figur* in psychiatrische Behandlung begeben mussten, weil sie ohne Hilfe nicht mehr aus ihr herausfanden. In einigen extremen Fällen begingen sie sogar Selbstmord.

Hilfen beim Hinein- und Hinausgehen in und aus Rollen* und Figuren*:

- Bewusstes Anziehen und Ausziehen des Kostüms.
- Betreten und Verlassen der Bühne oder Film-Szene* als bewusster Vorgang*.
- Duschen oder schwimmen im See und kurz untertauchen. Wasser reinigt nicht nur physisch.
- Ein physischer Schritt in die Figur* hinein bzw. aus der Figur* heraus, in Verbindung mit dem Benennen von Figur* und System. Beispiel: „Ich gehe in das Stück „Othello", von Shakespeare, in die Figur* der Desdemona, an den Beginn des Stückes."/ „Ich gehe aus dem Stück „Othello" von Shakespeare und aus der Figur* der „Desdemona" heraus." (siehe auch Arbeitsbegriff: Figuren-, Stück- und Drehbuchaufstellung*)
- Benennen der Rolle*, die man als Privatperson hat: Beispiel: „Ich bin Otto oder Emma, Vater oder Mutter von zwei Kindern und kümmere mich jetzt darum, dass das Essen auf den Tisch kommt." Kinder oder Tiere erleichtern das Herausgehen aus Rollen* und Figuren*, weil sie einen ins Hier und Jetzt zwingen.
- Ausschütteln des Körpers sowie sportliche Aktivitäten (siehe auch Übung IV.5. „Schütteln").
- Hier noch einige Sätze, die den Ausstieg erleichtern können:
  - „Ich gehe aus dem geistigen Raum der Figur*/ Rolle* XY, des Stückes / der Geschichte ..."
  - „Das sind nicht meine Themen, sondern die der Figur*."
  - „Ich verlasse die Themen der Figur* und wende mich meinen zu."

Während man die Sätze sagt, geht man innerlich oder tatsächlich einen Schritt nach hinten aus der Figur* heraus. Das kann man wiederholen, bis Erleichterung einsetzt.

Das In und aus Rollen* und Figuren* Gehen kann auch als Stilmittel eingesetzt werden.

In diesem Fall steigt die Handelnde Person* während des Spiels für einen Moment aus ihrer Figur* aus und handelt* als private* Person auf der Szene*. Möglicherweise kommentiert sie etwas oder wechselt mit einem Kollegen ein paar private* Worte, um dann wieder in ihre Figur* einzusteigen und das Stück weiterzuspielen.

Das Einsteigen oder Hineingehen passiert oft auch schon zufällig, z. B. beim Lesen des Textbuchs oder durch das Hineinversetzen in die Umstände* einer Figur*. Die Handelnde Person* rutscht förmlich in eine ihr fremde Art, sich zu verhalten. Je bewusster dieser Vorgang* vonstattengeht, umso klarer, effektiver und gesünder wird der Arbeitsprozess.

Konflikt

Ein Konflikt ist das Ringen gegensätzlicher Kräfte und Grundbaustein von Geschichten. Jedes Drehbuch, jedes Stück, jede Geschichte und jede Figur*, die erzählt oder über die erzählt wird, besteht aus einer Ansammlung von Konflikten. So können A und B verschiedene Dinge wollen oder es gibt ein Hindernis*, das dem, was A oder B will, im Weg steht. Im Leben neigen wir oft dazu, Konflikte zu vermeiden oder Kompromisse einzugehen. Bei der Arbeit auf der Bühne oder vor bzw. hinter der Kamera sind sie aber das Kernstück unserer Arbeit. Das erfordert für die Handelnden Personen*, gerade wenn diese noch jung und unerfahren sind, oft ein regelrechtes Umdenken.

Durch die Arbeit der Figuren* an ihren Handlungszielen*, deren Erreichen oft noch durch Hindernisse* erschwert wird, werden Konflikte im Spiel sichtbar (siehe Arbeitsbegriff Handlungsziel* und Beispiele für Handlungsziele* im Anhang VII.1.).

Idealerweise sind Konflikte vom Autor oder der Autorin in der Szene* bereits angelegt. Ein wesentlicher Grund, warum ein Publikum einem Stück oder einem Film folgt, ist das Interesse an Konflikten. Für das Publikum ist es spannend und unterhaltsam, die Figuren* dabei zu beobachten, wie sie Konflikte lösen und Hindernisse* sowie Widerstände* überwinden oder dabei scheitern. Figuren*, die nach ihrem Scheitern wieder aufstehen und weitermachen, werden als Helden der Geschichte wahrgenommen (siehe auch Arbeitsbegriffe: Need* und Perspektive*).

Lesart

Die Lesart ist der Aspekt des Interesses, unter dem ein Stück, Drehbuch, eine Szene* oder die Rolle* gelesen wird. Die Lesart ist der künstlerische Ansatz oder das künstlerische Interesse, das beim Lesen des Skriptes verfolgt wird.

Beispiel: In einem Stück wird die Geschichte einer Familie zu Zeiten des Zweiten Weltkrieges in Deutschland erzählt. Beim Lesen kann jetzt der Fokus auf verschiedene Aspekte des Stückes gerichtet werden, wie z. B. entweder die zwischenmenschlichen Beziehungen in Kriegszeiten oder den Kampf gegen ein bestehendes System oder die Folgen von Opportunismus oder die Entwicklung einer einzelnen Figur* usw. Voraussetzung ist natürlich, dass dieser Aspekt auch im jeweiligen Stück vorhanden ist. Da gute Stücke oder Drehbücher mehrdimensional sind, können sie unter verschiedensten Aspekten gelesen werden. Auch bei der Entwicklung von Figuren* ist die Lesart der Rolle* ein wichtiger Aspekt in der Vorbereitung* des Schauspielers*. So kann z. B. Marthe Schwerdtlein aus Goethes Faust als eine Figur* gelesen werden, der es vorrangig darum geht, Besitz anzuhäufen oder auch als eine Frau, die von der Angst beherrscht wird, allein zu bleiben.

Magisches Wenn / Als ob

Das „Magische Wenn" und das „Als ob" sind Hilfen, um auf der Szene* den gegebenen Umständen* entsprechend natürlich-logisch handeln* zu können: „Wenn dieses oder jenes so oder anders wäre, wie würde ich dann jetzt handeln*?" / „Ich handele*, als ob dieses oder jenes so oder anders wäre." Die Umstände* selbst bleiben, wie sie sind, nur die Bedeutung oder die Sicht der Handelnden Person* auf diese verwandelt sich.

Beispiel „Magisches Wenn": „Wenn ich die Bewegungen und die Art und Weise zu sprechen meines Gegenübers extrem abstoßend fände, wie würde ich dann jetzt handeln*?" Oder anders herum: „Wenn ich die Bewegungen und die Art und Weise zu sprechen meines Gegenübers sehr anziehend fände, wie würde ich dann jetzt handeln*?" Ohne zu halluzinieren kann auf diese Weise die Fantasie angeregt und den Umständen* entsprechend gehandelt* werden. Die Dinge selbst werden dabei gesehen, wie sie sind. Das Magische Wenn eignet sich auch, um sich dem Innenleben einer Figur* zu nähern, dieses zu verstehen und mit dem eigenen Innenleben zu verlinken*.

Beispiel „Als ob ...": Eine Figur* wird von anderen toll gefunden und ist sich dieses Umstandes* auch bewusst. Die Beschreibung: „Alle finden dich toll!", regt die Handelnde Person* nicht zum Handeln* an. Verwendet sie das „Als ob ...", könnte es wie folgt lauten: „Bewege dich durch den Raum, „Als ob" du weißt oder ahnst, dass alle im Raum auf dich stehen. (siehe auch Übung I.9. „Als ob ...")

Nachbereitung von Proben

Die Nachbereitung von Proben ist ein Arbeitsschritt, der dem Reproduzieren von Probenergebnissen dient. Sie ist ein wichtiger und oft vernachlässigter Teil des Probenprozesses und Bestandteil der Arbeit des Schauspielers*. Es geht bei der Nachbereitung darum, dass Proben aufeinander aufbauen können und nicht jedes Mal bereits Erarbeitetes von Neuem erarbeitet werden muss. Dabei sollte sich der Schauspieler*, idealerweise kurz nach der Probe, mit seinem Textbuch an einen ruhigen Ort begeben und die Ergebnisse der Probe für sich rekonstruieren. Es gibt hier unterschiedliche Verfahrensweisen. Für den einen ist es eine rein theoretische Arbeit, andere spielen einzelne Haltungen*, die während der Probe gefunden worden sind, für sich noch einmal kurz an oder überprüfen, ob es für ihre Figur* bereits eine Durchgehende innere Handlung* der Szene* oder, je nach Stadium des Probenprozesses, auch des Stückes gibt und gehen diese im Kopf für sich durch. Hierbei gilt: Alles, was dem lebendigen Reproduzieren von Probenergebnissen bei der nächsten Probe dienlich ist, ist erlaubt. (siehe auch Arbeitsbegriff: In und aus Figuren gehen / Rollenwechsel*) Es geht einerseits um das Wiederholen bestimmter Tätigkeiten wie z.B. Gänge oder von Texten, die an bestimmten Stellen erfolgen sollen. Damit das aber für den Schauspieler* auf natürlich-logische* Weise möglich und nicht hölzern und statisch ist, geht es andererseits noch vielmehr um die Handlungen*, d. h. das, was die Figur* mit dieser Tätigkeit oder mit diesem Text erreichen will. Es geht um den Grund oder das Ziel* der Tätigkeit oder des Textes (siehe auch Arbeitsbegriff: Handlung*). Weiterhin geht es um die Haltungen*, die Texten zugrunde liegen (siehe auch Arbeitsbegriff: Haltung*). Handlungsziele* der Szenen*, Figurenperspektive* usw. sollten am Rand bzw. zwischen den Textzeilen notiert werden, um sie vor der nächsten Probe wiederholt durchgehen zu können. Es empfiehlt sich, einen Bleistift zu verwenden, um alte und möglicherweise hinfällige Notizen ausradieren und durch neue ersetzen zu können. Man behält so leichter den Überblick. Wird die Charakterarbeit* als Hilfe genutzt, sollten auch Need*, Public Persona* und Tragic Flaw* (siehe Arbeitsbegriffe) der Figur* immer wieder daraufhin überprüft werden, ob sie wirklich richtig und sinnvoll sind. Ob sie zum Handeln* auf der Szene* anregen und mit den gefundenen Handlungszielen* übereinstimmen. Misst man der Nachbereitung von Proben den gleichen Wert bei wie der Arbeit auf der Bühne und vor der Kamera, kann man sich und anderen dort einiges an Zeit und Frustration ersparen.

Natürlich-logisches Handeln

Die in Richtung Figurenperspektive* und Handlungsziel* führende logische Abfolge von Handlungen* einer Figur* wird als natürlich-logisches Handeln bezeichnet. Es ergibt sich, erstens, aus den Umständen*, die das Stück oder Drehbuch vorgibt, zweitens, aus der Figurenlogik* der jeweiligen Figur* sowie drittens, aus der im Moment stattfindenden Begegnung mit den Partnern sowie Unvorhersehbarem auf der Szene* und dem Reagieren darauf.

Need (Tiefes Bedürfnis)

(siehe Beispielliste und Beispielszene im Anhang VII.3. und VII.6.)

Das Need einer Figur* ist ihr tiefes unerfülltes Bedürfnis. Das Erfüllen dieses Bedürfnisses treibt ihr Handeln* an. Es ist etwas für die Figur* sehr Grundlegendes. Man könnte es als ihr Lebensthema beschreiben. In verschiedensten Situationen bestimmt es ihre Handlungen*. Das Need ist entstanden aus einem tief empfundenen inneren Schmerz und dem damit verbundenen Gefühl, ein Defizit zu haben. Dieser Prozess ist der Figur* nicht bewusst. Der Schauspieler* jedoch kann bewusst mit ihm arbeiten.

Beispiel: Das Need einer Figur* ist: „dazugehören wollen". Sie fühlt sich tief innen getrennt von den anderen und erlebt seit ihrer Kindheit immer wieder Situationen, in denen sie sich ausgeschlossen fühlt. Diese Situationen werden von der Figur* nach wie vor als sehr schmerzhaft empfunden. Sie tut alles in ihren Augen Sinnvolle, um dazuzugehören. Dieses Need ist für sie der innere Motor. Ein Verhaltensmuster, das sie entwickelt hat, damit ihr Need erfüllt wird, ist ihre Public Persona (Öffentliche Person)* (siehe Arbeitsbegriff). Kennt der Schauspieler* das Need seiner Figur*, ist es für ihn viel leichter, Handlungsziele* in Szenen* sowie die Figurenperspektive* zu erkennen und zu verstehen. Das Need soll ihn anregen, auf der Szene* natürlich-logisch zu handeln* (siehe auch Arbeitsbegriff Figurenlogik*). Das Need ist neben der Public Persona* und dem Tragic Flaw* eine von drei Dimensionen der Charakterarbeit* (siehe Arbeitsbegriff). Es muss aus dem Stück oder Drehbuch herausgelesen werden.

Die vom Autor vorgegebenen Handlungen* der Figur* werden daraufhin untersucht, welches Need ihnen zugrunde liegen könnte. Oft probiert man verschiedene Needs aus, bis man das wirklich passende für die Figur* gefunden hat. Ist die Public Persona (Öffentliche Person)* einer Figur* sehr offensichtlich, kann der Schauspieler* auch über sie zum Need gelangen (siehe Arbeitsbegriffe: Public Persona*, In und aus Figuren gehen / Rollenwechsel*, Figuren-, Stück- und Drehbuchaufstellung*).

Um mit dem Need effektiv arbeiten zu können, sind zwei Dinge besonders zu beachten: Erstens müssen einfache, klare Begriffe gefunden werden, um es zu beschreiben. Sie sollen den Schauspieler* zum aktiven Handeln* auf der Szene* anregen. Lange Beschreibungen verwirren nur. Zweitens ist das gefundene Need der Figur* nur dann sinnvoll, wenn der Schauspieler* es nachvollziehen und mit dem eigenen Erleben verbinden kann. Hat der Schauspieler* das für seine Figur* passende Need gefunden, dann hat er auch ein körperliches Gefühl dazu. Es regt ihn physisch an, auf die Szene* zu gehen und zu spielen.

Um das Need einer Figur* zu verstehen, kann es auch hilfreich sein, sich auf die Spur des eigenen Needs zu begeben. Hierbei ist allerdings eine gehörige Portion Ehrlichkeit mit sich selbst erforderlich. Jeder trägt diesen tiefen Schmerz in sich. Fast alle suchen wir nach Dingen in der äußeren Welt, die uns diesen Schmerz nehmen. Dazugehören-Wollen ist nur eins davon. Wenigen ist dieser Prozess wirklich und in jedem Moment bewusst. Die Welt, in der wir leben, unterbreitet uns eine Unmenge von Angeboten, wie wir durch Dinge von außen zu Glück und Befreiung von Schmerz gelangen können.

Für einige Schauspieler* beispielsweise ist es der Motor, Anerkennung und Bewunderung zu erlangen. Die Welt erzählt ihnen, dass es diese Bewunderung ist, die ihnen den Wert gibt, den sie tief innen glauben, nicht zu haben. „Wertvoll zu sein", wäre in diesem Fall das Need.

Die Geschichten, die wir erzählen, und die Figuren*, die in diesen Geschichten agieren, erzählen von dieser Suche nach Erfüllung. Die Figuren* glauben fest daran, dass ein erfülltes Need Erlösung und Glück bedeutet. Sie tun alles, um dorthin zu gelangen. Kann der Schauspieler* das Need seiner Figur* nachempfinden, auch wenn es nicht das eigene ist, dann kann er auch ihr Handeln* nachvollziehen. Bei der unmittelbaren Arbeit auf der Bühne oder vor der Kamera spielt für den Schauspieler* nur das Need selbst eine Rolle. Das gefühlte Defizit, das dahinter steht, hilft ihm lediglich, dieses Need zu finden und zu erkennen.

Persönlich

Das Verlinken* und Verknüpfen von Erfahrungen und eigenem Erleben des Schauspielers* mit denen der Figur*, die er spielt, wird als persönliche Darstellung bezeichnet. Ein Schauspieler* ist dann in der Lage, seine Figur* persönlich zu nehmen und somit zu verstehen, wenn er ihre Handlungen* anhand eigener Erlebnisse, eigener Ängste, Freuden, Sehnsüchte und Visionen, nachvollziehen kann. Er verleiht damit der Figur*, die er erschafft und die im Sinne der Geschichte, die erzählt werden soll, agiert, seinen persönlichen Erfahrungsschatz. Erst durch diesen Prozess wird eine Figur* mehrdimensional und unverwechselbar. Oft wird „persönlich" verwechselt mit „privat*" (siehe hierzu auch Arbeitsbegriff: Privat*). Es ist allerdings nicht notwendig, alles, was die Figur* erlebt hat, selbst bereits erlebt zu haben, damit ein persönlicher Zugang möglich ist. Vielmehr geht es um ein emotionales Verständnis, was beispielsweise einen Mörder dazu gebracht hat, den Mord zu begehen. (siehe hierzu auch die Arbeitsbegriffe: Charakterarbeit*, In und aus Figuren gehen / Rollenwechsel*)

Perspektive: siehe **Figurenperspektive**

Perspektive der Handelnden Person

Das, was Figur* und Geschichte für die Handelnde Person* erzählenswert machen, ist die Perspektive der Handelnden Person. Davon ausgehend, dass die Handelnde Person* kein Werkzeug oder bloßer Erfüllungsgehilfe ist, sondern ein eigenständiger Künstler und damit Partner von Regie, Kamera und allen anderen Gewerken, sollte sie natürlich ihre Ansichten, ihre Visionen, ihren Humor, ihre Anliegen, ihre Weltsicht, Spiritualität sowie persönlichen* Ziele* der Figur*, die sie erschafft, zur Verfügung stellen. Sie stellt sich, mit allem, was sie ausmacht, in den Dienst einer Sache. All das gibt ihrer Darstellung die Dimension der Tiefe und lässt Kunst entstehen, die unverwechselbar ist. Das ist wünschenswert bzw. notwendig, damit niemand mit ansehen muss, wie Schauspieler* und Schaupielerinnen* auf Bühnen oder vor Kameras ihren Narzissmus ausleben. Zugegebenermaßen ist das nicht selten der Fall, aber es ist uninteressant und kann ein Publikum nicht wirklich berühren. Stanislawski nennt dieses Phänomen „den hysterischen Schauspieler". Narzissmus und Eitelkeit genügen sich selbst und wollen nichts, außer gefallen. So gibt es Schauspieler* und Schauspielerinnen*, die gelernt haben, auf Knopfdruck Tränen fließen zu lassen. Weil sie diese eher selten benötigte Fertigkeit an sich selbst so großartig finden, setzen sie sie nun an möglichst vielen und im Sinne der Geschichte oft unpassenden Stellen ein. Das Publikum, selbst wenn es ungeschult ist, empfindet diese oder ähnliche von Eitelkeit und Gefallsucht der Schauspieler* und Schauspielerinnen* motivierten Momente oft als unangenehm und störend, da sie nichts mit der zu erzählenden Geschichte zu tun haben und diese nur aufhalten und verzerren. In diesem Sinne sollte die Handelnde Person* immer wieder danach fragen, welches Interesse sie an der Figur* hat, das über den „Ich möchte gerne toll gefunden werden"-Wunsch hinausgeht: „Was möchte ich als Schauspieler* bzw. Schauspielerin* meinem Gegenüber geben?" (siehe auch Arbeitsbegriff: Vorbereitung auf Publikum, Vorsprechen, Casting*)

Plot

Die Fabel oder das Handlungsgerüst einer Geschichte ist der Plot. Er dient dazu, sich einen Überblick über das Geschehen zu verschaffen, und beschränkt sich dabei auf die wesentlichen, zum Verständnis der Geschichte* notwendigen Umstände*, Ereignisse* und Handlungen*. Der Plot beinhaltet, wie die Figuren* im Wesentlichen zueinander stehen und was sie tun und wollen.

Privat

Von privat im schauspielerischen Sinne wird gesprochen, wenn sich ein Schauspieler* ohne die von ihm in einem künstlerischen Prozess entwickelte Figur* auf der Szene* befindet. Der Schauspieler* steht in diesem Fall ausschließlich als Privatperson auf der Bühne oder vor der Kamera. Es ist nichts von dem, was mit einer erschaffenen Figur* im Zusammenhang steht, die im Sinne der Geschichte agieren kann, vorhanden. Es gibt also weder Perspektive*, noch sinnvolle daraus resultierende Handlungsziele*, und der Schauspieler* hat keine Figurenlogik*, der er folgen kann. Das ist selbst bei älteren und erfahrenen Schauspielern* hin und wieder zu beobachten. Sie greifen in solchen Fällen oft auf einen Fundus von Kunststückchen zurück, die es auf den ersten Blick nicht so offensichtlich erscheinen lassen, dass ihr Tun keinem Ziel* folgt. Jüngere hingegen stehen oft herum und versuchen besonders intensiv, lustig, lässig oder authentisch zu wirken, was ihnen meist nicht gelingt, weil sie zu sehr mit ihrer Wirkung auf das Publikum beschäftigt sind. Oft tritt genau das Gegenteil ein, weil der Schauspieler* sich beobachtet fühlt und anfängt, sich selbst zu beobachten. Er hat ganz einfach keine sinnvolle Arbeit, die er auf der Szene* tun kann. Der Schauspieler* kann, wenn er keine Figur* spielt und sich privat auf der Szene* befindet, kein Partner des Regisseurs sein, und eine künstlerische Zusammenarbeit im Sinne einer Geschichte ist dann nicht möglich. Es gibt allerdings szenische Vorgänge*, bei denen das bewusste Aus- und wieder Einsteigen aus und in die Figur* als Mittel* benutzt und eingesetzt wird. Gerade hierbei ist es jedoch wichtig, dass vom Schauspieler* eine Figur* erschaffen wurde, aus der er dann aus- und in die er wieder einsteigen kann. Ansonsten funktioniert das Ganze nicht (siehe auch Arbeitsbegriff: In und aus Figuren gehen / Rollenwechsel*).

Privat wird oft verwechselt mit persönlich*. Der Unterschied besteht darin, dass der Schauspieler* im Fall einer persönlichen* Darstellung seinen Erfahrungsschatz der Figur*, die er gestaltet, zur Verfügung stellt und sich in den Dienst der Geschichte stellt, die erzählt werden soll. Im Fall des Privaten gibt es diesen Prozess nicht, und der Schauspieler* steht ausschließlich als Privatperson auf der Bühne (siehe hierzu auch die Arbeitsbegriffe: Persönlich* sowie W-Fragen*).

Public Persona (Öffentliche Person)

(siehe Beispielliste und Beispielszene im Anhang VII.4. und VII.6.)

Das Verhaltensmuster, mit dem sich eine Figur* in der Öffentlichkeit präsentiert, wird als Public Persona bezeichnet. Es ist das, wie die Figur* von anderen gesehen oder beschrieben werden möchte, und ist daher etwas für sie Positives. Meistens ist es das Gegenteil von dem, was sie tief innen glaubt, nicht zu sein oder nicht zu haben.

Beispiel: Das Need (Tiefe Bedürfnis)* (siehe Arbeitsbegriff) einer Figur* ist „Sicherheit". Das Gefühl, das diesem Need* zugrunde liegt, könnte sein, immer zu kurz zu kommen und in Unsicherheit zu leben. Nach außen gibt sich die Figur* aber als die oder der Spendable. Die oder der Spendable wäre dann ihre Public Persona. So möchte die Figur* gerne von anderen gesehen werden (siehe auch Arbeitsbegriff: Soziales Rollenspiel*). Die Public Persona hat für die Figur* unbewusst die Funktion, das Need (Tiefe Bedürfnis)* und damit das gefühlte Defizit, welches darunter liegt, zu verdecken. Wichtig ist es, dass für die Beschreibung der Public Persona, klare, einfache und aktive Begriffe gewählt werden. Sie sollen für den Schauspieler* emotional nachvollziehbar sein und ihn zum Handeln* anregen. Auch bei der Public Persona sollte so lange gesucht und probiert werden, bis das gefunden ist, was den Schauspieler* körperlich anregt und damit für ihn spielbar ist. Zudem muss es der Figur*, die erzählt werden soll, entsprechen (siehe auch Arbeitsbegriff: In und aus Figuren gehen / Rollenwechsel*). Die Public Persona bildet neben dem Need* und dem Tragic Flaw* eine der drei Dimensionen der Charakterarbeit* (siehe Arbeitsbegriff). Die Arbeit mit der Public Persona funktioiert dann gut, wenn Handlungen* und Handlungsziele* der Figur* klar sind. Ansonsten besteht die Gefahr, dass sie die Handelnde Person* in ein zuständliches Spiel* führt. Beispiele für Public Personas finden sich in der Beispielliste im Anhang VII.4.

Ratespiel für das Publikum

Das Ansehen eines Filmes oder Theaterstückes ist vergleichbar mit der Teilnahme an einem Ratespiel. Dieses Ratespiel kann man auch als die Arbeit bezeichnen, der das Publikum, während es zuschaut, bewusst oder unbewusst nachgeht. Nimmt man dem Publikum diese Arbeit ab, indem man alles erklärt, ausspricht und vorwegnimmt, erlebt es den Film oder das Stück als vorhersehbar und langweilig. Jede gute Geschichte ist demnach ein Ratespiel. Beim Zusehen versucht jeder Zuschauer bzw. jede Zuschauerin, herauszufinden, was in den Figuren* vor sich geht und was diese wohl als nächstes tun. Entsprechende Erwartungen werden dann entweder enttäuscht oder bestätigt. Ohne dieses Ratespiel gäbe es für das Publikum keine Spannung.

Deshalb sollten Handelnde Personen* nichts, was sie ohnehin tun oder erleben, noch einmal aussprechen und damit erklären, zeigen und vorwegnehmen. Dieser Fehler tritt häufig beim Improvisieren* auf. Auch beim Schreiben und Inszenieren sollten Texte immer wieder daraufhin überprüft werden, ob sie für die Handlung* wirklich notwendig sind (siehe auch Arbeitsbegriff: Streichen von Texten*).

Beispiel: A sagt zu B: „Ich werde jetzt zu C gehen, mich entschuldigen und ihm sagen, wie sehr ich ihn vermisse." Im Anschluss muss das Publikum genau das auch noch mit ansehen. Es gibt nichts zu raten oder herauszufinden, da alles schon ausgesprochen wurde. Das Publikum wendet sich innerlich ab und ist nicht mehr am Geschehen beteiligt. Streicht oder kürzt man diesen Text auf ein: „Ich gehe." oder entfernt ihn komplett, ist das Publikum eingeladen, sich zu beteiligen und aus dem bisher Gesehenen seine Schlussfolgerungen zu ziehen und einen Tipp abzugeben, wohin A jetzt gehen könnte, ob zu C, um sich vielleicht zu entschuldigen oder doch vielleicht einfach nach Hause.

Das Ratespiel entzündet sich in besonderem Maß an Dramatischen Momenten*, d. h. an den Momenten zwischen dem Eintreten eines Ereignisses* und dem Treffen einer Entscheidung* durch die Handelnde Person* (siehe auch Arbeitsbegriffe).

Beispiel: A teilt B mit: „Ich bin schwanger." Das ist für B das eintretende Ereignis*. Die Zeit, die vergeht, bis B sich für eine Reaktion entschieden* hat, ist der Dramatische Moment*. Das Publikum schaut genau hin, um herauszubekommen, was B wohl tun wird, und fiebert innerlich mit. Möglicherweise steht B auf und nimmt A in den Arm, vielleicht wendet er sich aber auch ab oder geht sogar. Der Dramatische Moment* ist mit dem Treffen einer Entscheidung* wie dieser vorbei. Das Publikum ist nun entweder überrascht, weil es etwas anderes erwartet hat, oder seine Spekulationen werden bestätigt. Je mehr sich die Handelnden Personen* in diesen Momenten wirklich zwischen verschiedenen Optionen entscheiden*, umso lebendiger ist der Prozess auch für das Publikum. Es kann in dem Fall seiner Arbeit nachgehen – dem Ratespiel.

Replik

Eine Replik ist ein Textabschnitt einer Rolle* in einem Stück oder Drehbuch, bestehend aus wörtlicher Rede. Eine Replik beginnt nach dem Namen der jeweiligen Rolle* und endet, bevor der Name der nächsten Rolle* erscheint. Regieanweisungen gehören dabei nicht zur Replik, sondern ausschließlich die wörtliche Rede. Eine Szene* ist eine Ansammlung einer bestimmten Anzahl von Repliken. Mit Repliken zu arbeiten, erleichtert die Orientierung in Textbüchern, z. B. beim gemeinsamen Zusammenstreichen von Texten (siehe Arbeitsbegriff: Streichen von Texten*).

Requisit

Ein Requisit ist ein Ding, welches dem Schauspieler* auf der Szene* beim Handeln* und Erreichen seiner Ziele* und somit dem Erzählen der Geschichte behilflich sein soll. Unter diesem Aspekt sollten alle Dinge, die ein Schauspieler* mit auf die Szene* nimmt oder die er benutzt, sorgfältig ausgewählt werden. Der Schauspieler* sollte sich bewusst machen, dass das Requisit ihm eine Hilfe sein sollte, seine Geschichte zu erzählen. Die Art und Weise, wie eine Figur* mit den Dingen, die sie umgeben, umgeht, sagt viel über sie bzw. ihre Gewohnheiten oder das, was sie erreichen will, aus. So kann beispielsweise ein großer Unterschied in der Art und Weise bestehen, wie eine Figur* einer anderen eine Kaffeetasse hinstellt. Hier kann viel über das Verhältnis, welches die beiden zueinander haben, erzählt werden, ohne dass auch nur ein einziges Wort fällt. Ein weiterer Aspekt im Umgang mit Requisiten ist die Sorgfalt, die ihnen in der Vorbereitung* und Erarbeitung der Figur* vom Schauspieler* gewidmet wird. Dieses spielt eine besondere Rolle, wenn über den Umgang mit Requisiten eine Fertigkeit der Figur* oder ihre Zugehörigkeit zu einer bestimmten Berufsgruppe erzählt werden soll. Ist eine Figur* beispielsweise Soldat, sollte der Schauspieler* auf den Umgang und Gebrauch der Waffe, bevor er mit dieser die Szene* betritt, eine besondere Sorgfalt verwenden. Ansonsten entsteht ungenaues Laienspiel und der Schauspieler*, der versucht, so zu tun, als ob er diese Waffe beherrscht, muss für diesen Vorgang* unnötig viel Energie aufwenden, die ihm aber dann für seine eigentliche Arbeit auf der Szene* fehlt. Es sollte also in diesem Fall im Vorfeld geübt und trainiert werden, um eine Selbstverständlichkeit im Umgang mit dem Requisit zu erreichen und es zur Erreichung des Handlungszieles* einsetzen bzw. damit die Zugehörigkeit zu einer bestimmten Berufsgruppe o. ä. erzählen zu können.

Rolle (siehe auch Soziales Rollenspiel*)

Die Rolle ist der Text, den ein Autor in einem Stück oder Drehbuch einem bestimmten Charakter zuordnet. Die Rolle wird in Verbindung mit der Arbeit des Schauspielers* zu einer Figur*, die im Sinne der Geschichte, welche im Stück oder Drehbuch erzählt wird, handeln* kann. Die Rolle ist das, was Schauspielern* und Schauspielerinnen* als Arbeitsgrundlage angeboten wird. Aber auch Figuren* oder Privatpersonen spielen unterschiedliche Rollen, wie die Mutter, der Vater, der Schüler, die Studentin, der Lehrer, die Straßenbahnfahrerin, der Bösewicht usw. (siehe auch Arbeitsbegriff: In und aus Figuren gehen / Rollenwechsel*)

Schauspieler / Schauspielerin

Ein Schauspieler bzw. eine Schauspielerin ist eine Handelnde Person*, deren Beruf es ist, auf einer Bühne oder vor einer Kamera für gewisse Zeit die Rolle* eines anderen Menschen auszufüllen bzw. unter den Umständen* eines anderen Menschen zu handeln*, als wären es die eigenen. Ist diese gewisse Zeit vorüber, geht jeder Schauspieler bzw. jede Schauspielerin normalerweise wieder aus dieser Rolle* heraus (siehe auch Arbeitsbegriff: In und aus Figuren gehen / Rollenwechsel*). Für Schauspieler und Schauspielerinnen sollten diese Prozesse immer bewusste Prozesse sein. Bei Kindern und oft auch bei Laien sind sie unbewusst. Diese sind dann so sehr mit ihrem Spiel identifiziert, dass sie nicht mehr merken, dass sie spielen. Das heißt, in der Schauspielarbeit werden unbewusste Prozesse ins Bewusstsein gerückt und dann eingesetzt, wenn sie gebraucht werden. Dieses Bewusstsein zu erlangen, ist unter anderem auch Sinn einer Schauspielausbildung.

Weiterhin ist alles, was sich an Selbstdarstellerei mit diesem Beruf verbindet, ein Missverständnis, das allerdings für eine oft völlig verzerrte Wahrnehmung des Berufes in der heutigen Gesellschaft sorgt. Es reicht von: „Da kann ich einen Haufen Geld nur damit verdienen, dass ich ein toller Typ bin", über: „Ach, der ist Schauspieler, der will sich doch nur selbst darstellen", bis hin zu: „Das will ich auch machen. Dann habe ich endlich die Aufmerksamkeit, die ich sonst nicht bekomme." Kaum ein Beruf ist mit so vielen Projektionen und falschen Vorstellungen belastet wie der Schauspielberuf. All das kann dieser Beruf nicht leisten, und viele, die ihn aufgrund dieser Illusionen begonnen haben, mussten das schmerzlich erfahren. Ein Klischee, das sich ebenfalls hartnäckig hält, ist die Verwechslung des Schauspielerberufes mit dem des Entertainers. Jeder Bäcker ist ebenso viel oder wenig Entertainer wie ein Schauspieler bzw. eine Schauspielerin. Es gehört weder zu den Voraussetzungen für den Beruf noch zu seiner Ausbildung. Trotzdem setzen sich viele Schauspieler und Schauspielerinnen immer wieder unter Druck, besonders unterhaltsam sein zu müssen. Voraussetzung für den Schauspielberuf ist die Begabung, sich in andere Menschen hineinversetzen zu können sowie die Freude an einem solchen Prozess und ein Interesse an den Gesetzmäßigkeiten, denen das Leben folgt. Könnten alle Projektionen und falschen Vorstellungen von diesem Beruf abgewendet werden, würde sich die Anzahl derer, die ihn wirklich ergreifen wollen, wahrscheinlich wieder auf ein gesundes Maß einpegeln. Es würde sich auf diejenigen beschränken, die ihrer Berufung folgen, so wie es bei jedem anderen Beruf auch sein sollte (siehe auch Arbeitsbegriff: Perspektive der Handelnden Person*). Die Beschäftigung mit den Gesetzmäßigkeiten des Schauspielens ist natürlich nicht nur Schauspielern und Schauspielerinnen vorbehalten, sondern auch für viele andere Berufe eine Bereicherung. Schauspielerinnen und Schauspieler sind in der Lage, ihr eigenes Ich zurückzunehmen, damit Platz ist, um in eine Figur* zu gehen. Diese Voraussetzung kann man auch als Demut bezeichnen.

Schauspielerische Mittel

Das, was vom Schauspieler* bewusst eingesetzt werden kann, um die jeweilige Rolle* bzw. Figur* zu gestalten, ist ein schauspielerisches Mittel. Wenn ein Schauspieler* sich die Frage stellt: „Was mache ich an dieser Stelle, um das Ziel* meiner Figur* zu erreichen?", dann ist das, was er zu diesem Zweck einsetzt, ein schauspielerisches Mittel. Um eine möglichst breite Palette an schauspielerischen Mitteln zur Verfügung zu haben, sind alle trainier- und ausbildbaren schauspielerischen Fähig- und Fertigkeiten notwendig, die beim Spiel eingesetzt werden können. Darunter zählen sowohl stimmliche und körperliche Fähigkeiten, Rhythmusgefühl, Schnelligkeit, die Fähigkeit zur geteilten Aufmerksamkeit* sowie auch die eigene Struktur bei der Vorbereitung* auf eine Rolle* u. v. m.

Schleppe

Das, was die Figur* erlebt hat, bevor sie am Ort der Handlung* auftaucht und was sie demzufolge an Gedanken oder auch an Requisiten* mit auf die Szene* „schleppt", bezeichnet man als Schleppe. Jeder Mensch, der im wirklichen Leben einen Ort betritt, kommt irgendwo her und schleppt seine persönliche* Geschichte, Dinge, die er zu erledigen hat, oder seine Probleme mit an diesen Ort. Oft wird genau das auf der Bühne oder vor der Kamera vergessen, und Akteure beginnen ihre Arbeit erst mit dem Betreten der Szene*. Die Schleppe sollte eine Hilfe für die Handelnde Person* sein, um auf der Szene* aktiv zu werden und zu handeln* sowie Entscheidungen* im Sinne der Figurenlogik* zu treffen. So kann die Schleppe beispielsweise Auslöser eines Inneren Monologes* sein, der auf der Szene* zum Handeln* führt. Sinnvoll ist es, als Schleppe ein Ereignis* oder auch eine Kette konkreter Ereignisse* zu wählen, welche aber nicht zu lang sein sollte. Allgemeine Tagesabläufe sind meist wenig anregend und auf der Szene* keine Hilfe.

Beispiel: Hat eine Figur* im Briefkasten gerade eine Wohnungskündigung wegen Mietschulden gefunden und betritt mit dieser Schleppe die Szene*, regt das möglicherweise mehr zum Handeln* an, als wenn sie weiß, sie war arbeiten und danach noch ein bisschen auf dem Weihnachtsmarkt. Im ersten Fall bringt die Schleppe den Schauspieler* in eine Konfliktsituation*, die auf der Szene* gelöst werden muss. Im zweiten Fall ist sie allgemein und daher nutzlos, da sie zu keinerlei aktivem Handeln* auf der Szene* führt. Schleppen sind nicht zwangsläufig im Stück oder Drehbuch zu finden. Sie müssen meist vom Schauspieler* im Sinne der Figurenlogik* sowie der Geschichte des Stückes selbst entwickelt werden.

Sensorisches Gedächtnis (*Sense Memory*)

Das sensorische Gedächtnis ist die Erinnerung des gesamten Körpers an Sinneseindrücke und dadurch ausgelöste Gefühle. Dieses zu sensibilisieren, ermöglicht dem Schauspieler* eine echte, angemessene und unverwechselbare Reaktion auf bestimmte, auf der Szene* eintretende Ereignisse* und kann ihm helfen, eine Verbindung zur jeweiligen Situation zu schaffen. Ist das sensorische Gedächtnis trainiert, kann der Schauspieler* darauf vertrauen, dass es während des Spiels für ihn arbeitet und ihm hilft, das Mimen von klischeehaften Gefühlszuständen* zu vermeiden. Das bewusste und wache Wahrnehmen und Beobachten von Sinnesreizen im Alltag durch riechen, schmecken, tasten, hören usw. sowie den damit verbundenen Gefühlen, ist die beste Voraussetzung für ein Sensibilisieren des sensorisches Gedächtnisses. Das Trainieren des sensorischen Gedächtnisses zählt zu den Hausaufgaben des Schauspielers*. Beim Spielen selbst sollte darüber nicht nachgedacht werden. Verbrennt sich eine Figur in der Szene* beispielsweise an einer Herdplatte, möchte kein Zuschauer dem Schauspieler* bei der Erinnerung an Sinneseindrücke zusehen, sondern lediglich durch die angemessenen Reaktion überzeugt werden, das dieses Ereignis* offensichtlich tatsächlich stattgefunden hat (siehe hierzu auch Übungen mit dem Trainingsschwerpunkt: Sensorisches Gedächtnis [Sense Memory]).

Soziales Rollenspiel

Die Art und Weise, in der eine Figur* zu einem bestimmten Zeitpunkt der Handlung* anderen Figuren* gegenüber agiert, ist ihr soziales Rollenspiel. Wie auch im wirklichen Leben halten auf der Bühne oder im Film einige Figuren* die Rollen, die sie spielen, für ihre Identität (siehe auch Arbeitsbegriff Rolle* und Public Persona*). Andere wiederum setzen verschiedene Rollen bewusst ein, um damit ihre Handlungsziele* zu erreichen. So sind z. B. Heinrich Manns Professor Unrat im gleichnamigen Roman die Rollen, die er spielt, nicht bewusst, was ihn in eine tiefe Krise stürzen lässt. Jago in Shakespeares „Othello" hingegen setzt die Rolle des besorgten Freundes sehr bewusst als Strategie* ein, um sich so seinem Handlungsziel* bzw. seiner Überaufgabe* zu nähern. Dem Schauspieler* sollte klar sein, welche soziale Rolle seine Figur* im Stück oder Film spielt und ob sie dieses bewusst tut oder nicht. Ist das Einsetzen der sozialen Rolle der Figur* bewusst, wird dieses zu ihrer Strategie*, welche dem Erreichen des Handlungsziels* dient. Verschiedenste soziale Rollen, wie beispielsweise der liebevolle Vater, die liebevolle Mutter, die gekränkte Geliebte, der aggressive Liebhaber, der Partylöwe, der wohlwollende Herrscher u. v. m. werden also entweder bewusst oder unbewusst eingesetzt (siehe hierzu auch die Arbeitsbegriffe: Public Persona*, Charakterarbeit*, Rolle*, In und aus Figuren gehen / Rollenwechsel*). In Komödien jonglieren Figuren* oft mit dem Einsetzen oder Umkehren verschiedener gesellschaftlicher Rollen bis hin zu Geschlechterrollen, um so an ihre Handlungsziele* zu gelangen. So gibt sich beispielsweise Viola in Shakespeares „Was ihr wollt" als Mann (Cesario) aus oder Rosalind in „Wie es euch gefällt" als Ganymed.

Sprech-Denk-Prozess

Das Entwickeln der Gedanken beim Sprechen ist der Sprech-Denk-Prozess. Das Bewusstmachen des Sprech-Denk-Prozesses dient als Hilfe beim Herstellen eines natürlichen Sprechvorgangs* mit fremden, auswendig gelernten Texten. Beim natürlichen Sprechen wird meist begonnen, ohne genau zu wissen, wie der begonnene Satz endet bzw. ohne bei Beginn seinen genauen Verlauf zu kennen. Vielmehr weiß der Sprechende nur den Punkt, auf den er am Ende kommen will. Der Gedanke wird während des Sprechens, also im Moment, entwickelt. So passiert es beispielsweise auch, dass einem Redner, während er spricht, vollkommen neue Gedanken kommen, die er im Moment des Sprechens in seine Rede einbaut. Dieses gelingt auf natürliche Weise, weil dem Sprechenden der genaue Text bzw. Wortlaut seiner Rede noch nicht bekannt ist. Bei der Arbeit mit auswendig gelernten Fremdtexten muss dieser Prozess hergestellt werden. Beim Zuhörer soll der Eindruck entstehen, dass der Sprechende im Moment des Redens seine eigenen Gedanken entwickelt. Verwiesen sei an dieser Stelle auch auf einen Aufsatz von Heinrich von Kleist, der sich mit diesem Thema beschäftigt: „Über die allmähliche Verfertigung der Gedanken beim Reden".

Status

Der Status ist das Verhältnis, in das sich eine Figur* auf der Szene* zu ihren Partnern und ihrer Umgebung stellt. Man unterscheidet grundsätzlich zwischen Hoch- und Tiefstatus einer Figur*, wobei die Grenzen fließend sind. Der Status, von dem hier die Rede ist, hat nichts mit dem privaten* Status zu tun, den ein Schauspieler* beispielsweise gegenüber seinen Kollegen einnimmt, sondern es geht um denjenigen, den seine Figur* gegenüber anderen oder anderem innerhalb einer szenischen* Arbeit auf der Bühne oder vor der Kamera einnimmt. Der Status ist immer abhängig von einem Bezugspunkt, sei es vom Partner, dem Raum oder vom Handlungsziel* der Figur*. Eine Figur* kann kurz nacheinander ihren Status wechseln, sogar, wenn es sich um ein und denselben Bezugspunkt handelt, oder sie unternimmt den Versuch, ihn zu wechseln und der Erfolg hängt nicht zuletzt von der Reaktion des Partners ab. So tritt ein König seinen Untergebenen sowie den Räumen seines Schlosses wahrscheinlich in einem Hochstatus gegenüber. Trifft er auf seine Frau, die Königin, geht er möglicherweise in einen tieferen Status als sie; oder er schafft es nicht, ihr gegenüber seinen Hochstatus zu behalten, weil sie es nicht zulässt. Der Zuschauer hat möglicherweise große Freude an diesem Spiel. Die Untergebenen hingegen begegnen ihrem Herrscher, indem sie ihren Status ihm bzw. dem Raum gegenüber, in welchem sie sich gemeinsam mit ihm befinden, etwas niedriger halten. Verweigern sie dieses generell und behandeln ihn womöglich wie einen Kumpel vom Biertisch oder schenken ihm keine besondere Beachtung, ist es für den König schwer oder unmöglich, seinen Hochstatus aufrechtzuerhalten. Es gibt daher die Bühnenregel: „Das Volk *macht* den König". Das zeitweise Durchbrechen und Unterlaufen dieser Statusregel hingegen kann sehr amüsant sein. Wird der Status einer Figur* vom Partner, vom Raum oder vom Handlungsziel* getrennt, entsteht meist ein eindimensionales, hölzernes, demonstrierendes* Spiel. Der eigene Status steht also immer in Abhängigkeit zum Spiel des Partners.

Bei Keith Johnstone, der die Statusarbeit sehr vertieft hat, gibt es schöne Beispiele klassischer Hoch-Tief-Statusbeziehungen, wie beispielsweise die zwischen Diener und Herr. So muss es nicht zwangsläufig so sein, dass der Diener sich dem Herrn gegenüber in permanentem Tiefstatus befindet, oft ist das Gegenteil der Fall. Der Diener hält zwar scheinbar die Regeln des Tiefstatus ein, indem er sich z. B. weniger Raum nimmt als sein Herr. Innerhalb dieser Regeln jedoch geht er immer wieder in den Hochstatus seinem Herrn gegenüber und zeigt ihm damit auf subtile Weise, was er von ihm hält. Johnstone benutzt an dieser Stelle den Begriff der Wippe, womit das ständige Heben und Senken des eigenen Status leicht über oder unter den Status des Partners gemeint ist. Damit ist gegeben, dass sich das Statusspiel nie von der Partnerbeziehung abkoppeln kann. Äußerlich erkennbar ist der Status an der Körperhaltung* sowie an der Art und Weise des Sprechens und Handelns* oder am Verhältnis, das zum Raum eingenommen wird. Da Innen und Außen in ständiger Wechselwirkung miteinander stehen, ist es oft der Fall, dass, wenn mit äußerlichen Statusmerkmalen experimentiert wird, sich auch das Innenleben, sprich Gefühle und Emotionen der Handelnden Person* ändern, und diese dann wieder andere äußere Statusmerkmale nach sich ziehen, die vielleicht in erster Instanz gar nicht geplant waren und so die Figur* bereichern.

Einige äußere Merkmale des Hochstatus:

- alles, was die Figur* nach außen hin öffnet
- nimmt sich viel Raum
- aufrechte Körperhaltung
- selbstverständliches Zeigen verletzlicher Körperstellen, wie z. B. Brust raus,

erhobenes Haupt

- gerader Blick
- den Blick des Gegenübers aushalten
- den Kopf stillhalten beim Sprechen
- die Füße zeigen tendenziell nach außen
- klare, eindeutige Gesten
- wenige, ruhige und geschmeidige Bewegungen
- kein Rückversichern, ob durchgeführte Handlungen* richtig oder falsch sind
- Dinge im Raum werden so behandelt, als wären es die eigenen
- der Raum wird tendenziell wie das eigene Wohnzimmer behandelt
- innere Haltung* nach Johnstone: „Komm mir nicht näher, ich beiße."

Einige äußere Merkmale des Tiefstatus:

- nimmt sich wenig Raum
- Tendenz, sich eher an der Wand als in der Mitte des Raumes aufzuhalten
- räumt dem Gegenüber mehr Raum ein als sich selbst
- gebückte Körperhaltung
- die Füße nach innen gestellt, Brust rein
- Blick von unten nach oben
- dem Blick des Gegenübers nicht standhalten;
  nach dem Wegsehen kurzer Kontrollblick zurück
- gesenkter oder geneigter Kopf
- eigenen Kopf und Gesicht anfassen
- ständiges Nicken, Sich-Vergewissern sowie Bestätigen des Anderen
- schnelle, ruckartige Bewegungen
- nesteln an Kleidungsstücken
- Ausdruck der Angst
- innere Haltung* nach Johnstone: „Beiß mich nicht, ich bin es nicht wert."

Generell sollte der Status immer als das begriffen werden, was man tut und nicht, wie man ist. Nur dann wird er zu einer aktiven Handlung* und lässt sich sinnvoll für die szenische* Arbeit sowie die der Figurenfindung* einsetzen.

Strategie (siehe auch Beispiellisten im Anhang VII.2.)

Die Strategie ist der Weg, den eine Figur* im Sinne ihrer Figurenlogik* wählt, um ihr Handlungsziel* sowie ihre Überaufgabe* zu erreichen – „Wie gehe ich vor?" Es ist der Plan, der zum gewünschten Erfolg, also zum Erreichen des Handlungszieles* gewählt wird. Eine Strategie setzt sich aus vielen verschiedenen Handlungsschritten* zusammen, kann aber meist mit einem Verb (Aktionsverb*) beschrieben bzw. auf den Punkt gebracht werden. Eine Strategie wird von einer Figur* meist so lange verfolgt, wie sie Erfolg versprechend ist. Ist das nicht mehr der Fall, ist es sinnvoll, eine andere zu wählen.

Beispiel: Die Situation setzt sich aus folgenden Umständen* zusammen: A hat aus einer guten Idee heraus mit viel Idealismus ein Unternehmen gegründet. In dem Unternehmen sind mittlerweile mehrere Angestellte beschäftigt. Aufgrund der wirtschaftlichen Situation im Land, steckt A mit seinem Unternehmen jetzt in finanziellen Schwierigkeiten. Das große Ziel* von A ist das Wachstum seines Unternehmens bis hin zu einer wirtschaftlichen Stabilität. In der Szene*, um die es geht, sitzt A mit einem leitenden Angestellten in einer Besprechung. Das Handlungsziel* für A in dieser Szene* wäre, den Mitarbeiter zum Leisten freiwilliger, unbezahlter Überstunden zu bewegen. Mögliche erste Strategie könnte sein, ihn mit dem eigenen Idealismus anzustecken, um ihn zu bewegen, gemeinsam an einem Strang zu ziehen. Diese Strategie zusammengefasst könnte heißen: „Begeistern / Überzeugen". Eine mögliche zweite Strategie, bei Erfolglosigkeit der ersten, könnte sein, ihm mit Entlassung zu drohen. Ein Aktionsverb*, das die zweite Strategie zusammenfasst, wäre: „Drohen" („Ich will, dass du Angst vor mir hast.") Mögliche dritte Strategie, bei Erfolglosigkeit der ersten beiden, könnte sein, dem Mitarbeiter die wirtschaftliche Misere sowie den harten Konkurrenzkampf in der Branche zu schildern. Ein Aktionsverb*, welches diese Strategie zusammenfasst, wäre: „Mitleid erregen". Alle Strategien sollen die Figur* aktiv zum Erreichen ihres Handlungszieles* führen. Sie sind klare Anweisungen zum Handeln* auf der Szene*. Auch das Einnehmen einer bestimmten sozialen Rolle* kann als Strategie eingesetzt werden (siehe auch die Arbeitsbegriffe: Soziales Rollenspiel*, Public Persona* sowie die Beispiellisten und Beispielszene im Anhang).

Streichen von Texten

Das Streichen von Texten ist das Entfernen von Text oder Dialogpassagen. Es kann unterschiedlichste Gründe geben, weshalb Striche gemacht werden. Möglicherweise ist der Text zu lang, er wiederholt sich, wird schwächer oder ist aufgrund der Lesart* nicht vonnöten. Wird ein Dialog im Sinne der Handlungen* der Figuren* gestrichen, sollte sich immer wieder die Frage gestellt werden: Muss dieser Text wirklich gesprochen werden, ist sein Inhalt notwendig für die Handlung*? Und wenn ja, kann er nicht möglicherweise auch durch das Spiel der Handelnden Personen* erzählt werden und ist somit überflüssig? Wenn Dinge getan und zudem ausgesprochen werden, entsteht eine Dopplung bzw. ein Illustrieren des Textes. Stellt man fest, dass aus diesen Gründen Texte nicht notwendig sind, sollte man sie getrost streichen (siehe auch Arbeitsbegriff Ratespiel für das Publikum*). Wenn man zusammen mit jemand anderem Texte einstreicht, hat sich dabei folgende Vorgehensweise etabliert und als die effektivste erwiesen:

LILY *Was gucken Sie mich so an.*

MAX *Sie waren gestern Nacht noch spät unterwegs?*

LILY *Nein … Ich war früh unterwegs. Ich meine…*
es war früh, als ich los bin. Dann … spät, als ich nach Hause gekommen bin. Ich glaube, so stimmt es.

MAX *Haben Sie Ihren Mann gesehen?*

Die Ansage des Striches würde nun wie folgt lauten:

LILY *Nein …* **Strich auf nächste Replik* von MAX:**

MAX *Haben sie ihren Mann gesehen?*

Es wird immer die letzte Zeile bzw. der letzte Satz vor dem Strich genannt und der erste danach. In diesem Fall kann es gut möglich sein, dass die Unsicherheit, die der Autor mit dem nun gestrichenen Text vermitteln wollte, ebenso gut durch das Verhalten bzw. Handeln* der Figur* ausgedrückt werden kann und demzufolge nicht auch noch ausgesprochen werden muss.

Substitut (Das Verlinken)

Ein Substitut ist ein Mensch aus dem realen Leben der Handelnden Person*, den sie als Stellvertreter einsetzt, um einen emotionalen Bezug zu einem Partner oder einer Partnerin bzw. einer Figur* herzustellen. Es ist eine Brücke, zwischen dem Leben der Handelnden Person* und dem Leben der Figur*, die von ihr gespielt wird.

Beispiel: Eine Figur* in einem Stück hat ein enges emotionales Verhältnis zu ihrem Vater, sie fühlt sich von ihm in vielerlei Hinsicht sehr unterstützt. Ein Leben ohne den Vater ist für sie schwer vorstellbar. Nun erfährt sie, dass ihr Vater an einer unheilbaren Krankheit leidet, was er ihr bis dahin verschwiegen hat. Er hat nur noch wenige Wochen zu leben. Der Handelnden Person* fällt es schwer, diesen emotionalen Bezug zu dem Kollegen herzustellen, der ihren Vater spielt. Sie sucht jetzt nach einem Stellvertreter aus ihrem eigenen Leben, der ihr eine angemessene Reaktion in dieser Situation ermöglicht und verknüpft diese Person im Geist mit ihrem Kollegen. Es muss nicht unbedingt ihr eigener Vater sein, der ihr in diesem Moment als Stellvertreter dient. Vielleicht hat sie zu jemand anderem einen wesentlich stärkeren Bezug.

Beim Verknüpfen kann es helfen, kleine Verhaltensweisen oder äußere Merkmale des Kollegen zu suchen, die an die Person erinnern, die als Substitut dient. Auf diese Weise kann auch ein lebendiger Bezug zu einer Person oder Situation hergestellt werden, von der möglicherweise im Buch oder Stück nur die Rede ist, die das Handeln* der zu spielenden Figur* aber maßgeblich beeinflusst. (siehe auch Übung II.17. „Verlinken* mit dem eigenen Leben")

Szene

Eine Szene kann sowohl der Ort der Handlung*, als auch ein Handlungsabschnitt des Geschehens sein. Der Begriff Szene kann für beides Verwendung finden. Was im Einzelfall gemeint ist, ergibt sich aus dem Kontext. Im Fall des Ortes der Handlung* spricht man z. B. davon, dass ein Schauspieler* bzw. eine Figur* sich „auf der Szene", d. h. am Ort der Handlung*, befindet. Im zweiten Fall wird der Begriff Szene als Bezeichnung von Handlungsabschnitten verwendet. Diese Handlungsabschnitte (Szenen) sind begrenzt von den Auf- und Abgängen der Figuren*. Jeder Film und jedes Theaterstück ist somit eine Ansammlung von Szenen, Handlungsabschnitten sowie einem oder mehreren Orten, an denen gehandelt* wird.

Szenische Aufmerksamkeit

Das Wahrnehmen der gesamten Situation auf der Szene* bezeichnet man als Szenische Aufmerksamkeit. Im Gegensatz zur Konzentration, die für die Erarbeitung verschiedenster Details wie z. B. Bewegungsabfolgen geeignet ist und bei der gebündelte Aufmerksamkeit auf einen bestimmten Punkt fokussiert wird, schließt die Szenische Aufmerksamkeit alles ein, was auf der Szene* geschieht. Man kann sie auch schauspielerische Präsenz oder Wachheit nennen. Die Szenische Aufmerksamkeit verschafft dem Schauspieler* einen Überblick über alles, was im Moment auf der Szene* vor sich geht. Sie setzt Inneres Zurücktreten* sowie die Fähigkeit Zuhören voraus.

Szenischer Drehpunkt: siehe **Drehpunkt***

Temporhythmus / Rhythmus

Der Temporhythmus ist die Abfolge unterschiedlicher Geschwindigkeiten und ein Mittel* zur Lösung schauspielerischer Aufgaben*. Er ist der Rhythmus in der schauspielerischen Arbeit. Er kann sowohl auf innere als auch auf äußere Vorgänge* angewendet werden (siehe hierzu auch Übungen mit dem Trainingsschwerpunkt: Temporhythmus). Der Temporhythmus* einer Figur* entsteht meist durch das Ziel*, das ihre Handlungen* motiviert. Es besteht aber auch die Möglichkeit, einen Temporhythmus von außen vorzugeben. Hilfreich hierbei ist eine gedachte Geschwindigkeitsskala von 1 bis 10; 1 bedeutet dabei Zeitlupentempo und 10 maximale Geschwindigkeit. Mit dieser Hilfe können leicht Geschwindigkeiten einzelner Handlungen* von außen bestimmt werden und somit der Rhythmus ganzer Handlungsabschnitte oder Szenen*. Findet ein von außen vorgegebener Temporhythmus Anwendung auf einen inneren Vorgang*, ist dieses für einen Betrachter oft kaum wahrnehmbar. So kann beispielsweise die Handlungsanweisung „Auf einem Stuhl sitzen und auf einen Anruf warten" in einer 1 ausgeführt werden oder in einer 9. Ohne hier genau darauf einzugehen, worum es sich bei dem Anruf handelt, bekommt die Handelnde Person* allein durch diese Ansage möglicherweise eine Idee bzw. Haltung* zu diesem Anruf. Verändert sich der Temporhythmus, so ändert sich fast immer auch die innere Haltung*. Auch in Versform verfasste dramatische Literatur – der ein festgelegter, eigener Rhythmus innewohnt – kann dem Darsteller wertvolle Hinweise für seine Figur* und deren Verhalten liefern, z. B. durch die bestimmte (Nicht-)Betonung der Worte, die sich aus dem jeweiligen Versmaß ergibt, durch Repliken*, die direkt im Anschluss an die des Partners erfolgen oder auch nicht bzw. dessen Rede unterbrechen. Findet ein Bruch* statt oder kommt es zu einer Entscheidung*, ändert sich der Temporhythmus in den meisten Fällen (siehe Arbeitsbegriffe).

Tragic Flaw (Tragischer Makel)

(siehe Beispielliste sowie Beispielszene im Anhang VII.4. und VII.6.)

Der Tragic Flaw ist das Verhaltensmuster, mit dem die Figur* reagiert, wenn sie sich in die Enge getrieben fühlt. Er tritt dann in Kraft, wenn die Figur* unter Stress steht und nicht mehr in der Lage ist, ihre Public Persona* aufrechtzuerhalten. Er ist ein unmittelbares Reagieren auf ein Ereignis*, von dem die Figur* überfordert ist oder sich bedroht fühlt. Sie spürt in diesem Moment intensiven Schmerz. Ihre Public Persona* begegnet direkt dem Need (Tiefen Bedürfnis)*. Sie reagiert unbewusst mit einem Verhaltensmuster, dem Tragic Flaw. Das Tragische daran ist für die Figur*, das dieses Reagieren aus dem Schmerz heraus sie von ihrem Need* entfernt, obwohl das Bedürfnis nach einem erfüllten Need* gerade in dieser Situation sehr hoch ist.

Beispiel: Das Need* einer Figur* ist: „anerkannt zu werden". Sie fühlt sich tief innen wenig intelligent und glaubt demnach, in verschiedensten Situationen wenig Wichtiges beitragen zu können. In einer Arbeitsbesprechung mit Kollegen, in der es um ein neues Projekt geht, vergisst man sie als einzige nach ihrer Ansicht zu fragen. Während diese Situation für alle Beteiligten nichts weiter als ein kleines Versehen ist, fühlt die Figur* sich bestätigt in dem Defizit, das sie zu haben glaubt. Der Schmerz, den sie in dieser Situation fühlt, ist so tief, dass sie unbewusst mit einem antrainierten Verhaltensmuster reagiert, ihrem Tragic Flaw. Es könnte in diesem Fall sein, dass sie um sich tritt. „Zutreten" wäre dann ihr Tragic Flaw. Die Kollegen haben sie eigentlich immer als „die Hilfsbereite" (Public Persona*) wahrgenommen. In dieser Situation ist sie aber außer Stande, ihre Public Persona* aufrechtzuerhalten. Sie hinterlässt einen Scherbenhaufen und erreicht alles andere als ihr Need*. Der Tragic Flaw gehört zusammen mit der Public Persona* und dem Need* zu den drei Dimensionen der Charakterarbeit* (siehe Arbeitsbegriffe sowie In und aus Figuren gehen / Rollenwechsel*).

Wichtig ist auch beim Tragic Flaw, dass Begriffe gefunden werden, die klar sind und den Schauspieler* zum aktiven Handeln* auf der Szene* bewegen. Sie sollen ihn körperlich anregen und damit für ihn spielbar sein.

Überaufgabe oder auch großes Ziel

Die Überaufgabe ist das, was eine Figur* am Ende des Stückes oder Filmes erreicht haben will. Die Überaufgabe wird bestimmt durch die Figurenperspektive* und soll die Handelnde Person* zum aktiven Handeln* anregen. Sie motiviert zusammen mit der Figurenperspektive* das Setzen von Handlungszielen* in Szenen* und formuliert die klare Ausrichtung einer Figur*. Je nach den Schwierigkeiten und Konflikten*, auf die diese dabei stößt, wird sie den gradlinigen Weg möglicherweise verlassen müssen, um Umwege zu gehen und verschiedene Strategien* auszuprobieren. Konflikte* können dabei durch das Zusammentreffen mit anderen Figuren* entstehen, welche oft entgegengesetzte Ziele* verfolgen, oder auch durch eintretende Ereignisse*, die für die Figur* an diesem Punkt unvorhersehbar sind. Die Überaufgabe sollte dabei jedoch nie aus den Augen verloren werden. Wenn das passiert, ist die Figur* im Stück verloren und ihr Handeln* ist richtungslos. Es gibt dann keinen Grund mehr, zu handeln* und sich Handlungsziele* in Szenen* zu setzen.

Umstände, gegebene u. geschaffene

Umstände sind die Gegebenheiten, unter denen eine Figur* auf der Szene* handelt*. Umstände legen fest, wie, wo, wann und warum die Szene* stattfindet (unter welchen Umständen). Sie bilden sowohl das Gerüst der Szene* und damit des Stückes oder Drehbuches sowie das der Figuren*, die unter den Umständen ihrer Biografien*, Needs*, Figurenperspektiven* und Zielen* die Szene* betreten. Ein Teil der Umstände ist vom Autor vorgegeben und ergibt sich somit aus dem Stück oder Drehbuch (gegebene Umstände). Ein weiterer Teil kann von der Regie und deren ganz eigener Sichtweise auf das Stück oder Drehbuch kommen. Ein dritter Teil, z. B. innere Widerstände*, wird vom Schauspieler* im Sinne der Figur* sowie des Stückes geschaffen (geschaffene Umstände). Wichtig ist dabei natürlich, dass Umstände sich nicht gegenseitig ausschließen oder behindern. Insofern ist es für den Schauspieler* sinnvoll, das Stück oder Drehbuch Szene* für Szene* durchzugehen und alle für die zu spielende Figur* relevanten Umstände in Form von Fakten herauszuschreiben, das heißt:

- Wo spielt die Szene*?
- Wann spielt sie? – Damit ist nicht nur Jahres- und Tageszeit gemeint, sondern auch in welchem Jahrhundert. Die Zeit kann Aufschluss über Mode bzw. Gewohnheiten sowie die Art der Kleidung geben.
- Wer ist mit meiner Figur* auf der Szene*?
- Wie steht meine Figur* zu diesen anderen Figuren*?
- Was sagen die anderen Figuren* über mich und ist es das, was auch im Sinne des Stückes der Wahrheit entspricht?
- Was weiß meine Figur* beim Betreten der Szene* über sich selbst und über die anderen?

- Was tut meine Figur* laut Stück in der Szene*? Was tun die anderen Figuren* und was hat das mit mir zu tun? (siehe auch Arbeitsbegriff: W-Fragen*)

Brauchbare Umstände für den Schauspieler* sind diejenigen, die ihm helfen, auf der Szene* in seiner Figurenlogik* zu handeln*. Alle anderen sind für ihn wertlos. So ist es meist wenig hilfreich, komplette Biografien* bis ins kleinste Detail auszuarbeiten. Es reichen oft wenige konkrete Umstände / Fakten, wie z. B. prägende Begebenheiten oder bestimmte Eigenarten, Verhaltensmuster und Gewohnheiten der Figur* (siehe auch Arbeitsbegriffe: Charakterarbeit*, In und aus Figuren gehen / Rollenwechsel*). Auch Figurenperspektiven* und Ziele* sind Umstände. Sie dienen der Handelnden Person* als Werkzeug, um überhaupt ins Handeln* zu gelangen (siehe auch Beispiele für Handlungsziele* und Strategien* im Anhang VII.1. und VII.2.). Hat sich ein Schauspieler* z. B. den Umstand* geschaffen, dass die von ihm gespielte Figur* Alkoholiker ist, wird es möglicherweise nicht eine einzige Szene* geben, in der der Zuschauer die Figur* auch Alkohol trinken sieht, und trotzdem kann dieser Umstand auf der Szene* sehr anregend sein und dazu beitragen, aktiv zu handeln* und Entscheidungen* zu treffen (siehe auch Arbeitsbegriff: Figurengeheimnis*). Schauspieler* müssen im Laufe der Zeit selbst herausfinden, was ihnen beim Handeln* auf der Szene* hilft und in welchem Umfang die individuelle Vorbereitung*, wie das Erschaffen von Umständen, am effektivsten ist. Man unterscheidet zwischen Umständen, unter denen eine Figur* die Szene* betritt – wie z. B. Figurenperspektive*, Schleppe*, Figurenbiografisches* – und solchen, die sich während des Stückes aus der Handlung* ergeben oder in Form von Ereignissen* während der Handlung* eintreten. Umstände verschiedener Figuren* treffen während der Handlung* aufeinander und verlangen den Handelnden Personen* Entscheidungen* ab. Alle diese Umstände sollten dem Schauspieler* bekannt sein, bevor er die Szene* betritt. Unmittelbar vor Betreten der Szene jedoch, gilt es, nur zwei Umstände zu bedenken: „Wo komm ich gerade her und was will ich jetzt hier aktiv erreichen?" Er kann dann bei genauer Vorarbeit* darauf vertrauen, dass die Umstände für ihn arbeiten und ihm zu einem mehrdimensionalen, natürlichen Handeln* auf der Szene* verhelfen.

Untertext oder Subtext

Die Botschaft*, die mit einem Satz oder einem Wort transportiert wird, obwohl sie nicht direkt darin zu finden ist, bezeichnet man als Unter- oder Subtext. So kann z. B. für den Text: „Geben Sie mir doch bitte mal die Butter", ein möglicher Untertext sein: „Ich würde gerne mit Ihnen schlafen." Der Untertext ergibt sich meist auf natürliche Weise, wenn Handlungsziel* und Figurenperspektive* vorhanden sind, d. h. wenn die Handelnde Person* weiß, was sie auf der Szene* mit ihrem Text erreichen will.

Vierte Wand

Eine gedachte Wand, die zwischen den Figuren* auf der Szene* und der Kamera bzw. dem Publikum verläuft, nennt man Vierte Wand. Die Vierte Wand ist eine Verabredung, die es den Handelnden Personen* ermöglicht, so zu tun, als wären sie unter sich, obwohl sie wissen, dass sie das nicht sind. Die Zuschauenden (ob Publikum, Regie oder Kamera) befinden sich damit in einer voyeuristischen Position, aus der heraus sie scheinbar unbemerkt die Handlung* auf der Szene* verfolgen. Die Vierte Wand betrifft jedoch nur die Ebene der Figuren*. Die Handelnden Personen* behalten das Bewusstsein für Publikum oder Kamera immer bei, sonst kann es passieren, dass sie dem Publikum oder der Kamera unbewusst den Rücken zuwenden.

Beim Weglassen der Vierten Wand werden die Zuschauenden direkt ins Geschehen involviert und unter Umständen* auch angespielt oder angesprochen. Ein Einreißen der Vierten Wand ist ein Stilmittel, das im Theater oder im performativen Bereich oft verwendet wird.

Vorbereitung auf Publikum, Vorsprechen, Casting

Die Vorbereitung ist in diesem Fall die Arbeit an der inneren Einstellung des Schauspielers*, die sein Herangehen an die Situation bestimmt. Es soll hier ausschließlich um eine innere Vorbereitung auf das Ereignis, Vorsprechen oder Casting gehen. Die Arbeit an der Figur* ist dabei vorausgesetzt (siehe auch Arbeitsbegriff: W-Fragen*). Grundsätzlich kann von zwei voneinander völlig verschiedenen Arten des Herangehens gesprochen werden, von denen die eine eng mit der Perspektive der Handelnden Person* verknüpft ist. Beide Herangehensweisen gründen sich lediglich auf eine innere Einstellung: Die erste hat etwas mit einem „Habenwollen" zu tun, sie macht den Schauspieler* klein und lässt ihn als Künstler verschwinden; die zweite entsteht aus einem „Gebenwollen" und lässt ihn in seine eigentliche Größe kommen. Natürlich kann davon ausgegangen werden, dass der Schauspieler* die grundsätzliche Bereitschaft mitbringt, seine Arbeitskraft dem angebotenen Projekt zur Verfügung zu stellen, sonst wäre er nicht zu dem Vorsprechen erschienen; natürlich hängt damit ebenso zusammen, dass er die angebotene Rolle* auch haben möchte. Aber dieser Fakt ist mit seinem Erscheinen bereits geklärt und muss in seinem Verhalten bzw. in seiner inneren Einstellung ansonsten keine Rolle mehr spielen. Das heißt, er kann diesen Gedanken loslassen.

Die erste Herangehensweise lässt sich in den abschließenden Fragen zusammenfassen: „Und, wie fanden sie mich?" oder „War das, was ich gemacht habe, gut?" Der Schauspieler* signalisiert, dass er bereit ist, alles zu tun, was andere gut finden oder von ihm wollen, dass er es tut. Er bittet damit unbewusst um den Segen der Caster, Regisseure, Produzenten, des Publikums oder wer ihn auch beurteilt und stellt sich so unter sein Gegenüber. Er selbst als Künstler ist durch diese Einstellung nicht oder nur wenig vorhanden. Diese Herangehensweise beschäftigt sich damit, was „die" gut finden könnten und bringt automatisch eine Schräglage in das Verhältnis zum Gegenüber, welches so gezwungen ist, sich mit seinem Urteil über den Schauspieler* zu stellen. Eine gemeinsame künstlerische Arbeit wird so verhindert. Die gleiche Herangehensweise in einer anderen Verkleidung ist die, dass der Schauspieler* sein Gegenüber als wertlos oder inkompetent erachtet.

Im zweiten Fall des Herangehens, welches sich grundlegend vom ersten unterscheidet, wäre eine angemessene Frage, die man dem Schauspieler* nach Beendigung des Vorsprechens stellen könnte: „Und, konntest du alles da lassen?" Sie zielt darauf, dass der Schauspieler* sich Gedanken darüber macht, was er geben will und was er dort, wo er hingeht, hinterlassen möchte; das verleiht ihm eine vollkommen andere Größe und Souveränität und macht ihn als künstlerischen Partner erst interessant. Diese Haltung* hat eng mit der Perspektive der Handelnden Person* zu tun. Auch ist es in diesem Fall, selbst wenn eine Arbeit nicht zustande kommt, für den Schauspieler* weitaus weniger frustrierend, weil er weiß, er hat alles dagelassen, was er zu geben hatte. Vielleicht erfordert die Rolle* oder die Konstellation im Stück bzw. Film etwas anderes, das ist möglich, er kann es in diesem Fall aber nicht beeinflussen. Vielleicht wird er gebeten, dieses oder jenes noch einmal zu überdenken oder anders zu probieren. Wenn es dem Schauspieler* wirklich gelungen ist, das, was er dalassen wollte, dazulassen, folgen lediglich Tatsachen, auf die er reagieren kann. Quälende Überlegungen wie: „Vielleicht wollten die mehr dieses oder jenes von mir", fallen weg. Der Schauspieler* bleibt somit als eigenständiger Künstler und gleichwertiger Partner erhalten.

Vorgang, äußerer u. innerer / Beat

Ein Vorgang ist das, was praktisch auf der Szene* vor sich geht, (äußerer Vorgang) oder das, was in einer Figur* vor sich geht (innerer Vorgang). Vorgänge sind meistens Verbindungen kleinerer, logisch motivierter Handlungsschritte*. In ihrer Summe dienen Vorgänge dem Erreichen des Handlungsziels*. Aus ihnen setzt sich eine Szene* und letztlich ein Stück oder ein Film zusammen. Im englischen Sprachraum wird Vorgang oft auch als Beat bezeichnet. Die amerikanische Schauspiellehrerin Susan Batson unterteilt in ihrem Buch „Truth" Beats in fünf mögliche Kategorien, was in dem Fall der Arbeit mit Strategien* (siehe Arbeitsbegriff sowie Beispiellisten im Anhang VII.2.) entspricht.

W-Fragen

Die W-Fragen sind ein Hilfsmittel zur Bestimmung der Ausgangssituation*, ihre Beantwortung dient der Handelnden Person* als Vorbereitung ihrer Arbeit auf der Bühne oder vor der Kamera. Die W-Fragen sind als Wegweiser gedacht. Sie sollen Auslöser von kreativen, sinnlichen Gedankenprozessen sein und der Handelnden Person* Anstöße geben. Ein schulisches Abarbeiten hat hier wenig Sinn.

Die wichtigsten und grundlegenden W-Fragen sind:

- **Wer** spielt die Szene*? Die Frage nach der Figur* (siehe Arbeitsbegriff: Figur*).
- **Wo** spielt die Szene*? Die Frage nach dem Ort der Handlung*.

- **Wann** spielt die Szene*? Ist es mittags oder mitten in der Nacht, ist es draußen kalt oder warm? Letztlich ist diese Frage auch die Frage nach dem Jahrhundert, in dem die Szene* spielt und den Gepflogenheiten, die damit verknüpft sind.

- **Warum** betritt meine Figur* die Szene*? Die Frage nach dem Handlungsziel* (siehe Arbeitsbegriff: Handlungsziel* und Beispielliste sowie Beispielszene im Anhang).

- **Wozu** dient meiner Figur* die Szene*? Welchen Traum oder welche Vision verfolgt sie mit ihrer Hilfe? Welche Sehnsucht soll gestillt werden? Die Frage nach der Figurenperspektive* und dem Need* (siehe Arbeitsbegriffe: Figurenperspektive*, Need* sowie Beispielliste im Anhang VII.3.).

- **Woher** kommt meine Figur* auf die Szene* und was bringt sie mit? Die Frage nach der Schleppe* (siehe Arbeitsbegriff: Schleppe*).

- **Wohin** will die Figur* nach der Szene*? Diese Frage beinhaltet auch gleichzeitig die Frage nach dem Zeitraum, welcher der Figur* für das Erreichen ihres Handlungsziels* zur Verfügung steht.

- **Welche** für meine Figur* wichtigen Ereignisse* treten an welcher Stelle der Szene* ein und wo genau muss meine Figur* demzufolge Entscheidungen* treffen? Was ändert sich an diesen Punkten am Handeln* meiner Figur*? (siehe auch Arbeitsbegriffe: Ereignis*, Entscheidung*, Drehpunkt* sowie die Beispielszene im Anhang VII.6.)

Erweiterte W-Fragen zur Vorbereitung einer Szene* / Figur*:

- Wie ist das emotionale Verhältnis meiner Figur* am Beginn, während und am Ende der Szene* zu den anderen an der Szene* beteiligten Figuren*? Gibt es hier offensichtliche Veränderungen? Wenn ja, wann und durch welche Ereignisse* werden diese ausgelöst? (siehe auch Arbeitsbegriffe: Drehpunkt*, Ereignis*)

- Wie will meine Figur* von anderen gesehen werden, wie stellt sie sich dar? (siehe Arbeitsbegriffe: Soziales Rollenspiel*, Public Persona* sowie Beispiellisten im Anhang)

- Was tun andere Figuren* meiner Figur* gegenüber während der Szene*? Das heißt auch, wie behandeln sie mich?

- Was verbindet mich als Handelnde Person* mit der Figur*? Das ist letztlich die Frage nach der Perspektive der Handelnden Person*. Was ist mir wichtig, mit meiner Darstellung über diesen Menschen zu erzählen?

Neben der Beantwortung der W-Fragen empfiehlt es sich, alle Fakten, welche die zu spielende Figur* betreffen, aus dem Buch oder Stück herauszuschreiben. Das betrifft auch das, was andere Figuren* über die eigene sagen. Dabei geht es darum herauszufinden, ob es aus der Perspektive der dargestellten Figur* die Wahrheit ist oder nicht.

Zur weiteren Vorbereitung auf eine Figur* lassen sich auch verschiedene andere Inspirationsquellen nutzen. Das können Bilder, Musik, Bücher, Filme, Tier- oder Menschenbeobachtungen sein (siehe auch die Übungen II.22. „Tierarbeit", II.23. „Popstar",

II.24. „Typen-Beobachtung", I.47. „Waldspaziergang / Wahrnehmungstraining", II.21. „Dargestellter Gegenstand"). Außerdem gehört das Aneignen und Üben bestimmter Fertigkeiten dazu, die die Zugehörigkeit der Figur* zu einer Berufsgruppe, zu einem bestimmten Milieu oder einer gesellschaftlichen Schicht erfordern.

Weiterhin spielen emotionale Beziehungen zu anderen Figuren* eine Rolle. Der Schlüssel ist hier oft die Beziehung der Figur* zu ihren Eltern, auch wenn diese im Stück oder Buch nicht auftauchen oder bereits verstorben sind. Über die Eltern-Beziehung kann man oft auch zum Need* der Figur* gelangen. Dafür eignet sich auch die Figuren-, Drehbuch- und Stückaufstellung* (siehe Arbeitsbegriffe: Figuren-, Drehbuch- und Stückaufstellung*, Need*, Charakterarbeit* sowie die Beispielszene im Anhang VII.6.).

Die Vorbereitung dient dem Erschaffen einer mehrdimensionalen Figur* sowie dem natürlich-logischen Handeln* unter den gegebenen Umständen* auf der Szene*. Sie ermöglicht der Handelnden Person* zudem, der Regie sowie ihren Mietspielern und Mitspielerinnen auf Augenhöhe zu begegnen.

Widerstand, äußerer u. innerer / Hindernis

Ein Widerstand ist ein Umstand*, der dem Erreichen des Handlungsziels* entgegensteht. Widerstände müssen von der Figur* entweder aus dem Weg geräumt oder auf andere Weise überwunden werden. Man unterscheidet dabei zwischen Widerständen / Hindernissen, die von außen auftreten und denen, die eine Figur* in sich trägt, z. B. in Form von Zweifeln. Innere Widerstände machen eine Figur* lebendig und lassen sie mehrdimensional werden. So kann ein „eiskalter" Auftragskiller wesentlich interessanter sein, wenn seinem Handlungsziel* gelegentlich Selbstzweifel im Weg stehen, mit denen er sich aktiv auseinandersetzen und die er überwinden muss. Diese Auseinandersetzung kann mit Hilfe von Inneren Monologen* stattfinden. Die Widerstände sind oft nicht direkt vom Autor vorgegeben, sondern müssen vom Schauspieler* für die Figur* selbst gefunden werden (siehe auch Arbeitsbegriffe: Charakterarbeit*, Figuren-, Drehbuch- und Stückaufstellung*, In und aus Figuren gehen / Rollenwechsel*).

Ziel: siehe **Handlungsziel**

Zentrales Thema der Szene / der Geschichte

Das Zentrale Thema ist die Essenz einer Szene oder Geschichte, also das Grundthema, um das es in ihr geht. Grundsätzlich ist es Aufgabe* der Regie, klar zu benennen, was eine Szene* bzw. Geschichte erzählen soll. Es ist die Klammer, in der sich alle Figuren* bewegen und die damit die gemeinsame Ausrichtung vorgibt (siehe auch Kapitel VI. Schauspielführung sowie Beispielszene im Anhang VII.6.). Die Handelnden Personen* wissen in diesem Fall, was erzählt werden soll und worauf sie die schauspielerischen Mittel* ihrer Arbeit ausrichten können. Das kann bereits in der Vorbereitung auf ihre Figuren* essenziell sein und Missverständnissen vorbeugen. Es geht hierbei nicht um das Erzählen von Geschichten, Plots* oder das Beschreiben von

Situationen, sondern um eine kurze und prägnante Beantwortung der Fragen: „Was will ich erzählen?" / „Worum geht es mir?"

Beispiele:

„In der Geschichte geht es ...

- darum, die Hoffnung nicht zu verlieren, wie schwer es auch kommt."
- um Verlust und was dieser mit Menschen macht."
- um die Suche nach einer besseren Welt."

„In der Szene geht es um ...

- die Hoffnung in einer aussichtslosen Situation."
- die Trennung zweier Menschen, die sich einmal sehr nah standen."

Man kann das Benennen des Szenen- oder Geschichtenthemas auch Perspektive* oder Vision der Regie nennen (siehe auch Arbeitsbegriffe: Figurenperspektive* und Perspektive der Handelnden Person*).

Zug-um-Zug-Prinzip

Das Zug-um-Zug-Prinzip besagt, dass Spielzüge in Form von Handlungsschritten* auf der Szene* nacheinander stattfinden. Es regelt das Spiel auf der Bühne oder vor der Kamera wie ein Schachspiel, in dem auch erst nach einem Zug des Gegenübers reagiert werden kann und nicht schon vorher (siehe auch Übungsklassiker: III.39. „Zug um Zug"). Jede Aktion ist Auslöser für eine Reaktion. Das erfordert ein Zuhören sowie ein Wahrnehmen des Gegenübers und ist die Grundlange für das natürlich-logische Handeln* im Moment. Auf der Szene* geschieht es oft, dass geantwortet wird, bevor die Frage überhaupt verstanden sein kann, oder es wird auf etwas reagiert, was noch gar nicht stattgefunden hat. Ein Grund dafür ist, dass die Handelnden Personen* die Geschichte bereits kennen. Oft hat sich in einem Probenprozess ein gewisser Automatismus eingestellt und es gelingt nicht mehr, so naiv in die Situation zu gehen, als würde sie zum ersten Mal geschehen. In diesem Fall hilft es, sich immer wieder an die Einhaltung des Zug-um-Zug-Prinzips zu erinnern. Genauso, wie man nur antworten kann, wenn man die Frage gehört und verstanden hat, kann man erst dann reagieren, nachdem das „Worauf" stattgefunden hat, und nicht schon vorher.

Zustand / zuständliches Spiel

Als zuständlich wird ein Spiel bezeichnet, bei dem die Aufmerksamkeit* der Handelnden Person* vorrangig auf Wirkung ausgerichtet ist. Es ist ein Spiel, dem keine absichtsvolle Handlung* zugrunde liegt und das oft auf der Beschreibung eines szenischen* Vorgangs* durch Adjektive beruht. Die Handelnde Person* ist nicht auf ihre Handlung* oder deren Zweck bedacht, sondern darauf, eine bestimmte Wirkung zu erzielen.

Beispiel: Er oder sie ist betrunken, depressiv, verliebt, müde usw. Die Handelnde Person* puscht sich in einen allgemeinen, unnatürlichen Zustand des Betrunkenseins, der dann gezeigt oder vorgespielt wird und alles andere zudeckt. Während ein Betrunkener eher damit beschäftigt ist, sich aufrecht zu halten, um nicht hinzufallen, ist die Handelnde Person* beim zuständlichen Spiel damit beschäftigt, zu demonstrieren*, wie jemand ist oder wirkt, hier zum Beispiel betrunken. Da das im realen Leben niemand tut, wird dieses Spiel als unnatürlich empfunden. Es findet kein natürlich-logisches Handeln* statt, sondern lediglich das Zeigen eines Zustandes. Das Gegenteil des zuständlichen Spiels, ist das Handeln*, bei dem vorrangig Verben (Wörter des Tuns) Verwendung finden (siehe auch Arbeitsbegriff Aktionsverben* und Beispiellisten im Anhang VII.2.). Die Verwendung von Verben ist daher, im Gegensatz zu der von Adjektiven, auch als Regieanweisung geeigneter. (siehe auch Kapitel VI. Schauspielführung)

VI Schauspielführung

Der Umgang der Regie mit den Handelnden Personen* während der gemeinsamen, praktischen Arbeit ist die Schauspielführung. Im besten Fall ist dieser Umgang natürlich eine Zusammenarbeit. Eine Zusammenarbeit, die nicht zuletzt abhängig ist von der Achtung gegenüber der Arbeit des anderen und dem Wissen darüber, worin diese Arbeit besteht. Grundsätzlich ist die Arbeit der Regie das Realisieren einer Geschichte und der ihr zugrundeliegenden künstlerischen Vision. Die Aufgabe* der Handelnden Personen* ist das Finden und Entwickeln einer mehrdimensionalen Figur*, die im Sinne dieser Geschichte handelt*.

Eine gute Schauspielführung setzt voraus, dass die Regie weiß, in welche Prozesse sich die Handelnden Personen* begeben, um im Sinne einer Figur* natürlich-logisch handeln* zu können. Ebenso wichtig ist die Klarheit darüber, wohin die Handelnden Personen* geführt werden sollen. Eine konstruktive Schauspielführung setzt klare Anleitungen voraus und hilft den Handelnden Personen*, ihre Aufmerksamkeit auf das auszurichten, was dem Realisieren der Geschichte dient.

1.) Beispiele für eine unkonstruktive Schauspielführung

1.1.) Das Labeln von Figuren*

Benennungen, wie eine Figur* ist oder sein sollte, sind allgemein und daher für die Handelnde Person* so nicht spielbar.

Beispiel: Die Handelnde Person* bekommt von der Regie die Bennennung: „Deine Figur* ist eine coole Sau". Im ungünstigsten Fall fängt sie an, sich unter Druck zu setzen. Ihr Spiel wird angestrengt und hölzern, weil sie beginnt, sich mit ihrer Wirkung zu beschäftigen, um damit dem Anspruch der Regie zu genügen. Sie schafft es unter Umständen in dem Moment nicht, diese Benennung ihrer Figur* in eine Handlung* zu übersetzen, um eine mehrdimensionale Figur* spielen zu können (siehe Punkt 2.1). Um sich zu retten, greift sie in die Trickkiste und liefert eine Karikatur ab. Am Ende sind die Beteiligten mit dem Ergebnis unzufrieden. Eine Benennung in dieser Form ist zu allgemein. Sie liefert ein abgeschlossenes Bild von etwas und behindert damit den Prozess des natürlichen Handelns*.

1.2.) Das Beschreiben von Gefühlszuständen oder Emotionen der Figuren*

Gefühle und Emotionen sind flüchtig; sie kommen und gehen und lassen sich nicht fixieren. Sie entstehen in Reaktion auf etwas und können nicht durch bloßes Beschreiben hergestellt werden. Versuchen Handelnde Personen* ein spezielles Gefühl zu erzeugen, besteht die Gefahr eines zuständlichen Spiels* (siehe Arbeitsbegriff).

Beispiel: Die Regie gibt in bester Absicht der Handelnden Person* die Anweisung: „Deine Figur* ist hilflos und fühlt sich traurig und depressiv." Jetzt kann es sein, dass das, was als Hilfe gedacht war, bei der Handelnden Person* zum Demonstrieren* eines allgemeinen, stereotypen und äußerlichen Gefühlszustandes* der Jämmerlichkeit führt. Das differenzierte, lebendige Spiel bleibt damit auf der Strecke. Um die Regie zufrieden zu stellen, puscht sich die Handelnde Person* in einen allgemeinen Gefühlszustand (siehe Arbeitsbegriff Zustand / zuständliches Spiel*). Sie beschäftigt sich damit, künstlich ein Gefühl oder eine Emotion herzustellen, anstatt auf natürlich-logische* Weise zu handeln*. Die Handelnde Person* merkt, dass es nicht das ist, was die Regie will. Im ungünstigen Fall schaffen es beide Seiten nicht, sich aus diesem „Zuständlichkeitskorsett" zu befreien, da ihnen die Mittel (siehe Punkt 2.1. oder 2.4.) dazu fehlen. Am Ende herrscht Unzufriedenheit mit dem Ergebnis.

1.3.) Be- und Verurteilung von Figuren* sowie das Moralisieren

Beispiel: Die Regie gibt einer Handelnden Person* die Beschreibung: „Deine Figur* ist so ein Volltrottel und totaler Versager." Vielleicht geht auch die Handelnde Person* davon aus, dass ein solches Urteil über ihre Figur* zulässig ist. Für ihre Arbeit ist dieser Hinweis allerdings wenig bis gar nicht hilfreich.

Um die Figur* glaubhaft verkörpern zu können, muss die Handelnde Person* hinter ihr stehen, ansonsten ist eine mehrdimensionale Darstellung nicht möglich. Wenn die Handelnde Person* dennoch versucht, diese Beschreibung umzusetzen, kann es sein, dass die Figur* eindimensional wird und damit die Karikatur eines Volltrottels. Selbst wenn die Figur* Adolf Hitler heißt, ist es kontraproduktiv, wenn die Beschreibung lautet: „Deine Figur ist böse und ein entartetes Monster." (siehe Punkt 2.3.).

1.4.) Beschreibungen von Verhaltensweisen gegenüber anderen Figuren* sowie langes Psychologisieren

Detaillierte, psychologische Erklärungen sind oft als Unterstützung gedacht, verfehlen jedoch dieses Ziel*, weil sie keinen spielbaren Weg liefern und nur Ergebnisse beschreiben.

Beispiel: Die Regie gibt der Handelnden Person* ein, wie sie meint, detailliertes Psychogramm ihrer Figur*: „Deine Figur* ist ihrem Vater gegenüber sehr aggressiv und hart, ihrem Bruder begegnet sie jedoch weich und liebevoll, ihrer Mutter nimmt sie eine ablehnende, leicht arrogante Haltung ein." Im Anschluss wird möglicherweise darüber gesprochen und gemutmaßt, warum die Figur* sich so verhält. Nach längerem intellektuellem Austausch fühlt sich die Handelnde Person* entweder von den vielen Informationen erschlagen oder sie klammert sich an die Beschreibungen und verfällt in ein Demonstrieren* von Zuständen*: „aggressiv", „liebevoll", „ablehnend" usw. Die Psychologisierungen sind für ihr Spiel nutzlos, sie befördern und öffnen das Spiel nicht, sondern liefern lediglich abgeschlossenes, intellektuelles Wissen (siehe Punkt 2.1. und 2.2.).

1.5.) Hinweise, wie die Handelnde Person* ist oder sein sollte

Die auch oft als Motivation gedachten Aufforderungen: „Hab mal mehr Spaß.", „Sei ganz locker.", „Mach das lässiger." oder „Sei mehr du selbst.", erreichen oft das Gegenteil. Sie sind – wie auch in Beispiel 1.1) – Beschreibungen allgemeiner Zustände*, in die die Handelnden Personen* sich im ungünstigsten Fall hinein puschen. Etwas soll offensichtlich anders sein, als es ist. Selbst wenn die Handelnde Person* sich in dem Moment nicht verkrampft fühlt, wird sie es zusehends, da sie beginnt ihre Wirkung zu beobachten, mit der scheinbar etwas nicht stimmt. Sie ist nun in ihrem Spiel mit ihrer Außenwirkung beschäftigt und nicht mehr mit ihrem Gegenüber und der Situation, in der sich ihre Figur* befindet.

1.6.) „Mach mal nicht..." / verneinende Regieanweisungen

Werden Handelnde Personen* mit Dingen überhäuft, die sie nicht machen sollen, kommt ihre spielerische Fantasie nicht in Gang. Stattdessen verstärkt sich die Angst, falsch zu sein bzw. die Figur* oder die Situation falsch verstanden zu haben. Sie handeln* dann oft aus der Not, es richtig machen zu müssen.

Beispiel: Die Regieanweisung lautet: „Geh nicht auf ihn zu." Anstatt Ausschau danach zu halten, was die Handelnde Person* stattdessen tun kann, wird sie durch die verneinende Formulierung gehemmt (siehe Punkt 2.1.).

1.7.) Unspezifische Regieanweisungen in der „Man macht das doch so..."-Form

Anstatt eine Figur* in ihrer Spezifik zu befragen, geht die Regie von sich selbst oder von einer allgemeinen Vorstellung aus, die sie hat: „Man macht das doch so."

Beispiel: „Man redet doch so mit einem Verdächtigen." oder: „Man flirtet oder beendet eine Beziehung doch so oder so." Diese Verallgemeinerungen regen die Fantasie nicht an und nützen der Handelnden Person* nichts, weil sie unspezifisch und damit uninteressant sind. Sie führen zu allgemeinem Zeigen oder Demonstrieren* (siehe Punkte 2.1., 2.3., 2.6., 2.10.).

2.) Beispiele für eine konstruktive Schauspielführung

2.1.) Klare, knappe Handlungsvorschläge

Diese beziehen sich immer darauf, was eine Figur* tut, bzw. was sie will, dass ihr Gegenüber sagt, denkt oder tut. Auf diese Weise wird die Handelnde Person* in einen kreativen Arbeitsprozess gebracht. Ihre Kreativität ist nicht festnagelt, sondern kann sich in all ihren Nuancen frei entfalten. Sie versucht nicht, ein fertiges Bild zu zeigen, sondern handelt* auf natürlich-logische* Weise. Handlungsvorschläge basieren immer auf Handlungszielen* und den Strategien*, um diese zu erreichen (siehe Arbeitsbegriffe und Beispiellisten im Anhang VII.1. und VII.2.).

Beispiel 1: Statt einer allgemeinen Benennung wie zum Beispiel „Deine Figur* ist eine coole Sau" (siehe Punkt 1.1) könnte eine Regieanweisung lauten: „Bringe dein Gegenüber dazu, dass es akzeptiert, dass du nur deinen eigenen Regeln folgst, weil das für dein Überleben notwendig ist." Der Handelnden Person* sind in diesem Fall alle Möglichkeiten gegeben, ihr Potenzial zu entfalten und sogar Nuancen ihres Tuns zu entdecken, die sie selbst überraschen. Sie muss nun ständig überprüfen, ob ihr Gegenüber ihre Regeln akzeptiert und sie auf einem guten Weg ist, ihr Handlungsziel* zu erreichen. Sie ist also gezwungen, im Moment zu handeln* und Entscheidungen* zu treffen. Ihre Aufmerksamkeit* verlagert sich von ihrer Wirkung, hin zu der Arbeit mit ihrem Gegenüber in der Situation. Vielleicht sagen Zuschauer später über diese Figur*: „So eine coole Sau, die hat sich überhaupt nichts sagen lassen."

Beispiel 2: Anstatt der zuständlichen* Beschreibung „Die Figur* ist dem Vater gegenüber hart und aggressiv" (siehe Punkt 1.4.), könnte man fragen: „Was will die Figur* von ihrem Vater hören?" bzw. „Was soll dieser ihr gegenüber tun (Handlungsziel*)?" Eine Regieanweisung wäre dann möglicherweise: „Bringe deinen Vater dazu, dass er deine Arbeit anerkennt" und eine der versuchten Strategien*, um das zu erreichen, könnte durchaus sein: „Greife deinen Vater an."

Das Spiel bewegt sich somit weg vom Zeigen eines in sich abgeschlossenen Zustandes*: „Hart und aggressiv", hin zu den Fragen: Was will die Figur* von ihrem Gegenüber und zu welchem Zweck? Es wird mehrdimensional und bietet überraschende Facetten.

2.2.) Die Sprache der Handlung*

Handlungen* werden durch Verben beschrieben, durch Wörter, die konkrete Tätigkeiten oder Prozesse benennen. Alles, was sich in Verben ausdrücken lässt, lässt sich auch spielen, weil es auf eine absichtsvolle Handlung* verweist. Beschreibungen mit Verben eignen sich demzufolge am besten als Regieanweisung. Es gibt sehr starke, handlungsbezogene Verben, die eine direkte, auf ein Gegenüber bezogene Handlung* oder Handlungsstrategie* beinhalten und sofort eine spielerische Fantasie auslösen (siehe Arbeitsbegriff: Aktionsverben* sowie Beispiellisten im Anhang VII.2.). Oft ist es zu Beginn ungewohnt, sich in Verben auszudrücken. Meist liegt das jedoch daran, dass es noch an eigener Klarheit fehlt. Verben zwingen im Gegensatz zu Adjektiven in die Klarheit, und eine Sprache, die vorrangig aus Verben besteht, ist klar und handlungsbezogen. Langfristig gesehen zahlt es sich aus, weil die Arbeit effektiver, kooperativer und freudvoller wird.

Beispiel 1: „drängen": „Dränge ihn oder sie doch mal in die Ecke, mit dem was du sagst.", oder „anklagen", „drohen", „ermutigen", „anstacheln", usw. Was tue ich wem gegenüber und zu welchem Zweck? Was will ich, dass andere in Bezug auf mich tun und wie bringe ich sie dazu? (siehe auch Arbeitsbegriff: Handlungsziel*, Strategie* sowie Beispiellisten und Beispielszene im Anhang).

Beispiel 2: Auch innere Prozesse lassen sich in Verben beschreiben, z. B. worüber die Figur* nachdenkt, was sie innerlich bearbeitet, was sie zu lösen versucht oder nach welchen Antworten sie sucht. All das sind konkrete Handlungen*, die spielbar sind. Wir als Zuschauer werden an einem inneren Prozess beteiligt und bekommen nicht allgemeine Bilder von Gefühlszuständen geliefert.

Beispiel 3: Eine Figur* hat mit ihrem Partner gerade eine Situation erlebt, die eine für sie unerwartete, negative Wendung genommen hat. Statt der zuständlichen* Regieanweisung: „Deine Figur* ist sehr enttäuscht", könnte diese lauten:

- „Bring deinen Partner dazu, dass er freiwillig den Raum verlässt."
- „Denk darüber nach, wie du dich am besten dafür rächen kannst, was er dir angetan hat, und räum dabei deine Sachen in den Schrank."

Das Publikum kann in diesem Fall sein Ratespiel* spielen und am Ende zu dem Fazit gelangen: „Die Figur* war an dieser Stelle so enttäuscht." Das Publikum kann sich damit beschäftigen, wie eine Figur* ist, Drehbuch, Regie und Schauspiel sollten wissen, was sie tut.

2.3.) Die Sicht der Figuren* einnehmen

Um eine Figur* glaubwürdig spielen zu können, ist es für die Handelnde Person* wichtig, deren Handlungen* zu einhundert Prozent rechtfertigen zu können. Dabei braucht sie die Unterstützung der Regie. Es ist hilfreich, wenn Regie und Handelnde Personen* am gleichen Strang ziehen und auch die Regie in der Lage ist, das Geschehen aus Sicht einer Figur* beschreiben zu können.

Beispiel: Um bei dem Beispiel aus Punkt 1.3. zu bleiben, wäre es für die glaubwürdige Darstellung einer Figur* wie Adolf Hitler wichtig, die Welt aus dieser Perspektive* zu betrachten. Dinge, die wir als grauenhaft beurteilen, sieht die Figur* als große Tat für das eigene Land und die Welt. Die Beurteilung der Figur* als „Monster" liegt ganz klar auf Seiten des Zuschauers. Natürlich sind sich Handelnde Person* und Regie der Möglichkeit dieser Sicht bewusst, nur in der szenischen* Arbeit ist jegliches Moralisieren, Be- und Verurteilen hinderlich.

Für Regie und Handelnde Personen* ist es wichtig, zu wissen, welcher Logik* die Handlungen* der Figur* folgen oder anders gesagt: Was die Figur* tut und wozu es ihr dient. (siehe auch Arbeitsbegriffe: Figurenlogik*, Need*, Public Persona* und Tragic Flaw*)

2.4.) Das Zuhören als Werkzeug

Zuhören ist eine der wichtigsten Fähigkeiten, die sich Handelnde Personen* aneignen können. Nur wer seinem Gegenüber im Moment zuhört, kann angemessen und auf natürlich-logische* Weise reagieren. Zudem führt es die Handelnde Person* weg vom Beobachten der eigenen Wirkung und lenkt die Aufmerksamkeit* auf das Gegenüber. Oft bemerkt man leichter von außen, wenn nicht mehr aufeinander gehört wird.

Der Hinweis „Ich möchte, dass ihr euch gegenseitig wirklich zuhört." kann Wunder wirken. Gerade dann, wenn die Handelnden Personen* bereits eingeübte Abläufe wiederholen und sich eine gewisse Mechanik einstellt. Wenn Texte auf die immer gleiche Weise gesprochen werden, ist das oft ein Zeichen, dass sich nicht mehr wirklich zugehört wird. Wer sich aber nicht zuhört, kann auch nicht angemessen reagieren. Die Anweisung „Hört aufeinander, hört euch wieder zu." kann hier der Schlüssel sein. (siehe auch Arbeitsbegriffe: Ereignis*, Entscheidung*, Zug-um-Zug-Prinzip* sowie Inneres Zurücktreten*)

2.5.) Das Magische Wenn / Als ob*

Dieses Werkzeug (siehe Arbeitsbegriff) lässt der Handelnden Person* Freiraum und ist trotzdem eine ganz klare Anweisung zum Handeln*. Man stellt die Frage: „Wenn dieses oder jenes so oder anders wäre, wie würde ich dann jetzt handeln*?" oder gibt die Aufforderung: „Handele* so, als ob* du ...".

Beispiele:

- „Bewege dich auf ihn zu, als ob* du weißt, dass er total auf dich steht."
- „Sprich mit ihr, als ob* du ahnst, dass sie eine Betrügerin ist."

So wird der Handelnden Person* überlassen, wie sie etwas tut. Sie hat Raum für ihr Spiel und ist nicht festgenagelt oder reduziert auf eine Vorstellung. Auch ist das „Als ob" eine einfache Möglichkeit, die Situation für die Handelnde Person* zu verwandeln, und sie damit ins Spiel zu bringen. (siehe auch Arbeitsbegriff: Magisches Wenn / Als ob ...* sowie Übung I.9. „Als ob ...")

2.6.) „Kannst du mir ein Angebot machen?"

Diese Frage entlastet oftmals die Regie von dem Glauben, alles wissen zu müssen. Die Aufforderung „Macht mir doch mal ein Angebot" wird zudem von Seiten der Handelnden Personen* als Wertschätzung ihrer Arbeit wahrgenommen. Möglicherweise war auch die Vorbereitung der Handelnden Personen* auf ihre Figuren* bereits im Sinne der Regie und es müssen nur noch Kleinigkeiten wie Arrangements verändert werden.

Selbst wenn noch kein finales Ergebnis dabei herauskommt, können diese Angebote sehr wohl inspirierend sein. Es ist oft wesentlich produktiver, zu fragen „Kannst du mir ein Angebot machen?", als die Zeit mit psychologischen Spekulationen und langem Gerede über die Figuren* zu verschwenden (siehe Punkt 1.4).

2.7.) Benennen des Zentralen Themas der Szene / Geschichte*

Das Zentrale Thema ist die Essenz einer Szene oder Geschichte, also das Grundthema, um das es in ihr geht (siehe Arbeitsbegriff). Man kann es auch als „Vision der Regie" bezeichnen: Worum geht es mir in der Szene* / Geschichte? Was ist das zentrale Ereignis*? Was soll die Szene* / Geschichte erzählen? Diese Frage klar zu beantworten, kann für die Handelnden Personen* großen Wert haben, weil sie dann wissen, worauf ihre Schauspielerischen Mittel* auszurichten sind. (siehe auch Arbeitsbegriff: Zentrales Thema der Szene / Geschichte*)

Beispiele:

- In der Szene* geht es mir um den Streit zweier Menschen, die sich einmal sehr nahestanden.
- Es geht mir hier darum, dass zwei Menschen sich gegen einen dritten verbünden, in dem sie eine List anwenden.
- Es geht mir in der Geschichte um Macht und Ohnmacht von Menschen.

2.8.) Das Sammeln und Benennen von Umständen* aus Stück oder Buch

Wichtig ist es, die Umstände* in Form von Fakten aus dem Stück, Drehbuch oder der Szene* zusammenzutragen, weil sie Hinweise darauf geben, wie die Figuren* handeln* oder auch warum sie nicht anders handeln* können.

2.9.) Mit Bildern arbeiten, anstatt Emotionen zu beschreiben

Bilder erinnern an erlebte sinnliche Erfahrungen. Manchmal reichen wenige Worte, um ein klares Bild und somit eine Erinnerung der Sinne entstehen zu lassen, die für die Szene* verwendbar ist. So lohnt sich die Suche oder Frage nach einem passenden Bild mehr als das Liefern abgeschlossener Beschreibungen von Emotionen, die dann oft zu einem zuständlichen* Spiel führen.

Beispiele:

- „Ist schon einmal ein dir nahestehender Mensch plötzlich aus deinem Leben verschwunden?" Anstatt: „Du fühlst dich verlassen."
- „Kennst du es, mit durchnässter Kleidung noch weit entfernt von zu Hause zu sein?" Anstatt: „Du frierst. "
- „Ein neuer Tag bricht an, nach einer durchgemachten Sommernacht" Anstatt: „Du bist müde und trotzdem irgendwie wach."

2.10.) Die Rückmeldung

Handelnde Personen* sind, anders als z. B. Bildende Künstler und Künstlerinnen, auf Rückmeldungen von der Regie angewiesen, da sie ihre Arbeit nicht selbst von außen betrachten können. Für sie ist es notwendig, zu erfahren, was funktioniert und was noch fehlt, um Korrekturen vornehmen zu können. Rückmeldungen verdeutlichen, ob ihre Arbeit mit der Vision der Regie und dem, was Buch oder Stück vorgibt, übereinstimmt.

Beispiel: „Was ich gesehen habe und was mir gefällt, ist, dass deine Figur* ihr Gegenüber zurechtweist und ihm klar zu verstehen gibt, dass es so nicht weitergehen kann. Was mir noch fehlt, ist eine Umarmung am Schluss, die ihm klar macht: ‚Ich achte dich.' Vielleicht muss es auch gar nicht physisch sein, biete doch mal etwas an." (siehe auch Punkt 2.6.)

2.11.) Ein klarer Start der Szene* (Achtung! ... Und ... Bitte! ... Danke!)

Ist der Beginn der Arbeit auf der Szene* klar, trägt das für alle Beteiligten wesentlich zum Gelingen bei. Das betrifft sowohl eine Probensituation als auch das Drehen eines Takes. Es ist die gemeinsame Ausrichtung auf das, was folgt. Ist der Beginn unklar, brauchen die Handelnden Personen* unter Umständen lange, um sich auf der Szene* zu orientieren, und sind nicht in der Lage, im Sinne ihrer Figuren* zu handeln*.

Ein Werkzeug hierfür sind die vier Anweisungen: „Achtung! ...", „Und ...", „Bitte! ...", „Danke!". Ernst genommen und richtig angewendet garantieren sie einen klaren Beginn.

Das ***„Achtung! ..."*** ist für alle beteiligten Gewerke das Zeichen, dass das Spiel in wenigen Sekunden beginnt, es ist Zeit für ein letztes Zurechtrücken. Den Handelnden Personen* dient diese Zeit, um sich im Sinne ihrer Figur* noch einmal kurz daran zu erinnern: „Woher komme ich gerade?" und „Was will ich jetzt hier?"

Es folgt das ***„Und ..."***, mit dem das letzte Zurechtrücken beendet ist. Nun kehrt Stille ein. Für die Regie besteht damit die Möglichkeit, die Aufmerksamkeit aller Beteiligten auf den Beginn zu bündeln. Erst wenn das geschehen ist und aufmerksame Stille herrscht, folgt das „Bitte! ...".

Das ***„Bitte! ..."*** ist die Übergabe an die Handelnden Personen*, diese haben nun die Zeit, die sie brauchen, um mit dem Handeln* auf der Szene* zu beginnen.

Das ***„Danke!"*** der Regie beendet das Spiel auf der Szene*.

2.12.) Erste Gespräche oder Arbeitstreffen zwischen Regie und Handelnden Personen*

Erste Gespräche dienen oft einem kurzen Kennenlernen und Abtasten. Ein paar grundsätzliche Anhaltspunkte können, trotz aller individueller Vorlieben, jedoch genannt werden:

- Erste Gespräche sollten möglichst knappgehalten und zeitlich begrenzt werden (vielleicht auf eine halbe Stunde).
- Es sollte darauf verzichtet werden, endlos über Figuren* zu psychologisieren oder die Geschichte noch einmal zu erzählen, die alle an dem Punkt bereits gelesen haben sollten (siehe Punkt 1.4).
- Für die Handelnden Personen* ist es gut, zu wissen, wohin die Reise gehen soll, das heißt, was der Regie in der Geschichte am Herzen liegt, welche Vision sie möglicherweise beim Erzählen der Geschichte verfolgt und auf welchen Details vielleicht ein besonderes Augenmerk liegt (siehe auch Punkt 2.7. sowie Arbeitsbegriff: Zentrales Thema der Szene / Geschichte*).
- Wenn man sich gemeinsam einer Figur* nähern will, ist es sinnvoller, sich darüber zu verständigen, welchen Traum die Figur* hat oder von welchen Sehnsüchten sie möglicherweise angetrieben wird, als sich in kleinteiligen Details oder psychologischen Spekulationen zu verlieren. Es kann hilfreich sein, dies von Seiten der Regie als Fragen zu formulieren. Die Handelnde Person* hat so die Möglichkeit, zu überprüfen, inwieweit ihr die Figur* bereits bekannt ist und wo noch grundsätzliche Dinge unklar sind. Zur Entlastung sei gesagt, dass es nicht Aufgabe der Regie ist, den Handelnden Personen* ihre Figuren* zu erklären.
- Statt zu spekulieren, sollten Fakten benannt werden. Fakten, die im Buch oder Stück zu finden sind und die die Regie für wichtig hält, sind hilfreich für die Vorbereitung der Handelnden Personen* auf ihre Figuren* (siehe Punkt 2.8. und Arbeitsbegriff: Umstände, gegebene u. geschaffene*).
- Es besteht auch die Möglichkeit, sich anstatt eines Gespräches in einen gemeinsamen Arbeitsprozess zu begeben, indem man ein Stück aus einer Schlüsselszene kurz probiert und so bereits ein gemeinsame Arbeitssprache finden kann. Das hat den Vorteil, dass man sich gleich auf der praktischen Ebene begegnet.
- Als Beginn oder Basis für eine gemeinsamen Arbeit ist auch eine Figuren-, Stück- oder Drehbuchaufstellung* sehr zu empfehlen. Wenn innerhalb der Produktion Zeit und Geld dafür vorhanden ist, ist es ratsam, hier einen ganzen oder halben Tag mit der gesamten Besetzung bzw. dem Cast oder zumindest den Hauptfiguren bzw. dem Hauptcast einzuplanen. Eine gute Figuren-, Stück- und Drehbuchaufstellung* kann die Weiterarbeit sehr erleichtern und vereinfachen. Die Regie braucht dann im weiteren Verlauf der Arbeit oft nur kurz daran zu erinnern, da sie den Prozess mitverfolgt hat: „Erinnere dich mal an deine Körperlichkeit in der Aufstellung" oder „Erinnere dich, wie du deiner Partnerin gegenüber standest in der Situation." (siehe Arbeitsbegriff: Figuren-, Stück- und Drehbuchaufstellung*)

VII Anhang

VII.1. Beispiele für Handlungsziele*

Ein Handlungsziel* ist das, was eine Figur* durch ihr Handeln* in einer Szene* aktiv erreichen will und kann (siehe auch Arbeitsbegriff).

Ich will / möchte / brauche, ...

- dass es dir gut geht. (Ich sorge dafür, ...)
- dich verschlingen, brauche aber deine Zustimmung.
- dich verstehen.
- deine Bestätigung.
- dein Lob / deine Anerkennung (für meine Unterstützung / meine Schlagfertigkeit / meine Ideen / mein Handeln*).
- dein Vertrauen / dass du mir vertraust.
- deine Wertschätzung.
- deine Zustimmung.
- eine Anerkennung meiner Arbeit.
- eine Entschuldigung.
- eine Idee von dir, wie es weitergehen soll.
- einen Liebesbeweis von dir (ein liebes Wort / einen lieben Blick).
- verstanden werden.

Ich will / möchte, herausfinden / wissen / verstehen, ...

- ob du der / die Richtige bist.
- ob du die Wahrheit sagst.
- ob ich dir trauen kann.
- ob du mich betrügst.
- ob du mir vertraust.
- ob du zu mir stehst.
- warum du dich von mir getrennt hast.
- warum du mich so (schlecht) behandelst.
- was du kannst / ob du etwas kannst.
- was du von mir willst.
- wer du bist.
- wieviel du über mich weißt.

Ich will / möchte / brauche / mache / sorge dafür, dass du …

- Angst davor hast, dass ich gehe.
- Angst vor mir hast.
- applaudierst.
- auf mich hörst.
- aufgibst.
- aufhörst, dich so zu benehmen.
- aufhörst, dich zu streiten.
- aufhörst, mich zu bevormunden.
- aufhörst, mir weh zu tun.
- aufstehst und gehst.
- aus dir herausgehst.
- ausrastest (damit du siehst, wie du wirklich bist).
- bei mir bleibst / nicht von mir los kommst.
- bemerkst, dass ... (ich dich liebe / ich eine neue Frisur habe / ich das alles nur für dich tue).
- das Gute in mir siehst.
- deine Maske fallen lässt.
- dich bedankst.
- dich beeilst.
- dich begehrt fühlst.
- dich begeisterst (begeistern lässt).
- dich benimmst.
- dich beruhigst.
- dich blamierst. (nicht-)
- dich entschuldigst.
- dich entspannst.
- dich erinnerst, wie schön es mal zwischen uns war.
- dich frei fühlst.
- dich freust.
- dich fürchtest.
- dich im Unrecht fühlst.
- dich in mich verliebst.
- dich für mich interessierst (für das, was ich sage / tue).
- dich kümmerst (um mich / um dich).
- dich mir anvertraust.
- dich mir hingibst.
- dich mir unterordnest.
- dich mit dir (mit mir) beschäftigst.
- dich mit mir verbündest.
- dich nicht einmischt.
- dich öffnest (mir gegenüber öffnest).

- dich schämst.
- dich schuldig fühlst.
- dich sicher fühlst (mit mir).
- dich unterstützt fühlst.
- dich verteidigst.
- dich verträgst.
- dich verstanden fühlst.
- dich verunsichert fühlst.
- dich zurücknimmst (lernst dich zurückzunehmen).
- denkst, dass ...
- die Schuld auf dich nimmst.
- dir glaubst.
- ehrlich bist.
- eine gute Zeit hast.
- es gut hinbekommst.
- gehst, ohne mir einen Vorwurf zu machen.
- kämpfst (mit mir / um mich / gegen mich).
- lachst / wieder lachst / über mich lachst.
- leidest.
- machst, was ich sage (will).
- mein Talent erkennst.
- meine Autorität anerkennst.
- meine Grenzen akzeptierst.
- meine Sorgen achtest.
- meine Unterstützung zulässt (anerkennst).
- meinen Prozess achtest.
- Mut fasst / wieder Mut fasst.
- nicht mehr klar denken kannst.
- nicht mit mir spielst.
- niederkniest.
- schreist.
- selbstständig arbeitest.
- Spaß hast.
- um mich kämpfst.
- vergisst, was war.
- von mir lernst.
- vor mir niederkniest.
- weinst (damit ich sehe, wie wichtig ich dir bin).
- wertschätzt, was ich tue (für dich tue).
- zu dir stehst.
- zu mir stehst.

Ich will / möchte / brauche / mache / sorge dafür, dass du mich ...

- achtest.
- akzeptierst (z. B. als Chef/Chefin).
- anbetest.
- anders / besser behandelst.
- anerkennst.
- angreifst (damit ich dir die Schuld dafür geben kann / damit ich recht behalte).
- ansiehst.
- auf den Schoß nimmst.
- aufmunterst.
- ausziehst.
- beachtest.
- bedauerst.
- bedienst.
- begehrenswert findest.
- bemutterst.
- beneidest.
- beruhigst.
- berührst.
- beschützt.
- bestätigst.
- bestrafst (weil ich es nicht anders verdient habe).
- bewunderst.
- bezahlst.
- bittest mitzugehen.
- cool findest.
- einmal fragst, ob ...
- entflammst.
- entlastest.
- ernst nimmst.
- festhältst.
- fragst, ob ich mitkomme.
- fragst, wie es mir geht.
- frei lässt.
- gehen lässt.
- geil findest.
- hofierst.
- in den Arm nimmst.
- in Ruhe lässt.
- inspirierst.
- küsst.
- lobst.

- loslässt.
- mitnimmst.
- nicht benutzt.
- nicht so fest hältst.
- schlägst (weil ich es verdient habe / weil ich dir beweisen will, wer du wirklich bist).
- siehst / endlich siehst / einmal wirklich siehst.
- tötest.
- tröstest.
- (trotzdem) lieb hast.
- um Rat bittest.
- umwirbst.
- unterhaltsam findest.
- unterhältst.
- unterstützt.
- verfolgst.
- verführst.
- verstehst.
- verteidigst.
- vögelst / fickst.
- wertschätzt.
- willst.
- witzig findest.
- zum Lachen bringst.
- zurückweist (damit ich recht behalte).

Ich will / möchte / brauche / mache/ sorge dafür, dass du mir ...

- alles sagst / anvertraust.
- anbietest, mitzukommen.
- das gibst, was mir zusteht.
- deine Hilfe gibst / anbietest.
- deinen Segen gibst.
- die Langeweile nimmst.
- die Last nimmst.
- die Wahrheit sagst.
- eine gute Zeit bereitest.
- folgst.
- Geld leihst.
- gibst, was ich brauche.
- glaubst.
- hilfst.
- in die Augen siehst.
- mehr Achtung entgegen bringst.

- meine Angst nimmst.
- meine Ohnmacht nimmst.
- Recht gibst.
- sagst, dass du mich liebst.
- sagst, dass ich der wichtigste Mensch in deinem Leben bin.
- sagst, dass ich ein Arschloch bin.
- sagst, dass ich gut bin, wie ich bin.
- vertraust.
- verzeihst / vergibst.
- weh tust.
- wieder Mut machst.
- zeigst, wer du bist.
- zeigst, wie sehr du mich begehrst.
- zeigst, wie sehr du mich liebst / wie wichtig ich dir bin / wie es dir geht / wie es geht.
- zeigst, wo ich dich unterstützen kann.
- Zeit lässt.
- zuhörst.

Ich will / möchte / brauche / mache / sorge dafür, dass du mir das Gefühl gibst, ...

- anziehend zu sein.
- begehrenswert zu sein.
- besonders zu sein.
- dass du mich brauchst.
- dass du mich liebst, wie ich bin.
- dass du mir gehörst (zu mir gehörst).
- dass ich dir wichtig bin.
- dazuzugehören.
- einzigartig zu sein (der / die Einzige zu sein).

Ich will / möchte / brauche / mache / sorge dafür, dass du mir beweist, dass ...

- du dein Ziel* erreichen kannst / willst.
- du dich anstrengen möchtest.
- du dir Mühe gibst.
- du gesund / krank bist.
- du mich liebst.
- du (mir) treu bist.
- du normal bist.
- ich mich auf dich verlassen kann.

Ich will / möchte / brauche / mache / sorge dafür, dass du erkennst / begreifst / einsiehst / zugibst, …

- dass alles Lüge ist (war).
- dass das alles nur ein Traum ist (war)
- was für ein Arschloch du warst (bist).
- was ich brauche.
- was ich dir alles geben kann.
- was ich leiste.
- was ich meine / wie ich das meine.
- wie abgründig du bist.
- wie bescheuert das hier alles ist.
- wie bescheuert du eigentlich bist.
- wie dumm du bist.
- wie sehr du mich brauchst.
- wie sehr du mich hasst.
- wie sehr du mich verletzt hast.
- wie sehr ich dich unterstütze.
- wie überlegen ich bin.
- wie wenig du mich siehst.
- wie wenig du von mir weißt.
- wie wenig ich dich interessiere.
- wie wertvoll ich bin.
- wie wichtig du mir bist.
- wie zerbrechlich ich bin.

Ich will / möchte / brauche / mache / sorge dafür, dass du erkennst / begreifst / einsiehst / zugibst, dass ich ...

- alles richtig gemacht habe.
- anders bin, als du mich gerne hättest.
- auserwählt bin.
- begabter / besser / klüger bin.
- das alles nur für dich tue (getan habe).
- der / die Richtige bin.
- dich liebe.
- die Wahrheit sage.
- ein Kind (mit dir) möchte.
- es ehrlich meine.
- für dich sorge.
- kein Arschloch bin.
- krank bin.
- liebens- und begehrenswert bin.

- meine Freiheit brauche.
- nicht verrückt bin.
- normal bin.
- ohne dich nicht leben kann.
- recht habe.
- schuld / unschuldig bin.
- sexy bin.
- unschuldig bin.
- verrückt bin.
- wirklich nichts besitze.

Ich will / möchte / brauche / mache / sorge dafür, dass du erkennst / begreifst / einsiehst / zugibst, dass du ...

- dazugehörst.
- der / die Einzige in meinem Leben bist.
- dich nicht für mich interessierst.
- dich trennen solltest.
- dir etwas vormachst.
- dumm bist.
- ein Arschloch bist (warst).
- einen Fehler gemacht hast.
- gesund bist.
- homosexuell bist.
- im Unrecht bist.
- krank bist.
- mich anhimmelst.
- mich begehrst (nicht begehrst).
- mich besitzen willst.
- mich bestrafst.
- mich betrogen hast (betrügst).
- mich bewunderst.
- mich brauchst.
- mich hasst.
- mich liebst.
- mich nicht ernst nimmst.
- mich überwachst.
- mich verachtest.
- mich verfolgst.
- mich verletzt hast.
- mich vernichten willst.
- mich vögeln / ficken / mit mir schlafen willst.
- mir (dir) etwas vormachst.

- mir auch noch das Letzte nehmen willst.
- mir auf die Nerven gehst.
- mir aus dem Weg gehst.
- mir ausweichst.
- mir nicht helfen kannst.
- mir wichtig bist.
- nicht der / die Einzige in meinem Leben sein kannst.
- nicht gesund werden willst.
- normal bist.
- (nur) mit mir ins Bett willst.
- (nur) mit mir spielst.
- schuld / schuldlos bist.
- sterben willst.
- unrecht hast.
- unsicher bist.
- verrückt bist.
- versagt hast.
- viel von mir lernen kannst.
- wenig von mir weißt.
- wertlos bist.
- woanders besser aufgehoben bist.

Ich will / möchte / brauche / mache / sorge dafür, dass du erkennst / begreifst / einsiehst / zugibst, dass wir ...

- auserwählt sind.
- dem gleichen Volk angehören. (nicht-)
- eine Familie sind.
- es schaffen können / werden. (nicht-)
- schuld sind. (nicht-)
- uns trennen sollten.
- verloren sind. (nicht-)
- zusammen gehören / passen. (nicht-)

Ich will / möchte / brauche / mache / sorge dafür, dass ihr ...

- euch vertragt.
- gut findet, was ich mache.
- meine Autorität anerkennt.
- meine Überlegenheit akzeptiert.
- mich gut findet.
- mich lobt.
- mich so seht, wie ich wirklich bin.
- Spaß habt.

VII.2. Beispiele für Strategien* / Aktionsverben*

Eine Strategie* ist der Weg, den eine Figur* im Sinne ihrer Figurenlogik* wählt, um ihr Handlungsziel* sowie ihre Überaufgabe* zu erreichen – „Wie gehe ich vor?" (siehe Arbeitsbegriffe: Strategie* und Aktionsverb*)

Strategie* / Aktionsverb*	möglicher Untertext*
ablenken (ein Thema umgehen)	»Aber sieh doch mal das hier ...«
abweisen	»Geh deiner Wege!«
anbaggern	»Na Süße / Süßer, wie wär's mit uns beiden?!«
anfeuern	»Du schaffst das!«
angeben	»Kein Problem für mich.«
angreifen	»Was glaubst du, wer du bist?!«
Angst machen	»Ohje, wenn du wüsstest ...!«
anheben	»Du bist großartig!«
anklagen	»Du weißt, du bist schuldig!«
anstacheln	»Na komm, trau dich.«
antreiben	»Na los, los, los, los!«
aufbauen	»Du wirst immer besser.«
auf die Folter spannen	»Ich weiß nicht, ob ich dir das erzählen / zeigen kann ...«
aufgeben	»Ich weiß nicht weiter ...«
aufklären	»Sieh mal, das ist so ...«
ausflippen	»Mach doch deinen Scheiß alleine!«
auslachen	»Wie das aussieht ...«
bekehren	»Glaube mir, es tut dir gut.«
beklagen	»Das ist so unfair.«
beruhigen	»Mach dir keine Gedanken.«
beschwatzen	»Bist du sicher, dass du es nicht gut gebrauchen kannst ...?!«

beschwichtigen	»Es wird gut.«
beschwören	»Du musst mir glauben!«
bestätigen	»Absolut richtig!«
bestrafen	»Du hast es nicht verdient.«
beunruhigen	»Oje, ich glaub, das wird nichts.«
bevormunden	»Komm, lass mich das machen.«
beweisen	»Ich zeige dir, dass ich recht habe.«
bezaubern	»So schön wie mit dir war es noch nie.«
bitten / betteln	»Bitte, bitte ...«
blenden	»Es gibt keine Probleme mit mir.«
bluffen	»Ich weiß mehr, als du denkst.«
bohren	»Wie war das doch noch?!«
davonlaufen	»Das ist mir zu viel ...«
drängen	»Komm schon, beweg dich.«
drohen	»Du solltest besser machen, was ich sage.«
drüberstellen	»Immer noch nicht verstanden?!«
eingestehen	»Ja, ich war's.«
einladen	»Ich würde mich freuen ...«
einlenken	»Ja, man kann das so machen.«
einschnappen	»Naja ..., dann eben nicht.«
einverleiben	»Das ist meins.« / »Du gehörst mir.«
entlarven	»Na, das wird sich ja jetzt herausstellen.«
entlasten	»Es ist nicht schlimm.«
entmutigen	»Das wird nichts ...«
ermahnen	»Das war das letzte Mal!«
ermutigen	»Ich weiß, dass du es kannst.«
erniedrigen	»Du kleines Stück Dreck.«
festnageln	»So kommst du hier nicht raus.«

flehen	»Bitte, Bitte, Bitte!!!«
flirten	»Komm, setz dich neben mich.«
fordern	»Reiß dich jetzt zusammen.«
führen	»Hier geht's lang.«
herausfinden	»Wie war das ...?!«
herausfordern	»Na, worauf wartest du noch ...?!«
kämpfen	»Jetzt sehen wir, wer den Kürzeren zieht!«
kritisieren	»Das ist leider nichts.«
leiden	»Mir geht es wirklich nicht gut.«
liebäugeln	»Das kann richtig toll werden.«
loslassen	»Du bist frei, mach was du willst.«
loben	»Toll, wie du das machst.«
Mitleid erregen	»Mir geht es so schlecht. Ich leide sehr darunter.«
mustern	Falten zählen, Details an Kleidung und Person bemerken.
necken / reizen	»Na, hast du heute wieder schlechte Laune?«
sich klein machen	»Ach, jetzt ist mir das schon wieder passiert. Immer passiert mir das ...«
prahlen	»Ich kenne niemanden, der / die das so kann wie ich«
provozieren	»Komm schon ...!!!«
rechtfertigen	»Aber das war ganz anders ...«
Schmeicheln / umgarnen	»Du bist wunderbar.«
schwärmen	»Oh mein Gott, ist das toll!«
sich kümmern	»Komm, ich weiß, was dir fehlt.«
sich zeigen / sich öffnen	»Du kannst mich alles fragen.«
sorgen	»Ich mach mir solche Sorgen.«
überreden	»Glaub mir, du wirst es nicht bereuen!«

übersehen	»Ach, bist du schon lange hier?!«
überzeugen	»Sieh mal, es kann nur so funktionieren ...«
unterhalten	»Passt auf, jetzt kommt's ...«
verachten	»Das ist so armselig ...«
verbünden	»Wir beide zusammen ...!«
verlangen	»Es steht mir zu, ohne Wenn und Aber!«
verletzen	»Du hast es verdient.«
verführen	»Ich mag, wie du mich ansiehst.«
vernichten	»Ich mach dich fertig.«
verschlingen	»Ich will dich!«
versöhnen	»Mach dir darüber keine Gedanken mehr.«
versprechen	»Verlass dich auf mich!«
verstehen	»Ich weiß, wie es dir geht.«
verurteilen	»Es ist schlecht.«
verwirren	»Nein, nein, das müsste anders ... aber ich weiß auch nicht ... vielleicht, irgendwie ...«
(die) Wahrheit sagen	Egal was, es ist in diesem Moment die Wahrheit.
warnen	»Sieh dich vor ...!«
wegwischen	»Das ist nicht von Belang.«
zurückziehen	»Ich geh dann mal.«
zustimmen	»Ich sehe das genauso ...«
zwingen	»Du tust genau das, dafür sorge ich!«

VII.3. Beispiele für Need*

Das Need* ist das tiefe unerfüllte Bedürfnis einer Figur*, das ihr Handeln* antreibt (siehe Arbeitsbegriffe: Need*, Charakterarbeit*).

- Abenteuer
- Akzeptanz / akzeptiert zu werden
- Anerkennung / anerkannt zu werden
- angenommen zu werden
- Ankommen / anzukommen
- Anständigkeit / anständig behandelt zu werden
- Beachtung / beachtet zu werden
- befriedigt zu sein
- begehrt zu werden
- bemuttert zu werden
- Besonderheit / besonders zu sein
- Bestätigung / bestätigt (bejaht) zu werden
- Bewunderung / bewundert zu werden
- dass jemand sich um mich kümmert
- dass jemand zu mir steht
- Dazugehören
- Ehrlichkeit
- eine Frau / ein Mann / ein Kind zu sein
- Einfachheit
- Einzigartigkeit / einzigartig zu sein
- entdeckt zu werden
- ernst genommen zu werden
- erwachsen zu sein / zu werden
- etwas darzustellen
- frei von Angst zu sein
- Freiheit / frei zu sein
- Frieden / in Frieden zu sein
- Führung / geführt zu werden
- Geborgenheit
- Gebrauchtwerden / gebraucht zu werden
- gehalten zu werden / Halt
- gehegt / gepflegt zu werden
- geliebt zu werden
- gelobt zu werden
- Gerechtigkeit / Recht zu bekommen
- gesehen / erkannt zu werden
- Gesundheit
- gut behandelt zu werden

- Güte
- Harmonie
- Hilfe / dass mir geholfen wird
- Hingabe / sich hingeben / sich hingeben zu können / dass sich jemand mir vollständig hingibt
- hofiert zu werden
- Identität / eine eigene Identität
- in den Arm genommen zu werden
- Inspiration / inspiriert zu werden
- Jugend / jung zu sein / zu bleiben
- Klarheit / klar zu sein
- Lebendigkeit / sich lebendig fühlen
- Leichtigkeit
- Macht / mächtig zu sein
- Mitleid / bedauert zu werden
- Natürlichkeit / natürlich zu sein
- Ordnung
- Reinheit / Sauberkeit
- Respekt / respektiert zu werden
- Rettung / gerettet zu werden
- Ruhe
- Schönheit
- Schutz / ge- oder beschützt zu werden
- Sexualität / Sehnsucht nach einer gesunden / erfüllten Sexualität
- Sicherheit
- Sinn / ein Sinn im Leben
- Strafe / bestraft zu werden, weil ich schuldig bin.
- Toleranz / toleriert zu werden
- Treue
- Unabhängigkeit / unabhängig zu sein
- Unschuld / unschuldig zu sein
- Unterstützung / unterstützt zu werden
- Verführung / verführt zu werden
- verschmelzen / mit jemandem eins werden
- Verständnis / verstanden zu werden
- Vertrauen / vertrauen zu können / dass mir vertraut wird
- Vollständigkeit / ganz zu sein
- Wahrheit
- Wärme
- Wertschätzung
- wichtig zu sein
- Wissen / viel zu wissen
- Zerstörung / zu zerstören
- Zuneigung
- Zustimmung

VII.4. Beispiele für Public Persona*

Mit der Public Persona* wird bezeichnet, wie sich eine Figur* in der Öffentlichkeit präsentiert bzw. wie sie von anderen gesehen werden möchte. Die Public Persona* sollte aus einem Wort oder der Verbindung von zwei Worten bestehen. Auch die Verbindung mit Berufen ist möglich. Beispiele: der charmante Betrüger, die zerbrechliche Prinzessin, die sanfte Ärztin, der grobe Schlachter usw. (siehe Arbeitsbegriffe: Public Persona*, Charakterarbeit*).

- Abenteurer/in
- Abzocker/in
- Aktive/r
- Allwissende/r
- Anteilnehmende/r
- Aufopferungsvolle/r
- Bauer / Bäuerin (schlaue)
- Beflissene/r
- Begeisterte/r
- Bemühte/r
- Berater/in (gute Berater/in)
- Bescheidene/r (auch mit wenig zufrieden)
- Beschützer/in
- Besitzer/in
- Bester / guter Freund / beste / gute Freundin
- Betrüger/in
- braves Mädchen / braver Junge
- Brutale/r
- Callboy
- Casanova
- Charmeur / Charmante
- Checker
- Coole (Boss / Chefin usw.)
- Detektiv/in
- Diener/in
- Dramaqueen
- Drängende/r (vorwärts-)
- Dreckige/r
- Durchgeknallte/r
- Ehrgeizige/r
- Ehrliche/r
- Eigentümer/in
- Einfache/r
- Einsame/r (Wolf / Wölfin, Held / Lady)
- Seriöse/r

- Einzelgänger/in
- Entertainer/in
- Entschlossene/r
- Ernste/r
- Exot / Exotin
- Feger
- Frauenheld
- Freie (freier Mensch)
- Fremde/r
- Freundliche/r
- Führer/in
- Gangster
- Gauner/in
- Gefährliche/r
- Gefühlvolle/r
- Geheimnisvolle/r
- Geile/r (Typ / Bitch / Bock / Stute / Notgeiler)
- Gekränkte/r (Mädchen / Prinz)
- General / Generälin
- Gentleman
- Gerechte/r (gerechter Vater / gerechte Mutter)
- Geschmeidige/r
- Geschundene/r
- Gestresste/r
- Gezierte/r
- Gigolo
- Gönner/in
- Großgrundbesitzer/in
- gut Gelaunte/r
- Gutaussehende/r
- Gute/r (Hirte / Junge / Mädchen / Lehrer / Mutter / Vater / Kumpel usw.)
- Gütige/r
- Harte/r
- Heilige/r
- Held/in (Superheld/in)
- Helfende/r
- Hengst
- Herrscher/in
- Herzliche/r
- Hexe (böse Hexe)
- Hilflose/r
- Hinreißende/r
- Hure / Prostituierte
- Interessierte/r

- Jedermann
- Kühle/r / Eiskalte/r
- Killer/in
- Kindfrau
- Kokette
- Kompetente/r
- Komplizierte/r
- König / Königin
- Kumpel
- Krieger/in
- Laszive/r
- Laute/r
- Leise/r / Stille/r
- Lesbe
- Liebe/r
- Liebende/r
- Liebenswerte/r
- Liebevolle/r
- Listige/r (Fuchs)
- Mächtige/r
- Märtyrer/in
- Mitreißende
- Mysteriöse/r
- Natürliche/r
- Niedliche/r
- Normale/r
- Offene/r
- Partykracher
- Praktische/r
- Prinz / Prinzessin
- Ratte (fiese Ratte)
- Retter/in
- roher Klotz
- Sanfte/r
- Scheue/r
- Schlagfertige/r
- Schlampe
- Schlange
- schlecht Gelaunte/r
- Schüchterne/r
- Schuldige/r
- Schwein (fieses Schwein)
- Sensible/r (Prinz / Prinzessin)
- sexy Hexi

- Smarte/r
- Spaßvogel
- Spieler/in
- Spirituelle/r
- Starke/r
- Stecher
- Stricher
- Stolze (Schönheit)
- Strukturierte/r
- Sunnyboy
- Süße
- Taffe/r
- Teenie
- Tiefgründige/r
- Tunte
- Transperson
- Überflieger/in
- Überlegene/r
- Unersetzliche/r (Freund / Freundin)
- Ungehobelte/r
- Unkomplizierte/r
- Unnahbare/r
- Unsichere/r
- Unsichtbare/r
- Untergebene/r
- Unternehmer/in
- Unterstützer/in
- Unwiderstehliche/r (Adonis / Nymphe)
- Unwissende/r
- Verführer/in
- Verklemmte/r
- Verlässliche/r (auf den / die Verlass ist)
- Verletzte/r
- Verrückte/r (Crazy Bone)
- Verständnisvolle/r
- Vertrauensvolle/r
- Vertraute/r
- Verwegene/r
- Warmherzige/r
- Weise
- Weltretter/in
- Wissende/r
- Witzbold
- Wohlerzogene/r

- Zauberer/in (weise / mächtige)
- Zerbrechliche/r
- Zerstörer/in
- Zierliche/r
- Zufriedene/r
- Zyniker/in

Eine Person, ...
- die das Herz am rechten Fleck hat.
- die das Leben rockt / feiert.
- die einen Plan hat.
- die es im Griff hat.
- die es schwer hat.
- die sich zurücknimmt.
- mit dem Überblick.

VII.5. Beispiele für Tragic Flaw*

Der Tragic Flaw* ist das Verhaltensmuster, mit dem die Figur* reagiert, wenn sie sich in die Enge getrieben fühlt oder wenn sie unter Stress steht und nicht mehr in der Lage ist, ihre Public Persona* aufrechtzuerhalten (siehe Arbeitsbegriffe: Tragic Flaw*, Charakterarbeit*).

- Ablehnung / sich oder andere ablehnen
- Abwehr / abwehren
- abweisen
- abwerten, sich oder andere
- alles hinschmeißen / hinwerfen
- anbiedern
- angreifen
- anklagen
- Arschlochverhalten
- aufblasen
- aufgeben
- auflehnen
- aufstacheln
- auslachen
- ausquetschen
- ausrasten
- ausweichen
- bedrohen
- beklagen
- belästigen
- beleidigen
- beschimpfen
- beschuldigen
- betteln
- bevormunden
- bloßstellen
- bohren / jemanden durchbohren
- buhlen, z. B. um Gunst / Aufmerksamkeit
- debattieren
- demütigen
- denunzieren
- diskutieren
- drüberstellen / Hochstatus*
- drunterstellen / Tiefstatus*
- durchdrehen
- einigeln
- einschnappen

- einschüchtern
- entziehen
- erdrücken
- erniedrigen
- erstarren
- festhalten
- festnageln
- Fiesheit / zum fiesen Schwein werden
- Flucht in den Irrsinn
- flüchten
- Gegenangriff
- Gewalttätigkeit
- herabsehen
- herabsetzen, sich und andere
- herumkaspern
- hinlegen / wegschlafen
- im Chaos versinken
- in die Arroganz flüchten
- in Hilflosigkeit versinken
- in sich zusammenfallen
- ins Selbstmitleid gehen
- jammern
- kämpfen
- kapitulieren
- klammern
- klein machen, sich und andere
- Kopf in den Sand stecken
- Kraftlosigkeit / Kraft verlieren
- kritisieren
- labern / sich um Kopf und Kragen reden
- lachen / Lachanfall
- leiden
- lügen
- missbrauchen
- misshandeln
- niederschmettern
- nörgeln
- sich in die Rolle* des Opfers begeben
- pampig werden
- planlos werden / den Plan verlieren
- provozieren
- quälen
- rechtfertigen
- schikanieren, sich / andere

- schmollen
- schreien
- Schuld auf sich nehmen
- Schuld verteilen
- Selbstmitleid
- Selbstzerstörung / Selbsthass
- sticheln
- stören
- Streit vom Zaun brechen
- terrorisieren, sich / andere
- töten
- tyrannisieren
- unter Druck setzen, sich / andere
- unterdrücken
- verachten
- verhöhnen
- verletzen, sich / andere
- verneinen
- vernichten
- verrückt werden
- verspotten
- verstecken
- versteinern
- verteidigen
- verunglimpfen
- verurteilen
- verwüsten
- wegrennen
- wegstoßen
- weinen
- widersprechen
- zanken
- zerstören
- zunichte machen
- zupacken
- zurückweisen
- zurückziehen
- zuschlagen
- zustechen
- zutreten
- zwingen

VII.6. Beispielszene

Nachfolgend findet sich eine Beispielszene, die die Arbeit mit Ereignissen*, Handlungszielen*, Need*, Public Persona* und Tragic Flaw* veranschaulicht (siehe Arbeitsbegriffe). Dafür habe ich bewusst eine Szene* gewählt, die zum einen in ihrer Struktur klar und einfach ist, und zum anderen aus einer Geschichte stammt, die den meisten bekannt sein dürfte. Sie ist aus dem Buch zum 1973 gedrehten Märchenfilm „Drei Haselnüsse für Aschenbrödel", der im deutschsprachigen Raum mittlerweile einen gewissen Kultstatus erreicht hat. Die Betrachtung der Szene* bezieht sich auf die Figur* Aschenbrödel.

In der Szene* sind die für die Figur* eintretenden Ereignisse* jeweils wie folgt gekennzeichnet:

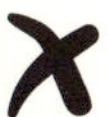 Wenn es sich um ein Ereignis* handelt, woraufhin eine Entscheidung* getroffen werden muss.

 Wenn auf das Ereignis* keine Entscheidung* folgt, sondern nur noch mit dem Tragic Flaw* reagiert werden kann.

Es werden immer drei mögliche Entscheidungen* genannt, die die Figur* an dieser Stelle treffen könnte. Sie weiß noch nicht, für welche sie sich entscheidet*. Am Ende trifft sie die, die ihr als Strategie*, um an ihr Handlungsziel* zu gelangen, in dem Moment am sinnvollsten erscheint und agiert diese anschließend aus. Entscheidet* sich die Figur* an dieser Stelle wirklich zwischen drei gleichrangigen Möglichkeiten, wird die Szene* spannend und ihr Spiel mehrdimensional (siehe auch Arbeitsbegriffe: Ereignis*, Entscheidung*, dramatischer Moment*, Strategie*, Ratespiel*).

Weiterhin sind Vorschläge genannt für: Handlungsziel*, Need*, Public Persona*, Tragic Flaw*. Sie liefern den Grund dafür, warum Entscheidungen* von der Figur* so und nicht anders getroffen werden (siehe Arbeitsbegriffe: Entscheidung*, Figur*, Charakterarbeit*, W-Fragen*).

Vorschläge für die Figur* des Aschenbrödels:

- **Figurenperspektive*:** Sie sieht sich in der Zukunft in einem Haus am Wald, selbstbestimmt und frei, umgeben von ihren Tieren und von Menschen, die gut zu ihr sind.
- **Handlungsziel*:** „Ich möchte, dass du mir anbietest, mitzukommen." (bezieht sich auf die Stiefmutter)
- **Need*:** Die Sehnsucht nach Freiheit / danach, frei zu sein
- **Public Persona*:** Die, die auch mit wenig zufrieden ist
- **Tragic Flaw*:** Zurückziehen, Zutreten, Wegrennen
- **Mögliches Zentrales Thema* der Szene*:** Es geht in dieser Szene* um Macht und Ohnmacht.

„Drei Haselnüsse für Aschenbrödel"

Ort: Gut der Stiefmutter, Stube

(Letzte Vorbereitungen auf den Ball beim König. Stiefschwester Dora und die Stiefmutter tragen bereits ihre Ballkleider. Aschenbrödel hilft beim Ankleiden, sie trägt ihre Arbeitsschürze. Knecht Vincent hilft bei den Vorbereitungen.)

Stiefmutter: Vincent!

Vincent: Hm?

Stiefmutter: Leg Teppiche von der Tür bis zur Kutsche!

Vincent: Sehr wohl.

Dora *(zu Aschenbrödel)*: Na, wie gefall' ich dir? ✗[1]

Aschenbrödel: Sehr schön.

Stiefmutter: Sehr schön ..., wunderschön Dorchen. Meinen Hut!

Dora: Vielleicht möchtest du mit uns mitkommen auf den Ball?
Hast du nicht Lust? ✗[2]

Aschenbrödel: Ich weiß ja, dass ich nicht mit darf zum Schloss.
(Plötzlich kommt ihr eine Idee.) ✗[3]
Aber vielleicht darf ich wenigstens zum Fenster hereinschauen?

Stiefmutter: Und wer wird hier aufräumen und die Wäsche
zum Bügeln anfeuchten? ✗[4]

Aschenbrödel: Bis zum Morgen wird alles fertig sein, bestimmt!

Stiefmutter: Ach, wenn du nicht genug Arbeit hast, bekommst du halt noch welche obendrauf. *(Sie schüttet Mais und Linsen auf dem Boden aus.)*
So, so ... hm ... ✗[5]

Aschenbrödel: Aber ich ...

Stiefmutter: Bis wir zurückkommen, will ich hier kein einziges Körnchen mehr sehen. Den Mais hierhin, die Linsen dahin. Ha!

(Aschenbrödel setzt sich auf den Boden. Sie fängt an, den Mais und die Linsen zu sortieren.)

Dora: Ich werde dir morgen erzählen, wie oft ich mit dem Prinzen
getanzt habe. Halt mir die Schleppe! ✗[6]

(Aschenbrödel hält sie an der Schleppe fest.)

Dora: Huch!

Aschenbrödel: Ich würde sie dir nur beschmutzen. Halt sie dir selber!

Dora: Hm!

(Die Stiefmutter und Dora fahren ab.)

Küchenjunge *(zu Aschenbrödel)*: Sei nicht traurig. Wir können ja zusammen auf dem Hof tanzen, heute Abend?!

Knecht Vincent: Verschwinde und mach uns lieber etwas zu essen.

Küchenjunge: Ganz wie belieben, Hoheit.

Knecht Vincent *(sieht Aschenbrödel an)*: Du bist traurig. [7]

(Aschenbrödel rennt davon.)

Knecht Vincent: Ich weiß, aber leider kann ich dir dabei nicht helfen.

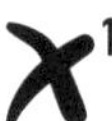

Die Provokation von Dora ist für Aschenbrödel in dem Moment ein Ereignis*. Das heißt, sie muss eine Entscheidung* treffen.

An dieser Stelle könnte sie sich „drüberstellen" und Doras Provokation ignorieren oder sie könnte Dora „angreifen". Sie entscheidet* sich aber für die Strategie*, diese Provokation nicht als solche zu werten, sondern Doras Schönheit „anzuerkennen".

Dora gibt nicht auf und provoziert erneut. Wieder muss Aschenbrödel entscheiden*, welche Strategie* sie wählt. Wieder könnte sie „angreifen" oder weiterhin Doras Schönheit „anerkennen". Beides führt sie aber nicht zu ihrem Handlungsziel*. Sie versucht es an dieser Stelle mit: „Mitleid erregen".

Plötzlich kommt ihr ein Gedanke. Auch hier kann man von einem Ereignis* sprechen, das als Gedanke von innen auftaucht und eine Entscheidung* nach sich ziehen muss. In diesem Fall gibt sie ihre alte Strategie* „Mitleid erregen" auf und entscheidet sich dazu, Dora zu „überreden", sie durch das Fenster sehen zu lassen. Sie weiß natürlich, dass die Stiefmutter alles mit anhört und dass nur die Stiefmutter ihr das Handlungsziel* erfüllen kann. Ihre Stiefschwester Dora hat nicht die Macht dazu.

An dieser Stelle schaltet sich die Stiefmutter ein, indem sie Aschenbrödels Idee „abschmettert". „Mitleid erregen" scheint an dieser Stelle keinen Sinn mehr zu ergeben. Auch „Beklagen" würde wahrscheinlich nicht zum Ziel* führen. Die Strategie*, für die Aschenbrödel sich entscheidet*, ist: Sie „verspricht", alles zur Zufriedenheit zu erledigen."

Die Stiefmutter „zerstört" an dieser Stelle jegliche Hoffnungen Aschenbrödels, doch noch mitkommen zu dürfen. Aschenbrödel ist nun nicht mehr in der Lage, eine Entscheidung* zu treffen. Ihr Handlungsziel* scheint unerreichbar, sie reagiert nur noch mit ihrem Tragic Flaw*. Sie „erstarrt" und „zieht sich zurück". Ihre Public Persona* lässt sich nicht mehr aufrechterhalten und begegnet Ihrem Need*, das an der Stelle an die Oberfläche tritt (Die tiefe Sehnsucht danach, frei zu sein.)

Dora entscheidet* sich noch einmal „nachzutreten", was für Aschenbrödel wiederum ein Ereignis* darstellt. Sie ist nicht mehr in der Lage, zu entscheiden*, da ihr Need* sich zu sehr in den Vordergrund drängt. Ihr Schmerz, unfrei zu sein, ist so stark, dass sie nur noch mit dem Tragic Flaw* reagieren kann, in diesem Fall ist es ein „Zupacken" oder „Angreifen".

Das nächste Ereignis* für Aschenbrödel ist der Moment, an dem Vincent versucht, sie zu „trösten". Das Need*, das sich möglicherweise gerade etwas beruhigt hat, wird erneut direkt angesprochen, tritt an die Oberfläche und begegnet der Public Persona*. Diese kann sie hier erneut nicht mehr aufrechterhalten. Zudem stehen die Chancen gleich Null, ihr Handlungsziel* doch noch zu erreichen. Wieder kann sie nur mit ihrem Tragic Flaw* reagieren, dieses Mal zeigt er sich, indem sie „wegrennt"

VII.7. Trainingsschwerpunkte und dafür geeignete Übungen

Trainingsschwerpunkt	I Gruppenübungen
Aktion – Reaktion	1 / 2 / 7 / 8 / 9 / 10 / 11 / 12 / 18 / 19 / 23 / 28 / 30 / 35 / 36 / 38 / 43 / 44 / 48 / 49 / 51
Aktives Zuhören	1 / 7 / 8 / 9 / 14 / 15 / 16 / 17 / 18 / 22 / 25 / 30 / 33 / 34 / 38 / 40 / 47 / 48 / 53 / 54
Arbeit mit Aufregung	
Arbeit mit dem „Als ob…*" bzw. „Magischen Wenn*"	8 / 9 / 33 / 42 / 47
Arbeit mit dem Publikum	
Arbeit mit den W-Fragen*	
Arbeitsbereitschaft herstellen	8 / 10 / 12 / 18 / 40 / 50 / 52
Artikulation	22 / 25 / 35 / 54
Assoziation	8 / 9 / 16 / 33 / 37 / 38 / 47
Aufgabe* als Arbeitsbegriff	8 / 9 / 31
Aufwärmung	1 / 5 / 7 / 8 / 10 / 11 / 12 / 18 / 28 / 35 / 38 / 40 / 48 / 49 / 51 / 52 / 54
Beobachtung	8 / 9 / 13 / 20 / 21 / 23 / 24 / 26 / 27 / 31 / 40 / 41 / 42 / 47 / 48 / 50
Bewusstmachen schauspielerischer Prozesse	8 / 9 / 31 / 44
Charakterarbeit*	30

II Einzelübungen	III Partnerübungen	IV Entspannungsübungen
2 / 10 / 20 / 25	8 / 10 / 11 / 12 / 13 / 14 / 21 / 22 / 25 / 26 / 27 / 28 / 29 / 30 / 33 / 34 / 35 / 38 / 39 / 40 / 41 / 42 / 43 / 44	
2	5 / 9 / 14 / 18 / 19 / 22 / 25 / 26 / 28 / 29 / 30 / 31 / 32 / 33 / 35 / 37 / 41 / 42 / 43 / 44	1 / 8
		4
2 / 4 / 5 / 7 / 12 / 13 / 15 / 16 / 17 / 19 / 20 / 21 / 25 / 26 / 27 / 28	5 / 33 / 42 / 43 / 44	
14 / 23 / 28	19 / 31 / 33 / 34	
15 / 21 / 25 / 27	40 / 41 / 42 / 43 / 44	
17	18 / 28	1 / 2 / 3 / 4 / 8
27	18	
3 / 6 / 9 / 10 / 21 / 22	28	
1 / 26 / 27	39 / 44	
	10 / 11	5
1 / 3 / 4 / 5 / 8 / 11 / 21 / 22 / 23 / 24 / 25 / 27	1 / 2 / 3 / 5 / 13 / 16 / 17 / 19 / 28 / 29 / 32 / 33 / 36 / 37 / 39 / 44	1 / 3 / 4
1 / 3 / 8 / 10 / 11 / 15 / 16 / 18 / 19 / 20 / 21 / 22 / 23 / 25 / 26 / 27 / 28	3 / 9 / 26 / 27 / 28 / 29 / 31 / 32 / 33 / 34 / 35 / 37 / 39 / 40 / 41 / 42 / 43 / 44	
26	41	

Trainingsschwerpunkt	I Gruppenübungen
Dramatischer Moment*	
Drehpunkt*	
Durchgehende, innere Handlung*	
Empathie	40 / 45 / 46 / 47 / 50 / 53
Entscheidungen* treffen	30 / 44
Entspannung	50
Ereignis*	44
Erinnerung	9 / 16 / 47 / 53
Fantasie	9 / 14 / 15 / 16 / 20 / 21 / 30 / 33 / 37 / 38 / 40 / 42 / 44 / 47
Figurenfindung*	9 / 30 / 33 / 47
Gedächtnistraining	16 / 49
Gedankliche Arbeit	15 / 16 / 33
Gemeinsames Bewältigen einer Aufgabe*	5 / 8 / 17 / 20 / 21 / 22 / 23 / 29 / 32 / 33 / 34 / 39 / 48 / 51 / 52 / 54
Geteilte Aufmerksamkeit*	8 / 11 / 14 / 36 / 40
Glaubwürdigkeit	9 / 30 / 33 / 44 / 47
Groteske	28 / 35 / 38 / 47 / 54

II Einzelübungen	III Partnerübungen	IV Entspannungsübungen
20 / 25 / 26 / 27	14 / 18 / 22 / 25 / 26 / 27 / 39 / 40 / 42 / 43 / 44	
19 / 25 / 27 / 28	25 / 31 / 32 / 39 / 40 / 41 / 42 / 43 / 44	
6 / 19 / 20 / 21 / 25 / 26 / 27 / 28	39 / 40 / 41 / 42 / 43 / 44	
2 / 4 / 5 / 6 / 23 / 24 / 28	2 / 8 / 19 / 28 / 29 / 30 / 33 / 36 / 39 / 42 / 43 / 44	
20 / 21 / 24 / 25 / 26 / 27	12 / 14 / 18 / 22 / 25 / 26 / 27 / 33 / 35 / 39 / 40 / 41 / 42 / 43 / 44	
		1 / 2 / 3 / 4 / 5 / 6 / 8
20 / 21 / 24 / 25 / 26 / 27	12 / 14 / 22 / 25 / 26 / 27 / 31 / 32 / 39 / 40 / 41 / 42 / 43 / 44	
1 / 2 / 3 / 4 / 5 / 6 / 7 / 9 / 17 / 22 / 24 / 28	1 / 2 / 9 / 19 / 44	
2 / 6 / 7 / 9 / 11 / 12 / 13 / 14 / 15 / 16 / 18 / 19 / 21 / 22 / 24 / 25 / 26 / 27 / 28	11 / 12 / 22 / 23 / 24 / 25 / 26 / 27 / 29 / 30 / 31 / 32 / 33 / 35 / 39 / 40 / 41 / 42 / 43 / 44	
2 / 6 / 7 / 10 / 17 / 21 / 22 / 23 / 24 / 26 / 28	22 / 30 / 40 / 41	
1 / 3 / 6	1 / 2 / 9 / 18	1 / 8
6 / 7 / 8 / 14 / 17 / 26 / 27 / 28	3 / 16 / 30 / 33 / 41 / 44	1 / 8
	9 / 10 / 11 / 17 / 26 / 31 / 32	
20 / 27	5 / 28 / 31 / 33 / 37 / 42 / 43 / 44	
2 / 6 / 7 / 10 / 13 / 14 / 15 / 16 / 17 / 20 / 21 / 22 / 23 / 24 / 26 / 27 / 28	14 / 22 / 25 / 26 / 27 / 28 / 29 / 30 / 33 / 34 / 37 / 40 / 41 / 42 / 43 / 44	
21 / 23	22 / 23 / 26	6

Trainingsschwerpunkt	I Gruppenübungen
Haltung*, innere u. äußere	8 / 9 / 13 / 30 / 35 / 38 / 44 / 47
Handlungsziel*	23 / 30 / 31
Improvisation*	9 / 30 / 38 / 40 / 44 / 47
Innerer Monolog, handlungsbegleitende Rede*	30
Inneres Zurücktreten*	34 / 44 / 46 / 50 / 53
Kameraarbeit	8 / 40
Kennenlernen	5 / 8 / 28 / 38 / 40 / 50
Konzentration	7 / 8 / 10 / 11 / 14 / 15 / 16 / 17 / 18 / 30 / 35 / 40 / 44 / 53 / 54
Koordination	8 / 10 / 11 / 13 / 14 / 17 / 18 / 19 / 26 / 30 / 36 / 39 / 40 / 43 / 52
Körperbeherrschung	3 / 4 / 10 / 11 / 12 / 13 / 24 / 29 / 30 / 40 / 44 / 46
Körperbewusstsein	8 / 11 / 12 / 24 / 30 / 40 / 44 / 47 / 50
Körperkontakt	5 / 11 / 12 / 29 / 32 / 40 / 44 / 45 / 46 / 51
Körperliches Umsetzen	8 / 9 / 10 / 12 / 13 / 30 / 37 / 38 / 40 / 42 / 44 / 47
Loslassen	46
Mut	8 / 38 / 40 / 44 / 45 / 46
Natürlich-logisches Handeln*	30 / 44 / 47

II Einzelübungen	III Partnerübungen	IV Entspannungsübungen
2 / 3 / 6 / 7 / 10 / 11 / 16 / 17 / 19 / 20 / 21 / 23 / 24 / 25 / 26 / 27 / 28	11 / 12 / 14 / 18 / 22 / 25 / 27 / 30 / 34 / 37 / 39 / 40 / 41 / 42 / 43 / 44	
1 / 16 / 25 / 27	25 / 26 / 31 / 38 / 39 / 40 / 41 / 42 / 43 / 44	
2 / 10 / 12 / 20 / 21 / 22 / 24 / 25 / 26 / 27	11 / 12 / 14 / 22 / 25 / 26 / 27 / 30 / 31 / 34 / 35 / 39 / 40 / 41 / 42 / 43 / 44	
6 / 8 / 19 / 20 / 21 / 22 / 24 / 25 / 26 / 27	14 / 22 / 25 / 26 / 32 / 37 / 39 / 40 / 41 / 42 / 43 / 44	1 / 8
6 / 25 / 28	8 / 16 / 26 / 27 / 29 / 32 / 33 / 35 / 36 / 38 / 39 / 42 / 43 / 44	1 / 2 / 3 / 4 / 5 / 6 / 8
20	37	
	1 / 2 / 8 / 19	1
1 / 3 / 4 / 5 / 6 / 8 / 21 / 22 / 26 / 28	7 / 11 / 38	
20 / 21 / 22 / 23 / 27	5 / 11 / 31 / 32 / 42 / 43 / 44	
3 / 4 / 5 / 9 / 11 / 20 / 21 / 22 / 23 / 27	5 / 6 / 7 / 13 / 17 / 20 / 21 / 23 / 24 / 38 / 44	6
3 / 4 / 5 / 7 / 9 / 11 / 20 / 21 / 22 / 23 / 24 / 27	6 / 12 / 13 / 22 / 27 / 29 / 30 / 41 / 44	1 / 2 / 3 / 4 / 5 / 6 / 8
	6 / 7 / 8 / 11 / 12 / 24 / 27 / 31 / 41 / 44	2 / 6
3 / 5 / 7 / 9 / 10 / 11 / 12 / 16 / 18 / 21 / 22 / 23 / 24 / 27	10 / 11 / 12 / 22 / 23 / 27 / 29 / 33 / 44	
		1 / 3 / 4 / 5 / 6 / 8
	21 / 42 / 43 / 44	
10 / 15 / 18 / 20 / 21 / 24 / 25 / 26 / 27	18 / 25 / 26 / 27 / 28 / 32 / 33 / 39 / 40 / 41 / 42 / 43 / 44	

Trainingsschwerpunkt	I Gruppenübungen
Partnersensibilität	1 / 4 / 5 / 8 / 9 / 11 / 12 / 22 / 23 / 25 / 26 / 27 / 28 / 29 / 30 / 32 / 34 / 38 / 40 / 41 / 44 / 45 / 46 / 47 / 48 / 51 / 52
Persönliches* Mitteilen	
Physische Handlung*	20 / 44 / 47
Raumgefühl	8 / 9 / 27 / 30 / 40
Reaktionstraining	1 / 6 / 7 / 8 / 10 / 11 / 14 / 17 / 18 / 19 / 24 / 26 / 28 / 30 / 35 / 36 / 39 / 41 / 49 / 51
Rhythmusempfinden	6 / 8 / 9 / 10 / 12 / 13 / 14 / 17 / 18 / 21 / 30 / 35 / 39 / 40 / 41 / 52 / 54
Schauspielführung	
Schleppe*	
Schnelle, körperliche Aktion	2 / 5 / 7 / 8 / 11 / 19 / 20 / 21 / 26 / 32 / 41 / 43 / 51
Schnelles Kombinieren, Umschalten, Reagieren	2 / 7 / 8 / 9 / 10 / 11 / 13 / 14 / 17 / 18 / 19 / 28 / 36 / 38 / 39 / 43 / 48 / 51 / 54
Senden einer Botschaft*	9 / 25 / 28 / 35 / 41
Sensorisches Gedächtnis (Sense Memory)*	8 / 9 / 53
Spannung – Entspannung	2 / 3 / 7 / 10 / 11 / 26 / 38 / 40 / 54
Sprechrichtung, Sprechentfernung	1 / 10 / 14 / 18 / 25 / 44 / 48 / 49 / 54
Status*	9 / 44

II Einzelübungen	III Partnerübungen	IV Entspannungsübungen
16	2 / 4 / 5 / 6 / 8 / 9 / 11 / 12 / 13 / 14 / 15 / 16 / 17 / 20 / 21 / 22 / 23 / 24 / 25 / 26 / 28 / 29 / 32 / 33 / 34 / 35 / 36 / 39 / 40 / 41 / 42 / 43 / 44	6
	37	
10 / 15 / 16 / 18 / 19 / 20 / 21 / 24 / 25 / 26 / 27	25 / 26 / 27 / 35 / 39 / 40 / 41 / 44	
18 / 19 / 20 / 22 / 23 / 25 / 26 / 27	6 / 12 / 20 / 21 / 23 / 26 / 32 / 39 / 41 / 44	
	6 / 7 / 10 / 20 / 28	
15 / 18 / 22 / 23 / 27	5 / 12 / 13 / 17 / 18 / 24 / 25 / 26 / 39 / 41 / 44	2
	27 / 28 / 40 / 44	
19 / 27	25 / 40 / 41 / 44	
18	7 / 10 / 21 / 44	
27	10 / 28 / 33 / 44	
14 / 16 / 23	3 / 15 / 16 / 28 / 33 / 44	
2 / 4 / 5 / 6 / 11 / 12 / 17 / 27	29	
9 / 11 / 22 / 26	7 / 10 / 12 / 18 / 25 / 26 / 38 / 41	
20	14 / 18 / 26 / 28 / 32 / 33 / 34 / 44	
	9 / 33 / 34 / 40 / 41 / 44	

Trainingsschwerpunkt	I Gruppenübungen
Strategien* entwickeln (Aktionsverben*)	8 / 24 / 27 / 30 / 44 / 47
Szenische Aufmerksamkeit*	2 / 5 / 6 / 8 / 9 / 13 / 14 / 15 / 17 / 19 / 22 / 23 / 24 / 25 / 26 / 27 / 31 / 33 / 34 / 36 / 39 / 41 / 42 / 43 / 45 / 46 / 48 / 49 / 50 / 51 / 52
Tempo	7 / 8 / 10 / 11 / 17 / 18 / 35 / 36 / 39 / 40 / 41 / 49 / 51 / 54
Temporhythmus*	8 / 21 / 26 / 44
Texttraining	4 / 6
Tierarbeit	
Umgang mit Requisiten*	44
Umstände* schaffen	8 / 47
Vertrauen	29 / 44 / 45 / 46
Vorstellungskraft	9 / 15 / 38 / 42 / 44 / 47 / 53
Wahrnehmung	8 / 9 / 22 / 25 / 27 / 40 / 44 / 47 / 50 / 53
Wiederholbarkeit	16 / 21 / 47
Zuhören, Reagieren	1 / 7 / 8 / 9 / 10 / 11 / 14 / 15 / 18 / 28 / 30 / 33 / 34 / 35 / 38 / 40 / 44 / 47 / 48 / 54

II Einzelübungen	III Partnerübungen	IV Entspannungsübungen
	12 / 14 / 21 / 25 / 26 / 33 / 35 / 38 / 39 / 40 / 41 / 42 / 43 / 44	
1 / 3 / 4 / 5 / 8 / 11 / 14 / 16 / 25 / 27	1 / 2 / 4 / 5 / 6 / 7 / 8 / 9 / 13 / 15 / 16 / 17 / 19 / 20 / 21 / 23 / 24 / 26 / 28 / 29 / 32 / 33 / 35 / 38 / 39 / 40 / 44	2 / 3 / 4 / 6
	10 / 28	
18 / 27	40 / 41 / 44	
	5 / 6 / 18 / 19 / 34 / 41	
22	22	
12 / 16 / 23 / 25 / 26 / 27	25 / 26 / 27 / 40 / 41 / 44	
14 / 15 / 19 / 20 / 21 / 24 / 25 / 26 / 27	25 / 26 / 41 / 44	
	2 / 6 / 19 / 20 / 28 / 36	1 / 6
2 / 3 / 4 / 5 / 6 / 9 / 11 / 13 / 16 / 17 / 19 / 20 / 21 / 22 / 23 / 24 / 25 / 26 / 27 / 28	3 / 16 / 30 / 32 / 37 / 40 / 41 / 44	1 / 8
4 / 5 / 6 / 8 / 10 / 11 / 17 / 19 / 22 / 25 / 27	4 / 6 / 8 / 15 / 16 / 17 / 18 / 19 / 21 / 26 / 28 / 36 / 37 / 38	1 / 2 / 3 / 4 / 8
6 / 9 / 10 / 17 / 19 / 20 / 21 / 22 / 23 / 24 / 26 / 27 / 28	9 / 25 / 26 / 40 / 41 / 44	
	5 / 9 / 12 / 14 / 15 / 18 / 19 / 22 / 25 / 27 / 28 / 29 / 30 / 32 / 33 / 34 / 35 / 37 / 39 / 40 / 41 / 44	

Literatur

Adler, Stella: The Art of Acting. Henschel Verlag 2000.

Batson, Susan: Truth. Personas, Needs, and Flaws in the Art of Building Actors and Creating Characters. Rugged Land 2007.

Brecht, Bertolt: „Episches Theater". In: Ders., Schriften zum Theater. Suhrkamp Verlag 1999.

Dramatherapeutische Praxis. Eine Übungssammlung. Hg von Doris Müller-Weith et al. Schibri-Verlag 2014.

Drei Haselnüsse für Aschenbrödel. Drehbuch nach František Pavlíček, Produktion: Filmstudio Barrandov, Prag / DEFA Studio für Spielfilme, Berlin 1973.

Ein Kurs in Wundern. Textbuch, Übungsbuch, Handbuch für Lehrer. Greuthof Verlag 2012[9].

Johnstone, Keith: Improvisation und Theater. Alexander Verlag 2010[10].

Kleist, Heinrich von: „Über die allmähliche Verfertigung der Gedanken beim Reden". In: Ders.: Sämtliche Werke und Briefe. Hg. von Helmut Sembdner. Bd. 2. dtv 2001.

Meisner, Sanford / Longwell, Dennis: On acting (with an introduction by Sydney Pollack). Vintage Books 1987.

Morris, Eric / Hotchkis, Joan: No acting please. "Beyond the method". Ermor Enterprises 1995.

Moss, Larry: The intent to live: Achieving your true potential as an actor. Bantam Dell Books 2005.

Petit, Lenard: Die Cechov-Methode. Handbuch für Schauspieler. Henschel Verlag 2014.

Poppe, Andreas: Inspiration für den Schauspielunterricht, Teil 2: Grundlagen und szenische Arbeit. Selbstverlag, 2. Auflage 2024.

Silver, Len: An Introduction to the Art of Stage Directing. Stormville Art Press 2019.

Tolle, Eckhart: The flowering of human consciousness (Power of teaching now). Sounds True Inc. 2004 [Audio CD].

Toporkow, Wassili: Stanislawski bei der Probe – Erinnerungen. Henschel Verlag 2013.

Vlcek, Radim: Workshop Improvisationstheater. Übungs- und Spielesammlung für Theaterarbeit, Ausdrucksfindung und Gruppendynamik. Auer Verlag 2011[7].

Weston, Judith: Schauspielerführung in Film und Fernsehen. Zweitausendeins Verlag 1998.

Die Übungen I.19. „Sheriff", II.11. „Körperliche Grimasse", II.18. „Temporhythmus", II.23. „Popstar", II.27. „Einzeletüde" sowie III.44. „Partneretüde" stammen von der Russischen Akademie der Theaterkünste/GITIS (Moskau). Die Variante „Stuhlentspannung" aus Übung IV.1. „Reise durch den Körper" wurde von Lee Strasberg übernommen. Die Übungen III.30. „Persönliches Interview" stammt von Susan Batson. Die Übung I.30. „Club" hat Emma Falck entwickelt.

Danksagung

Mein besonderer Dank für die direkte und indirekte Mitarbeit an diesem Buch gilt:

Andreas Poppe als Mentor, Lehrer und Freund, ohne den das Buch auf diese Weise nicht erschienen wäre, weiterhin Felix Seyfert, Verena Busche, Susann Uge, Anne Müller, Carina Wiese, Leonore Schöttle und Franziska Schumann, Arnim Beutel, Anna-Katharina Fecher, Anna Luise Villinger, Teres Köhler, Susanne Richter, Susanne Eggert, Sonja Waldhaus, allen „art of acting"-Studierenden und -Absolventen, Anne-Kristin Jahn für die intensive Unterstützung bei der Arbeit an der erweiterten Neuausgabe, Franziska Jahn, Prof. Oliver Haffner, Emma Falck, Martha Martin, Charlotta Grimm, Grit Riemer, Prof. Alexander Simon, Prof. Anna Kurek, Prof. Claudia Geisler-Bading, Prof. Florian Hertweck, Solvejg Plank sowie allen Studierenden der Filmuniversität Babelsberg „Konrad Wolf", die mit mir in den letzten Jahren gearbeitet haben.

Über den Autor

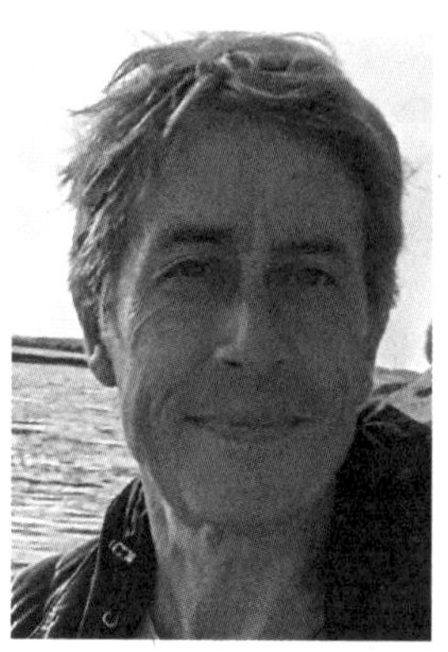

Stephan Richter stammt aus einer Theaterfamilie. Seine Mutter arbeitete als Sängerin und sein Vater als Dirigent und Orchesterleiter. 1989–1993 studierte er Schauspiel an der Hochschule für Schauspielkunst „Ernst Busch" in Berlin. Er begann seine berufliche Laufbahn im Ensemble der Volksbühne Berlin unter der Leitung Frank Castorfs. Weitere Stationen seiner Arbeit als Schauspieler waren das Staatstheater Hannover, das Thalia Theater in Hamburg sowie das Deutsche Theater in Berlin. Neben seiner Arbeit im Schauspielberuf war er regelmäßig auch im Film- und Fernsehbereich und als Regisseur tätig.

Von Beginn seiner schauspielerischen Arbeit an traf er auf viele namenhafte Regisseure und verschiedenste Arbeitsstile. Durch die zahlreichen Erfahrungen, Erfolge und Tiefschläge reifte in ihm die Erkenntnis, wie wichtig Klarheit für den Schauspieler ist sowie die Fähigkeit, die eigene Arbeit strukturieren zu können, und – als Voraussetzung für jede künstlerische Zusammenarbeit – auch deren Grundlagen zu kennen. Mehr und mehr entwickelte sich sein Interesse am Unterrichten und Weitergeben jener, der Kunst des Schauspielens zugrunde liegenden Struktur.

Während seiner Zeit an der Berliner Volksbühne leitete Stephan Richter für zwei Jahre die dort ansässige Jugendtheatergruppe P14. 2006 traf er auf den Theaterwissenschaftler und ehemaligen Leipziger Schauspieldozenten Andreas Poppe, der nach langjähriger Arbeit als Dozent und Regisseur im In- und Ausland nun im Begriff war, in Berlin seine eigene Schauspielschule zu gründen. Aus diesem Zusammentreffen entwickelte sich eine Freundschaft und sehr fruchtbare Arbeitsbeziehung, die zum gemeinsamen Aufbau der Schule für Schauspielkunst „art of acting" in Berlin führte, die er später auch mit leitete. Nach einer zusätzlichen Ausbildung in systemischer Aufstellungsarbeit ist Stephan Richter auch als Coach tätig und leitet Figuren-, Stück- und Drehbuchaufstellungen. Er unterrichtet als Dozent an der HfS „Ernst Busch" in Berlin und leitet seit 2017 die Grundlagenausbildung im Bereich Schauspiel an der Filmuniversität Babelsberg „Konrad Wolf". Gleichsam betreut er hier etliche bereichsübergreifende Formate zwischen Regie, Schauspiel, Drehbuch und Animation, die eine methodisch fundierte und konstruktive Zusammenarbeit zum Inhalt haben.

www.stephanrichtercoach.de

Außerdem lieferbar

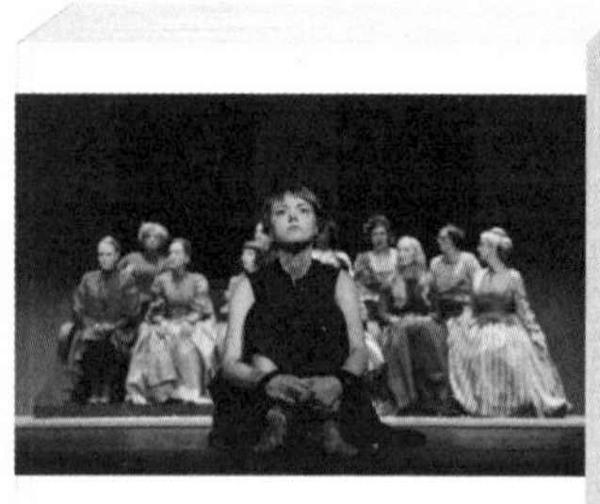

Eva Spambalg/Uwe Berend (Hg.)

111 Monologe

Zum Vorsprechen, Studieren
und Kennenlernen
304 Seiten
ISBN 978-3-89487-852-8

Von Aischylos über Shakespeare bis zu Hofmannsthal: Dieser Band vereint 111 ausgewählte Monologe von der Antike bis zur Mitte des 20. Jahrhunderts. Damit ist die Textsammlung ideal für alle, die sich auf ein Vorsprechen an der Schauspielschule vorbereiten wollen. Auch für Lehrende und im Beruf stehende Schauspielerinnen und Schauspieler bietet dieser Band wertvolles Arbeitsmaterial. In dieser erweiterten Ausgabe werden zehn zusätzliche Texte von Autorinnen vorgestellt.

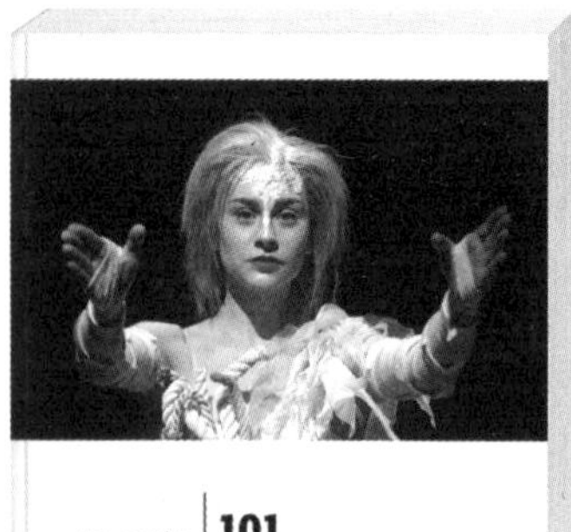

Eva Spambalg/Uwe Berend (Hg.)

101 moderne Monologe

Zum Vorsprechen, Studieren
und Kennenlernen
288 Seiten
ISBN 978-3-89487-518-3

Dieses Buch umfasst 101 Monologe der Theatermoderne – von 1900 bis zur unmittelbaren Gegenwart. Einleitende Kommentare erleichtern eine rasche Auswahl, vermitteln anschaulich das Verständnis für Stück und Szene und eröffnen einen Zugang zur Rolle. Mit Texten von Maxim Gorki, Max Frisch, Samuel Beckett, Kurt Tucholsky, Bertolt Brecht, Jean-Paul Sartre, Marieluise Fleißer, Thomas Bernhard, Elfriede Jelinek u.v.m.

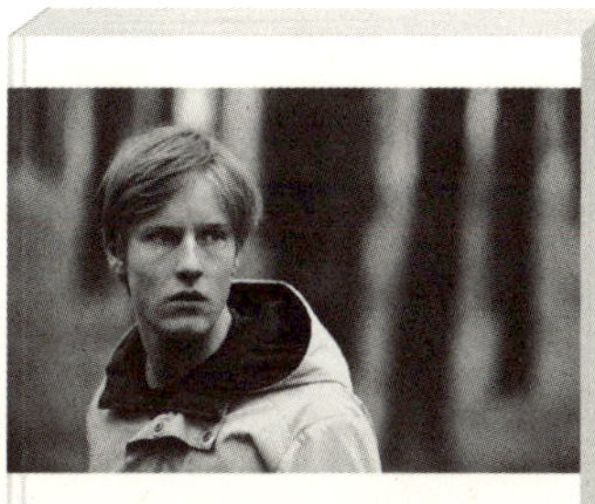

Ulrike Boldt

Traumberuf Schauspieler:in

Der Wegweiser zum Erfolg
192 Seiten
ISBN 978-3-89487-535-0

Dieser Ratgeber gibt praktische Tipps für den Einstieg in den Schauspielberuf und hilft auch ausgebildeten Schauspielerinnen und Schauspielern dabei, ihre Karriere zu planen und sich in der Film-, Fernseh- und Theaterlandschaft zu behaupten. Neben wichtigen Infos zur Bewerbung und Ausbildung beinhaltet der Band viele Erfahrungsberichte sowie ein Verzeichnis aller Schauspielschulen.

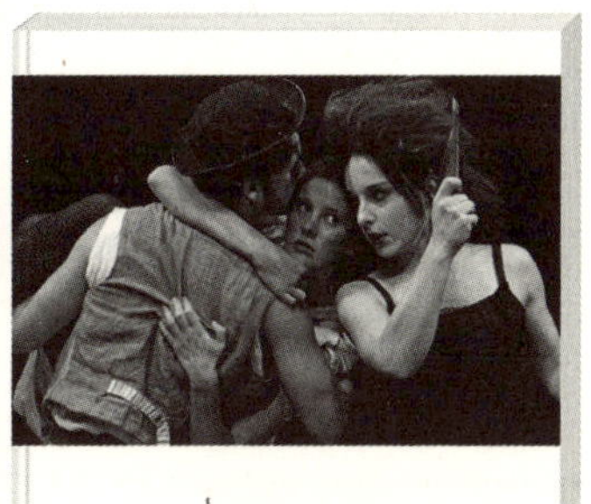

Margarete Schuler, Stephanie Harrer

Grundlagen der Schauspielkunst

160 Seiten
ISBN 978-3-89487-695-1

Dieses Buch vermittelt die an der berühmten Hochschule für Schauspielkunst „Ernst Busch" Berlin gelehrte Methodik von Brecht und Stanislawski sowie Keith Johnstone. Die Autorinnen legen leicht verständlich und klar strukturiert die grundlegenden Techniken des Schauspielberufs dar. Dieser Ratgeber ist damit ein unentbehrliches Hilfsmittel für die Erarbeitung einer soliden handwerklichen Basis. Das Buch richtet sich darüber hinaus an Dozierende – egal, ob im professionellen oder im Laienschauspiel –, die Inspiration für den eigenen Unterricht suchen.

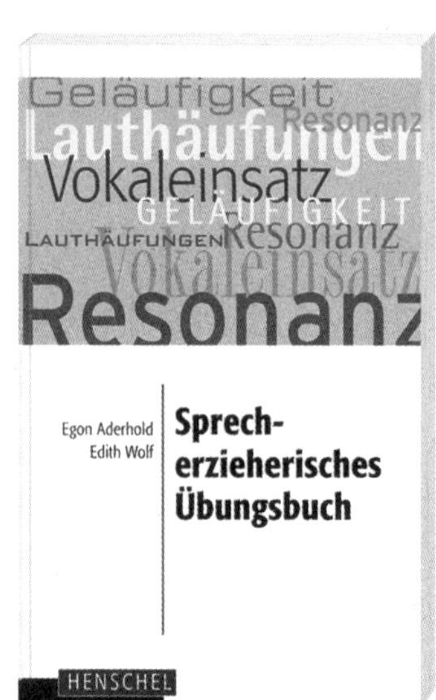

Egon Aderhold, Edith Wolf

Sprecherzieherisches Übungsbuch

128 Seiten
ISBN 978-3-89487-035-5

Das „Sprecherzieherische Übungsbuch" ist ein zeitloses Standardwerk für alle, die ihre Stimme gezielt stärken und trainieren möchten. Es vermittelt die wesentlichen Grundprinzipien des Sprechens und enthält viele praktische Übungen zur Haltung und Atmung, zur Entspannung und Lockerung und zum richtigen Einsatz von Zwerchfell, Bauchdecke, Kehlkopf, Lippen und Zunge. Zahlreiche Textbeispiele aus Lyrik, Dramatik und Prosa helfen dabei, das Gelernte bewusst anzuwenden und umzusetzen.

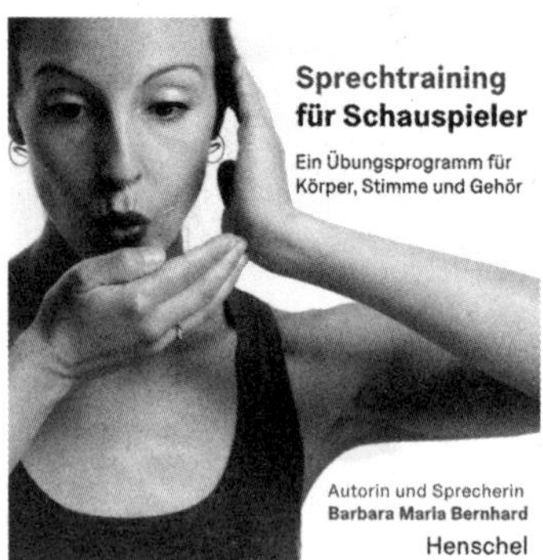

Barbara Maria Bernhard

Sprechtraining für Schauspieler

Ein Übungsprogramm für Körper,
Stimme und Gehör
Audiobook
ISBN 978-3-89487-848-1

Dieses Hörbuch ist das ideale Arbeitsmittel zum Trainieren für eine gesunde und kraftvolle Stimme. Über 50 kombinierbare Übungen bereiten optimal auf die tägliche Arbeit auf der Bühne oder vor der Kamera vor. Gleichzeitig fördert die ganzheitliche Methode einen achtsamen Umgang mit der Stimme und verhindert eine Überlastung oder Erschöpfung.

Als Hörbuch-Download und im Stream erhältlich